Hanne Tügel

Wege zur Weisheit

Der Traum
vom richtigen Leben

S. Fischer

2. Auflage November 2011
© S. Fischer Verlag GmbH, Frankfurt am Main 2011
Alle Rechte vorbehalten
Satz: Druckerei C. H. Beck, Nördlingen
Druck und Bindung: GGP Media GmbH, Pößneck
Printed in Germany
ISBN 978-3-10-079010-1

Inhalt

Die Annäherungen

Der Weg

Anhang

Für Sophia
und ihre Generation der
2000plus-Geborenen

»… Mit was unter dem Himmel soll man die Weisheit vergleichen? Sie ist süßer als Honig und erfreulicher als Wein. Sie ist leuchtender als die Sonne und begehrenswerter als kostbare Edelsteine. Sie macht fetter als Öl, satter als süße Leckerbissen und ruhmreicher als Mengen von Gold und Silber. Sie spendet Freuden für das Herz, schenkt den Augen Licht, beflügelt die Füße, ist ein Panzer für die Brust, ein Helm für das Haupt, eine Kette für den Hals, ein Gürtel für die Lenden. Sie verkündet den Ohren und unterweist das Herz. Sie kann die Kenntnisreichen noch etwas lehren, sie tröstet die Klugen, sie schenkt den Suchenden Ansehen …«

Königin von Saba

Prolog

Und die mich suchen, finden mich ...

Es gibt eine Sehnsucht jenseits des Strebens nach Materiellem und kurzfristigem Erfolg, eine Sehnsucht nach Ausgeglichenheit und innerer Stärke. Der Begriff dafür heißt Weisheit. Ein großes Wort; es klingt auf eine feine Art altertümlich, nach Kostbarkeit und Muße. Weisheit wiederzuentdecken, heißt Atem zu holen. Ihre philosophischen Seiten spiegeln das Beste aus den Kulturen der Welt; sie kann ernst auftreten, aber auch poetisch, verspielt, humorvoll. Und im modernsten Gewand erscheint sie als Forschungsfeld, das eine neue Brücke zwischen Geistes- und Naturwissenschaft schlägt.

Beginnen wir mit einem Weisen aus der Vorzeit.

»Ich, die Weisheit, wohne bei der Klugheit und weiß guten Rat zu geben ... Ich liebe, die mich lieben, und die mich suchen, finden mich ...« So sprach der biblische König und Prediger Salomo; sein Zitat ist eines von unermesslich vielen Zeugnissen für den Menschheitstraum, der Weisheit näherzukommen.

Warum eigentlich, existiert dieser Traum? Warum lebt er heute fort in einer abgeklärten und zynischen Welt? *Shit happens* – so könnte man die Lage des Homo sapiens beschreiben, seit ihm die Evolution das Bewusstsein verlieh, über sich und die Welt nachzudenken. Ich glaube, Weisheit

13

ist der Versuch, dieses Wissen erhobenen Hauptes zu verkraften.

Die Weisheit ist damit nicht nur ein abstraktes Ideal, sondern auch ein praktisches Werkzeug, sich am eigenen Schopf aus dem Sumpf zu ziehen. Sich zu wappnen gegen Schicksalslaunen. Nicht allzu hart, nicht böse, gemein oder bitter zu werden, auch wenn man guten Grund dazu hätte. Wo andere zweifeln und verzweifeln, entfalten Weise Gelassenheit und Geduld. Sie geben uneigennützig Rat und spenden Trost mit Güte und Humor. Sie behalten ihren Mut und den Blick fürs Wesentliche, in vergangenen Zeitaltern genau wie heute.

Vorbilder können Trost spenden und zum Selbstversuch anregen. Mit etwas Heraklit (»Alles fließt«) plus Sokrates (»Ich weiß, dass ich nicht weiß«) plus Jesus (»Liebe deinen Nächsten wie dich selbst«) plus einem Schuss karibischer Unbekümmertheit (»Don't worry, be happy«) wäre ein Novize fürs Leben schon gut gerüstet. Doch die Kluft zwischen Theorie und Praxis ist weit. Die scheinbar simplen Gebote und Lehren im alltäglichen Leben anzuwenden, ist höllisch schwierig.

Denn nur in Märchen oder heiligen Schriften wie der Bibel fällt Weisheit einem Menschen in den Schoß. Laut Altem Testament hatte sich Salomo, der Sohn und Nachfolger Davids, von Gott am Anfang seiner Herrschaft weder Macht noch ein langes Leben noch Reichtum gewünscht, sondern Weisheit. Gott gefiel diese Idee, er gab ihm »sehr große Weisheit und einen Geist so weit, wie Sand am Ufer des Meeres liegt«. Salomo nutzte sie nicht nur für Regierungszwecke und Gerichtssprüche und Gotteslob, sondern auch für Liebe, Sinnlichkeit und Poesie: »Er dichtete von den Bäumen, von der Zeder auf dem Libanon bis zum Ysop, der aus der Wand wächst. Auch dichtete er von den Tieren des Landes, von den Vögeln, vom Gewürm und von

14

Fischen.« Salomos Zeit gilt in der Bibel als Epoche des Friedens und Wohlstands.

Drei Jahrtausende sind vergangen, seit der legendäre jüdische König regierte. Die große Frage ist geblieben: Wie kann weises Handeln in einer unvollkommenen Welt aussehen? In einer Welt, die nach wie vor Ungerechtigkeit, Leid, Neid und Kriege zu bieten hat, und darüber hinaus ein paar Milliarden mehr Menschen und eine Extraportion Tempo und Unübersichtlichkeit. Anders gefragt: Kann man in dieser Welt überhaupt noch weise sein? Was würden Salomo und seine weisen Vorgänger und Nachfolger zum Afghanistan- und Nahost-Konflikt, zu Steuer- und Gesundheitspolitik, zu Datenschutzproblemen, zu Wirtschafts- und Finanzkrise oder zum Klimawandel sagen? Unter welchen Umständen mischen sich Weise ein? Wie agieren und reagieren sie? Halten sie sich besser völlig heraus?

Eine letztgültige Antwort, der »Weisheit letzter Schluss«, ist auf den folgenden Seiten nicht zu finden. Stattdessen ein Plädoyer dafür, sich dem Thema mit Neugier, Staunen und einem unbefangenen Blick zu nähern. Weisheit nicht nur mit Erkenntnis, Vernunft und Philosophie in Verbindung zu bringen, sondern auch mit sanften und spielerischen Seiten, mit denen Platon und Aristoteles weniger anfangen konnten: mit Kunst, Gefühl, Intuition, Muße, leisem Lächeln.

Seit einigen Jahren erfährt Weisheit neue wissenschaftliche Aufmerksamkeit. In der Psychologie gibt es Ansätze, sie experimentell zu erfassen und als Phänomen zu studieren, das im normalen Alltag wirksam ist. Im internationalen Forschungsprojekt »Defining Wisdom« versuchen sich Wissenschaftler verschiedener Disziplinen darüber hinaus an einem ganzheitlichen, gemeinsamen Verständnis. Philosophen, Theologen und Psychologen sind genauso beteiligt wie Informatiker, Ökonomen und Evolutionsbiologen.

Die Zusammenarbeit über Bereichsgrenzen hinweg öffnet zwei Tore der Weisheit: Offenheit und Selbsterkenntnis; also Neugier auf ganz andere Denkweisen und Sensibilität für die Grenzen der eigenen. Diese Eigenschaften erlauben auch eine unbelastete Annäherung an vermeintlich rückständige Kulturen: Es gab und gibt Denkmuster auf der Welt, die nicht dem dualistischen Schwarz / Weiß-, Gut / Böse-Denken folgen. Sie sind nicht minderwertig, sondern faszinierend anders.

Hat es einen tieferen Sinn zu fragen, warum Naturvölker den Raben als Weisheitsvogel verehren, warum die Aborigines die Geschenke der europäischen Entdecker als Schund betrachtet haben und auf Traumzeit-Pfaden wandelten? Ist es notwendig, darüber nachzudenken, was am afrikanischen Palaver als Konfliktlösungsmodell weise ist? Ich meine, ja – und glaube, Salomo auf meiner Seite zu haben. Die globalisierte komplizierte Moderne hat die meisten Probleme der Menschheitsgeschichte konserviert und reichlich neue geschaffen. Da kann es nicht schaden, alle Lösungen unter die Lupe zu nehmen, mit denen Menschen unterschiedlicher Zeitalter um ein »richtiges«, um ein gelingendes und weises Leben gerungen haben.

Weisheit hat viele Gesichter, auch im Internet-Zeitalter. Sie ist keine ferne exotische Qualität, allerdings eine, die wir im Alltagstrubel oft übersehen. »Die Weisheit ruft laut auf der Straße und lässt ihre Stimme hören auf den Plätzen. Sie ruft im lautesten Getümmel«, heißt es bei Salomo.

Also, bitte: Achtsam sein und Lauschen. Denn Zuwiderhandeln und Weghören wird laut Bibel mit alttestamentarischer Strenge bestraft: »Wenn ich aber rufe und ihr euch weigert, wenn ich meine Hand ausstrecke und niemand darauf achtet, wenn ihr fahren lasst all meinen Rat und meine Zurechtweisung nicht wollt: dann will ich auch lachen bei eurem Unglück ...«

Tiefste Gründe, gereifte Auffassung, leitende Ideen – ein Strukturversuch

Die folgende Gliederung soll etwas Ordnung ins Thema bringen. Ein Warnhinweis vorweg. Seit gut 5000 Jahren geistert der Begriff Weisheit durch die Weltgeschichte, ohne dass die Gelehrten sich darauf einigen können, wie man ihn eingrenzen kann. Das Meyer-Lexikon von 1930, ein Erbstück meines Großvaters, hat folgende Definition zu bieten: »Umfassendes, bis zu den tiefsten Gründen reichendes Wissen, das sich in der Praxis als gereifte, tief- und weitblickende Auffassung und Behandlung der Menschen und der menschlichen Angelegenheiten nach großen, leitenden Ideen äußert.«

Tiefste Gründe, gereifte Auffassung, leitende Ideen ... oh, je! Es erfordert einen gewissen Übermut, sich ins Reich solch verbaler Nebelgranaten zu begeben. Aber das Tiefgründig-Vage hat Vorzüge: Es lässt viel Spielraum. Aus dem Dunst tauchen ganz unterschiedliche Bilder und Gestalten auf, verschwinden wieder, machen neuen Platz. Bühne frei für Platons Höhle, den Orakelplatz in Delphi, die Richterbank des weisen Salomo. Applaus für die Berühmtheiten von Albert Einstein bis Albus Dumbledore. Aber wie hat sich die verschleierte Dichterin bei TV Abu Dhabi in die Szenerie geschmuggelt? Der Patient aus dem Neurologen-Labor? Der australische Honigvogel Geganggië? Lichtet sich der Nebel, erschließen sich unerwartete Zusammenhänge. »Der Weise ist auf alle Ereignisse vorbereitet«, sagt Molière.

Im ersten Teil »Das Ideal« will ich Weisheit im Weitwinkel betrachten. Kapitel 1 stellt sie als Paradox vor: Hier geht es um eine Qualität, die sich wortreich umschreiben und rühmen lässt und dennoch voller Rätsel bleibt. Wenn es Gemeinsamkeiten gibt, auf die sich Weise einigen können, sind es Bescheidenheit und Misstrauen gegenüber absoluten Wahrheiten. Ein Curriculum, nach dessen Absolvierung ein »Summa cum laude«-Weisheitsdiplom mit Erfolgsgarantie wartet, wäre ein Widerspruch in sich. Individuelle Weisheit geht aus einem Prozess kontinuierlicher Selbstprüfung hervor. Ob sie zur Geltung kommt, ist nie sicher. Eine Handlung oder Äußerung, die in einer Situation hilfreich / angemessen / weise ist, kann zu anderer Zeit, am anderen Ort, gegenüber einer anderen Person banal / peinlich / töricht sein. Weisheit braucht Resonanz: Ein noch so kluger und sinnreicher Rat, der auf taube Ohren stößt, ist nicht weise.

Statt eindeutiger Analysen sind in diesem Buch deshalb eher Anregungen, Annäherungsversuche, Anekdoten zu erwarten. Kapitel 2 versucht zu ergründen, welche Schwerpunkte verschiedene Kulturen und Weltregionen mit dem Thema verbinden. Wie kam es dazu, dass die Ägypter begannen, Weisheitslehren schriftlich zu fixieren, mehr als 2000 Jahre vor den griechischen Philosophen? Was unterscheidet die Anschauungen eines Sokrates von denen eines Buddha, Jesus und Konfuzius? Warum reicht den Hindus die Silbe »Om« aus, um umfassende Weisheit auszudrücken? Und wie ist zu erklären, dass sich das Ururalt-Ideal Weisheit heute durch Fantasy- und Science-Fiction-Helden feiern lässt, die als weise Ratgeberfiguren anscheinend auch im 21. Jahrhundert unverzichtbar sind?

Lange lag das Monopol für die großen Themen rund um die menschliche Erkenntnis- und Geisteswelt bei Philosophen und Theologen. Das hat sich geändert. Den Bezug zur Forschungslandschaft von heute stellt Kapitel 3 her. Schwerpunkt ist das internationale Projekt »Defining Wisdom«. Dessen Ziel ist es, Weisheit aus den unterschiedlichsten wissenschaftlichen Blickwinkeln zu erfassen. Die interdisziplinäre Ausrichtung des Ansatzes birgt neue Einsichten, aber auch neue Verwirrung. Nicht jedem wird auf den ersten Blick einleuchten, dass der Berkeley-Biologe Neil Tsutsui von der »Weisheit der Ameisen« spricht. Oder dass Ankur Gupta von der Butler University die raffinierte Kompression von Computerdaten für weise hält.

Sich um Theorien und Definitionen zu streiten, erweitert den Horizont – wozu? Die wahre Kunst der Weisen ist nicht kluge Rhetorik, sondern Anwendung, Lebenspraxis, Rat und Tat. Wie das große Ideal Weisheit im Alltäglichen Wirkung entfalten kann und welche Kunstgriffe Psychologen gefunden haben, das wissenschaftlich zu untersuchen, erläutert Kapitel 4. Als »Tugend für jeden Tag« spiegelt sich Weisheit in tausend Facetten: in einer Entscheidung, die neue Spielräume eröffnet; in einem Vertrauensbeweis, der eine Freundschaft festigt; in einem Lachen, wo andere Wut erwartet hätten; in einer erstaunlichen Lösung für einen aussichtslos erscheinenden Konflikt … Nicht jeder hat die Chance (und die Bürde), als Salomo, Dalai Lama oder Nelson Mandela in die Geschichtsbücher einzugehen. Doch sich darüber klar zu werden, wie die »kleine Weisheit« mit dem Wirken solcher Idole zusammenhängt, ist reizvoll und erhellend.

Tiefste Gründe, gereifte Auffassung, leitende Ideen … Das hohe Ideal der Weisheit fächert sich auf in ein Mosaik begehrenswerter Eigenschaften: Gelassenheit, Humor, Großzügigkeit, liebevolle Nachsicht für die Unwägbarkeiten des Lebens. Der Mittelteil des Buchs, »Annäherungen« genannt, schildert, mit welchen Hilfsmitteln die Menschheit sich auf Weisheitssuche begeben hat. Manche Zugänge werden über-, andere unterschätzt. Manche sind in Vergessenheit geraten. Manche werden gerade erst entdeckt.

Die im Abendland am intensivsten erprobte Strategie setzt auf den Verstand. Die Philosophen der griechischen Antike haben die Richtung vorgezeichnet. Als Vorbilder stehen sie für eine Weisheitsfreundschaft, zu der nicht nur der Durst nach Wissen und Wahrheit gehört, sondern auch die Frage nach dem guten und richtigen Leben. Kapitel 5 begibt sich auf Spurensuche in die Philosophie, ins Reich der Eule. Und stößt auf irritierende Neben- und Nachwirkungen des reinen Verstandeszugangs. Das allzu blinde Vertrauen auf Denken, Logik und Abstraktion hat die Entfremdung zwischen gutem Leben und Wissensdurst, zwischen Philosophie und Naturwissenschaften, heraufbeschworen. Die Anhänger der »objektiven« Wissenschaft fühlen sich für Wertfragen nicht mehr zuständig. Ergebnis ist eine vom technischen Fortschritt geprägte Welt, die kühl, kaum noch beherrschbar und weisheitsfern erscheint.

Der Versuch, Gefühle und das vermeintlich Irrationale aus der Wissenschaft auszuschließen, war kein weiser Akt. Kapitel 6 stellt die Frage, welche Rolle Eros, Poesie, Malerei und Musik für die Weisheit spielen. In der vernunftbetonten Gesellschaft gelten sie als Beiprogramm, sicherlich bereichernd, aber letztlich eher nebensächlich. Eine fundamentale Fehleinschätzung – das glaubt allen voran Albert Einstein. Als Kronzeuge, der nicht der Gefühlsduselei verdächtig ist, hat er vor allem das Musizieren als Weg hervorgehoben, tiefe Einsichten zu erlangen, die denen der wissenschaftlichen Erkenntnis ebenbürtig sind.

Kunst als Weisheitszugang zu rühmen, mag noch einleuchten. Der Vorschlag in Kapitel 7 ist noch radikaler. Hier geht es um die Bedeutung von »Faultierqualitäten«. Damit ist gemeint: Das Nicht-Handeln üben! Die Kunst kultivieren, nur dann einzugreifen, wenn Wesentliches auf dem Spiel steht! Die Kraft kennenlernen, die in der Ruhe liegt! Diese daoistische Variante der Weisheits-Annäherung hat Vorzüge, die man in einer Zeit der Überforderungen und der Rastlosigkeit wieder zu begreifen beginnt. Nicht nur Burnout-Opfer, auch Max-Planck-Instituts-Professoren erkennen: Multitasking erschöpft. Es ist essentiell, sich Zeiten des »Abschaltens« zu gönnen.

Für diejenigen, die von der Zivilisation der Rastlosen und Vernunftgesteuerten überrannt worden sind, kommen solche Einsichten einige Generationen zu spät. Die Kolonialmächte haben sich keine Mühe gegeben, die faszinierend andersartigen Lebens- und Denkweisen von Naturvölkern zu verstehen. Sie haben sie als minderwertig betrachtet und fanden nichts dabei, die »Primitiven« umzubringen und ihre Lebensräume und jahrtausende alte Kulturen zu zerstören. Kapitel 8 diskutiert die Folgen. Die treffen nicht nur die Opfer und ihre Nachkommen, sondern auch die Kultur der »Sieger«. Die Überheblichkeit der westlichen Welt gegenüber Andersfarbigen, Andersgläubigen, Andersfühlenden ist inzwischen subtiler, doch sie lebt fort und verhindert unvoreingenommenes gegenseitiges Lernen. Vertreter der »interkulturellen Philosophie« versuchen vergessene Weisheitslehren wieder aufzuspüren und deren Stimmen in einem »Polylog« der Kulturen zu Gehör zu bringen.

Eines ist dabei frappierend und ernüchternd. Ob beim Ifa-Kult in Nigeria oder beim »Vernunft-Kult« der griechischen Philosophie: Wer an weise Menschen denkt, bringt mit 99-prozentiger Wahrscheinlichkeit Männernamen ins Spiel. Warum eigentlich? Die im antiken Hellas gerühmte Sophia, das Weisheitssymbol schlechthin, ist schließlich weiblich. Und viele Qualitäten, die man mit ihrem Ideal verbindet, wecken eher feminine Assoziationen: Fürsorglichkeit, Mitgefühl, Herzenswärme, Sanftmut, Vertrauen … Kapitel 9 geht der Frage nach, wie Weisheit zur Männerdomäne wurde. Zur Entwertung des Weiblichen und Leiblichen trugen im Abendland zwei Entwicklungen bei, die antike Philosophie und der Monotheismus. Diese Entwertung mündete in fatale Gleichsetzungen: Mann = Geist + Vernunft = gut. Frau = Leib + Gefühl = schlecht.

Kapitel 10 beendet den Teil der »Annäherungen« mit einem Blick in die Welt der Neuro- und Kognitions-Forschung, die solche Irrwege und Fehlschlüsse der Vergangenheit allmählich revidiert. Wissenschaftler, die den Geist unter die Lupe nehmen, entdecken inzwischen den entscheidenden Beitrag der Gefühle und der unbewusst ablaufenden Prozesse im Körper für bewusste Entscheidungen und die Vernunft. Besonders Antonio Damasio, Neurologieprofessor an der University of Iowa, hat mit seinen Arbeiten das Verständnis für die Grundlagen geistiger Prozesse revolutioniert. Descartes' Leitspruch »Ich denke, also bin ich« korrigiert er in »Ich fühle, also bin ich«. Diese Perspektive hebelt die Dualität zwischen Körper und Geist, Vernunft und Gefühl, Rationalität und Intuition aus. Sie eröffnet ein ganzheitliches Bild der Weisheit, das neben Logik all die in den vorherigen Kapiteln beschriebenen Zugänge umfasst: Kunst, Faulheit, Naturverbundenheit, Sinnlichkeit.

Tiefste Gründe, gereifte Auffassung, leitende Ideen ... Der dritte Teil des Buches nimmt »Die Wege« unter die Lupe, die sich vor Weisheitssuchenden auftun. Die Tore stehen einladend offen, 24 Stunden am Tag, der Eintritt ist frei. Als Führer sind Selbsterkenntnis, Sensibilität und fröhlicher Mut zur Unvollkommenheit zu empfehlen. Dazu als Trostpflaster vielleicht ein jüdisches Sprichwort, falls ein verheißungsvoll erscheinender Weg sich im konkreten Fall doch als Ab-, Irr- oder Umweg erweisen sollte: »Ein Mensch bleibt weise, solange er die Weisheit sucht. Sobald er sie gefunden zu haben wähnt, wird er ein Narr.«

Kapitel 11 bietet eine Art Fundament für Selbstversuche in Sachen Weisheit an. Kann man genauer eingrenzen, was sie ausmacht? Man kann sie sogar messen, meint zumindest Monika Ardelt, Soziologin an der Universität Florida. Menschen, die man gemeinhin als Weise empfindet, zeichnen sich ihrer Hypothese nach durch positive Eigenschaften in drei eingrenzbaren Bereichen aus: Sie nennt sie die kognitive, die reflektive und die affektive Dimension. Mit 39 Fragen aus diesem Spektrum ermittelt ihr Test einen »Weisheits-Score« von Versuchspersonen. Ergebnis ist mehr als nur eine Zahlenspielerei. Aus Interviews mit Probanden hat die Forscherin Spannendes über Krisenbewältigungs-Strategien ihrer »relativ weisesten« Kandidaten abgeleitet.

Jeder weiß, dass Harmonie weiser ist als Streit, Mäßigung weiser als Sucht, dass man bei Konflikten cool bleiben / die andere Wange hinhalten / erst einmal eine Nacht darüber schlafen sollte – aber warum ist es so schwer, all das im echten Leben auch zu beachten und den »inneren Dalai Lama« zu kultivieren? In Kapitel 12 kommen Praktiker zu Wort, die östliche Weisheitsübungen mit der westlichen Verstandeskultur kombinieren. Das gelingt nicht ohne Kollisionen. Doch es gibt Wege, die Weisheitswachstums-Schmerzen zu überwinden. Der Leitgedanke: »Erkennen, nicht tadeln, ändern.«

Humor taucht im Weisheitstest nicht auf. Wahrscheinlich zu Recht – die Aussage »Andere lachen gern über mich« ist zugegebenermaßen missverständlich. Im wahren Leben gehören Humor und Ironie allerdings zu den raffiniertesten Methoden, die sich Menschen haben einfallen lassen, um in den tragischsten Momenten ihrer Existenz Atem zu schöpfen. Kapitel 13 beschäftigt sich mit angewandter Narrenweisheit aus verschiedenen Kulturen. Und mit der Frage, ob es weisen und unweisen Humor gibt.

»Eigentlich bin ich ganz anders, ich komm nur so selten dazu …« Die Suche nach sich selbst wird umso schwieriger, je mehr Optionen und je mehr Ablenkungen bereitstehen. Doch es gibt Vorbilder, die der Fragestellung nach dem Sinn des Lebens eine neue Wendung gegeben haben. Allen voran der jüdische Psychologe und Auschwitz-Überlebende

Viktor Frankl, der einen Weg gefunden hat, selbst im KZ die eigene Würde nicht zu verlieren. Kapitel 14 lädt dazu ein, die Entwicklung des Selbst als lebenslange Aufgabe zu betrachten, einen tieferen Sinn im eigenen Schicksal zu entdecken und sich schon in den guten Zeiten auf Ereignisse vorzubereiten, die alle Weisheit erfordern, die uns zur Verfügung steht.

In traditionellen Gesellschaften gehören Alter und Weisheit zusammen. Wo das Dogma »forever young« herrscht, muss der Wert von Lebenserfahrung und Altersweisheit wieder neu entdeckt werden. Doch in einer zunehmend orientierungslosen Gesellschaft haben auch und gerade diejenigen etwas zu bieten, die nach stürmischen Phasen mit sich selbst im Reinen sind – auch wenn sie körperlich schon Zeichen von Klapprigkeit zeigen. Kapitel 15 stellt Projekte vor, in denen Senioren als weise Greise reüssieren. Zum Beispiel das Programm eines amerikanischen Rabbi, mit dessen Hilfe sie sich der »Meisterschaft in Lebenskunst« nähern können. Und ein Internetforum, in dem sie Jüngeren Rat in allen Lebenslagen geben.

Kapitel 16 weitet den Blick aus von den persönlichen auf die gesellschaftlichen Verhältnisse. Dass weises Handeln im ganz großen Stil eine fast unlösbare Aufgabe darstellt, hat schon Platon erfahren, als er in Syrakus auf Sizilien seine Idee der Philosophenkönige verwirklichen wollte – eine Regierung mit dem Ziel eines »Lebens von unsagbarer Glückseligkeit« für alle. Ist Weisheit eine Qualität, die Chancen hat, sich auch in Politik und Wirtschaft zu entfalten? Kann sie ein friedlicheres Zusammenleben ermöglichen? Geschichten sollen Antwort geben: vom israelischen Paar Uri und Rachel A., die auch mit weit über 80 Jahren nicht aufgeben, die Welt Tag für Tag ein Stückchen erträglicher zu machen, vom Politiker Hans K., der meint, dass Versöhner trinkfest sein müssen und vom deutschen Pastor

Reinhold N., der die komplette Theorie zum Thema Hoffnung und Verzweiflung in drei Zeilen gefasst hat: das Gelassenheitsgebet.

Tiefste Gründe, gereifte Auffassung, leitende Ideen ... Das Ende eines Buchs mit gewichtigem Thema sollte leicht sein. Kapitel 17 erzählt, was einer Autorin begegnet, die sich aufmacht, dem Abenteuer Weisheit hinterherzulaufen.

Das Ideal

1 Wer weiß, redet nicht. Wer redet, weiß nicht.
Die Weisheit als Paradox – einfach und geheimnisvoll;
leicht zu erkennen, schwer zu erringen

Der Weise auf dem Wasserbüffel und der Passwächter: 5000 Zeichen mit Langzeitwirkung

Man weiß nicht so genau, wann er gelebt hat. Manche sind sich sogar nicht völlig sicher, ob er überhaupt existiert hat. Sicher aber gibt es das *Daodejing*, ein Werk, bestehend aus 5000 Schriftzeichen, entstanden um das 5. Jahrhundert vor Christus, das ihm zugeschrieben wird. Die Legende über seinen (wahrscheinlichen) Verfasser ist zu schön, um nicht wahr zu sein. Und weil eine Prise Mystik die Begebenheit adelt, eignet sie sich ideal als Einstieg in das große Thema Weisheit.

Der Held ist ein älterer Gelehrter. Angesprochen wird er als Laozi, Alter Meister. Er hat als Archivar in der Bibliothek des Königs von Chou im Norden Chinas gearbeitet. Nun verlässt er seine Heimat, weil er den Verfall des Reichs vorausahnt und zieht hinter die Berge. Auf chinesischen Tuschezeichnungen ist ein Wasserbüffel sein Begleiter und Gepäckträger, ein kräftiges, aber auch sanftes, gemächliches und gemütliches Tier. Die beiden pilgern nach Westen. Als sie auf dem Weg einen Passwächter treffen, verwickelt der den alten Archivar in ein Gespräch über seine Einsichten. Auf Drängen des Wissbegierigen schreibt Laozi ihm auf, was er wesentlich findet, bevor er endgültig ins Gebirge entschwindet. So entsteht das *Daodejing*, das angeblich nach der Bibel am häufigsten übersetzte Buch der Welt.

Die Szene strahlt Einfachheit, Freundlichkeit, Ruhe aus. Im Alter die Heimat zu verlassen und ins Ungewisse zu ziehen, weil es angemessen erscheint – so handelt einer, der Mut besitzt und Seelenfrieden gefunden hat. Arroganz ist ihm fremd, er ziert sich nicht, als er um Rat gefragt wird. Aber er missioniert auch nicht. Er ist bescheiden und hätte seine Weisheit für sich behalten, hätte es nicht jemand gegeben, der begierig war, sie zu hören. Bertolt Brecht hat der Begegnung ein Denkmal gesetzt und dieses Detail in seiner Ballade betont: »Aber rühmen wir nicht nur den Weisen / dessen Name auf dem Buche prangt! / Denn man muss dem Weisen seine Weisheit erst entreißen. / Darum sei der Zöllner auch bedankt: / Er hat sie ihm abverlangt.« Das wird nicht immer mitbedacht, wenn es um Weisheit geht. Um Wirksamkeit zu entfalten, muss sie ein offenes Ohr finden.

Worin besteht die Weisheit des *Daodejing*? Die 81 Kapitel der Textsammlung sind selbst für diejenigen, die das Original lesen können, alles andere als leicht verständlich. Nicht minder dunkel sind die Übertragungen. Die Hauptrolle in Laozis Buch spielt das »unnennbare« Dao. In den verschiedenen deutschen Übersetzungen wird es umschrieben als »Rechter Weg«, als »Sinn«, als »Urquell des Seins« oder als das »große Eine, in dem die Gegensätze aufgehoben sind«.

Im Groben ist das Werk eine einzige Warnung, dass die tiefgründigen Wahrheiten jenseits des Vermittelbaren liegen. Dass deshalb diejenigen schweigen, die um sie wissen: »Wer weiß, redet nicht / wer redet, weiß nicht.« Es geht hier, soviel ist schnell klar, nicht um Allerweltskenntnisse, es geht um das Wesentliche. Und natürlich lassen sich die Wissenden manchmal doch zum Reden verführen, sonst gäbe es auch das Daodejing nicht. Ihr Kunstgriff besteht darin, Einsichten in Metaphern zu kleiden. Konkret genug, um eine Ahnung zu geben von den Schätzen, die zu heben sind. Um bei Zuhörern und Lesern die Sehnsucht zu wecken, sich auf den Weg zu begeben und irgendwann selbst zu den Eingeweihten zu zählen, zu den Wissenden, die in sich ruhen – selbst dann, wenn um sie herum das Chaos tobt.

Ein Kapitel spricht von denen, die das geschafft haben, von den »alten Weisen«, die im Dao bewandert sind. In einer modernen Nachdichtung des Salzburgers Bodo Kirchner lautet die Stelle: »Ihre Haltung war / behutsam, wie beim Überqueren eines Flusses im Winter / vorsichtig, wie bei drohender Gefahr / zurückhaltend, wie willkommene Gäste / nachgebend, wie schmelzendes Eis / einfach, wie rohes Holz / offen, wie ein weites Tal / anspruchslos, wie trübes Wasser.«[1]

Wie bitte? Ein Weiser soll trübem Wasser ähneln? Das erscheint als bizarrer Vergleich. Laozis Erklärung beinhaltet eines der Paradoxa, die das Daodejing berühmt gemacht haben: »Wer wie trübes Wasser sein kann / kann in Stille zur Klarheit gelangen / Wer in Bewegung behutsam ist / kann in Ruhe zur Beständigkeit gelangen.«

Das Wasser, allgegenwärtig, unscheinbar und wunderbar, stillt Durst, nährt Pflanzen, erfrischt und reinigt. In dem alten chinesischen Text wird es an verschiedenen Stellen gerühmt. Es sei bereit, allen Wesen zu dienen. Es bleibe an Orten, die Menschen verachten. Es gleiche dem Dao, denn: »Nichts in der Welt / ist nachgiebiger und weicher als Wasser / doch nichts ist besser / um Hartes und Starkes zu überwinden.« Die Lehre daraus: Das Weiche kann das Harte besiegen, das Schwache überwindet das Starke. Und die melancholische Erkenntnis: »Obwohl jeder es weiß / handelt keiner danach.«

Was bedeutet es, einer Weisheitslehre zu folgen, die ihre Anhänger auffordert, wie trübes Wasser zu sein? Laozis

Lösung ist typisch asiatisch. Er rät zur Praxis des Schweigens, der Demut, der Innenschau: »Beende das Gerede / schließe die Türen / dämpfe den Eifer / löse die Verwirrung / mindere den Glanz / finde den Grund.«

Vom Daoismus, der chinesischen philosophischen Schule, die nach diesen Prinzipien ausgerichtet ist, wird noch die Rede sein. Die Lehre unterscheidet sich in vielen Aspekten von Weisheitswegen anderer Kulturkreise. Doch einen Punkt, an dem sich alle treffen, beleuchtet das Daodejing und die Legende seiner Entstehung besonders gut: Weisheit ist keine theoretische, sondern eine angewandte Kunst. Sie erschöpft sich nicht in Gerede, kann sogar ohne Worte auskommen; sie misst sich am Tun. Dabei folgt sie Laozis Paradox: Sie ist einfach und geheimnisvoll zugleich, leicht zu erkennen, schwer zu erringen. Und sie erfordert persönlichen Einsatz, wie es der französische Philosoph Michel de Montaigne viele Jahrhunderte nach Laozi gesagt hat: »Es mag sein, dass wir durch das Wissen anderer gelehrter werden. Weiser werden wir nur durch uns selbst.«

Ehrlich, nett und rätselhaft: vom Psychogramm der Weisen, dem Mangel an modernen Weg-Weisern und der Notwendigkeit von Selbstversuchen

Schön gesagt, schwer zu verwirklichen. Die Weisheit ruft laut auf der Straße, aber ihr Ruf erreicht die Ohren der Menschen nicht, hieß es bei Salomo. Ganz ähnlich klingt die Klage Laozis: Jeder kenne sie, aber aus dieser Kenntnis folge kein entsprechendes Handeln. Wieder ein Paradox. Weisheit scheint ein durchaus greifbarer Schatz zu sein, destilliert aus Lebens- und Welterfahrung, aus den bedeutendsten Erkenntnissen und Überlieferungen. Eigentlich steht der Gebrauch jedem offen, es gibt nur eine Hürde:

Man muss sich gewissermaßen selbst dazu überlisten, den Schatz zu heben.

Und das ist verwirrend und verzwickt. Denn wie dabei vorzugehen ist, steht in keinem Lehrbuch. Weisheit lässt sich nicht studieren, trainieren und anschließend beherrschen wie eine Fremdsprache, ein Musikinstrument, eine Sportart oder die höhere Mathematik. Sie ist nicht durch Einheirat zu erringen wie ein Adelsprädikat oder ein Familienvermögen. Man kann sie nicht herbeizwingen, nicht einmal mit Waffengewalt. Sie fällt keinem in den Schoß wie ein Lottogewinn. Und ein »Weisheitsquotient«, der mit ein paar Standardaufgaben zu ermitteln wäre wie der IQ, lässt auch auf sich warten.

Wie also ist dem geheimnisvollen Ideal auf die Schliche zu kommen? Vielleicht über die Einzelteile, aus denen sich das größere Ganze zusammensetzt. Immerhin gibt es ein intuitives Grundverständnis darüber, was weise Menschen ausmacht. Und das scheint in erstaunlich frühem Alter geprägt zu werden. Psychologiestudentinnen der Universität Wien haben die Jüngsten zu Wort kommen lassen und Kinder ab sechs Jahren befragt, welche Eigenschaften weise Menschen ihrer Meinung nach auszeichnen. Von den Schulanfängern hatten schon fast die Hälfte eine Antwort parat, ab Klasse 4 praktisch alle.

Originelle Definitionen sind da zu hören. Ein Weiser sei »ehrlich, nett und rätselhaft«, sagt ein neunjähriger Bub. »Er hält zu dir und hilft dir, wenn es dir nicht gut geht. Man kann ihm Geheimnisse anvertrauen«, findet ein gleichaltriges Mädchen. »Weise geben schlaue Tipps und erzählen uralte Geschichten«, meint ein Zehnjähriger.

Ratgebertalent, Verlässlichkeit, Erfahrung, eine besondere Aura – dieses frühe Bild ergänzen Erwachsene um weitere positive Facetten. Sie nennen am häufigsten die Eigenschaften ruhig, lebenserfahren, wissend, belesen, über den

Dingen und Menschen stehend, gelassen, gütig, milde, bescheiden, ausgeglichen, freundlich, mit persönlicher Ausstrahlung, besonnen, selbstbewusst, einfühlsam, kann zuhören, gibt gute Ratschläge / Hilfen / Urteile. Man könnte das erweitern, bis der Universalkatalog guter Eigenschaften vollständig ist: aufmerksam, beharrlich, unabhängig, unerschrocken, uneigennützig, unbestechlich. Vertrauensvoll, aber nicht vertrauensselig. Loyal, aber nicht unkritisch.

Das Übermaß an aufgezählten Ideal-Qualitäten hat eine fatale Nebenwirkung. Es lähmt. Es setzt Maßstäbe, denen in ihrer Gesamtheit kaum ein Irdischer oder eine Irdische gewachsen ist. Wenn in Umfragen nach realen Weisen gefragt wird, landen auf den hohen Rängen Religionsstifter wie Buddha und Jesus. Dazu kommen bewunderte Prominente, die für Frieden und eine bessere Welt nicht nur Worte, sondern ihr ganzes Leben in die Waagschale geworfen haben: Gandhi, Martin Luther King, Mutter Teresa, Nelson Mandela, der Dalai Lama. Diese Heilsgestalten sind Projektionsflächen einer Sehnsucht, doch dummerweise ziemlich weit vom eigenen Leben entfernt. Zu weit, um Orientierung im Detail zu geben.

Und die ist gründlich verloren gegangen in einer Gesellschaft, in der keine Einigkeit mehr über Werte besteht. Richtig und falsch sind keine gültigen Kategorien mehr. Von den zehn biblischen Geboten werden gerade noch Nummer 5 (nicht töten) und Nummer 7 (nicht stehlen) allgemein anerkannt. Ein Begriff wie Sünde hat Bedeutung verloren; die ehemaligen Todsünden haben sich in die Mitte der Gesellschaft vorgearbeitet, von den Medien fasziniert begleitet. Zu Habgier und Hochmut applaudieren die Wirtschaftsmagazine; Genusssucht, Selbstsucht und Trägheit des Herzens sind Favoriten der Regenbogenpresse; für Geiz wirbt der Anzeigenteil. Und denjenigen, die sich teurere Sünden nicht leisten können, bleibt immerhin Zorn und Neid.

Der Bedarf an weisen Vorbildern, die noch Maßstäbe liefern, ist in dieser Situation groß. Gleichzeitig sind die Bedürftigen anspruchsvoll geworden und misstrauen vermeintlichen Autoritäten. Ehemalige Sinnstiftungs-Institutionen wie die Kirche haben Überzeugungskraft verloren. Kein Trost mehr von oben. Genauso wenig von den vorangegangenen Generationen, von Eltern, Großeltern, Lehrern – das Tempo der Neuerungen im Wissenszeitalter entwertet deren Lebenserfahrung rapide. Politiker, Ärzte, Manager? Sind als Eigeninteressenvertreter in Misskredit geraten. Wissenschaftler? Sind Experten für Spezialistentum, nicht für Lebenskunst.

Geachtete Mentoren im persönlichen Umfeld, die sich Zeit nehmen, um Entwicklungshilfe zu leisten zu den großen Fragen, den Zielen des eigenen Lebens, sind Mangelware. Kein Sokrates schreitet durch unsere Städte, um Jugendliche und Erwachsene in Streitgespräche über Wesentliches zu verwickeln. Für ein langjähriges Meister-Schüler-Verhältnis, wie es in östlichen Weisheitstraditionen praktiziert wird, gibt es im Westen kaum Parallelen. Lehrerinnen oder Professoren haben häufig weder die Muße noch die Gabe, einzelne Schüler oder Studierende über Jahre hinweg zu beraten und zu begleiten. Die Berufsgruppe, die am ehesten als Weg-Weiser und Ratgeber fungiert, ist die der Therapeuten. Und die kommen meist erst ins Spiel, wenn man selbst so gar keinen Ausweg mehr weiß.

Was wie eine Sackgasse aussieht, lässt ein Schlupfloch offen. Selbsterkundung und Selbstverantwortung sind gefragt. Montaignes Wort »Weiser werden wir nur durch uns selbst« kann auch als Ermutigung verstanden werden, nicht darauf zu warten, dass ein Guru auftaucht, dem man brav folgt. Es fordert auf, eine Geisteshaltung zu kultivieren, die Weisheit aufspürt – auch dort, wo man sie nicht erwartet.

Die Passwächter-Situation in der chinesischen Legende

ist da ein Sonderfall. Die Voraussetzungen sind vollkommen – hier ein Lehrer, der sein Wissen freigebig teilt, dort ein Adressat, der die Muße hat zuzuhören und es dankend annimmt. In dieser Konstellation scheint weise Ernte fast langweilig zwingend vorprogrammiert. Zu den Paradoxa der Weisheit passt besser, dass es oft kleinere Lektionen sind, die große Wirkung entfalten: Inspirationen, Anstöße, Anregungen, die das Leben ein wenig in Richtung Weisheit verrücken. Sie speisen sich aus kurzen Zufallsbegegnungen. Aus überwundenen Enttäuschungen. Aus verrauchter Wut. Stammen von fiktiven Helden aus Büchern, Film und Fernsehen. Aus Songtexten oder Comics. Irgendein richtiges Wort zur rechten Zeit fällt auf fruchtbaren Boden und beschert ein Aha-Erlebnis, das im Leben fortwirkt, vielleicht nur für einen kurzen Moment, vielleicht dauerhaft.

**Grundlagen der Weisheit: Geduld, Gefühl,
die Würdigung des Irrationalen und der Mut
zur Selbsterkenntnis**

Ein solches Erlebnis berührt nicht nur das Gehirn. Was Weisheit so besonders und geheimnisvoll macht, ist, dass sie die reine Vernunft hinter sich lässt. Weise werten das logische Denken nicht gering, aber sie vergessen nicht, dass die menschliche Natur nur an der Oberfläche mit einer Tünche Ratio überzogen ist. Es sind nur ein paar Jahrtausende, die das moderne Bewusstsein geprägt haben; darunter schlummern Jahrmillionen eines älteren naturgeschichtlichen Erbes. Einflüsse, die sich als starke Gefühle, als Intuition, als Vorlieben oder als Vorurteile bemerkbar machen. Variablen, mit denen zu rechnen ist.

Seit Mitte der 1990er Jahre hat die Gefühlswelt in der Naturwissenschaft eine beachtliche Aufwertung erfahren.

Psychologen sind nicht mehr allein mit dem Hinweis, wie eng Denken und Fühlen zusammengehören. Hirnforscher und Neurologen haben begonnen, Details des Zusammenspiels zu entschlüsseln. Ihre Erkenntnisse legen eine faszinierend neue Sicht der Dinge nah: Ohne Gefühle kein rationales Denken. Die sinnliche Begegnung mit der Umwelt erzeugt Emotionen, und die bilden die Grundlage, auf der sich der Geist überhaupt entfalten kann.

Diese Einsicht kann das Geheimnis der Weisheit ein wenig lüften und erklären, warum sie über alle Orte und Zeiten hinweg ihren Reiz behalten hat. Wir verehren sie, weil wir auch im 21. Jahrhundert der Vergötterung reiner Ratio instinktiv misstrauen. Den menschlichen Geist auf Vernunft und Logik zu reduzieren, beleidigt ihn. Denn lebendig sein, heißt nicht nur Denken, sondern Sinnlichkeit, Freude und Trauer, Verbundenheit mit der Natur. Biophilie nennen Evolutionsforscher diese intuitive Vertrautheit mit anderen lebendigen Wesen.

Weisheit zollt unseren biologischen Wurzeln, unseren Gefühlen und Ahnungen zu Recht Respekt. Die irrationalen und rätselhaften Aspekte im eigenen Leben und im menschlichen Miteinander zu verstehen und zu würdigen und auszubalancieren, gehört zu ihrem Kern. Nach der dualistischen Logik, die das Abendland seit Aristoteles verehrt hat, gilt entweder a oder nicht a und nichts dazwischen. Und wenn aus a heute b folgt, dann auch morgen und für immer. In der Lebenswirklichkeit stimmt das, was heute gilt, morgen vielleicht überhaupt nicht mehr. Zu viele unvorhersagbare Randbedingungen beeinflussen das System; mathematische Modelle mit strengen Ursache-Wirkungs-Beziehungen versagen.

Das Paradox von Laozi beschreibt die Welt poetischer und genauer als die abendländische Ja-Nein-Logik. Stark, schwach, hart, weich – jede Qualität birgt ihren Gegenpol in sich. Aus dem Spannungsverhältnis der Gegensätze ergibt sich der neue Zustand. Irgendwann besiegt das weiche Wasser den Stein; das Harte unterliegt. Laozi weiß es, schreibt es auf und zieht die Konsequenzen. Als er sieht, dass sich die Dinge in seiner Lebenszeit wohl nicht wieder zum Besseren wenden werden, wählt er das Exil.

Zu diesem Schritt gehören Mut und vor allem Selbsterkenntnis. »Wer andere kennt, ist klug. Wer sich selbst kennt, ist weise«, heißt es im *Daodejing*. Auch in diesem Punkt trifft sich Laozis Werk mit den Weisheitslehren anderer Kulturkreise. »Gnōthi seautón« lautet die griechische Entsprechung. Sie stand auf dem Apollo-Tempel in Delphi, in dem die Priesterin Pythia am siebten Tag eines jeden Monats im Sommer ihre Orakel verkündete – erkenne dich selbst. Für die Griechen war Selbsterkenntnis ein Ringen um philosophische Fragen: Wo ist der eigene Platz im Kosmos? Was bedeutet Menschsein an sich? Wie tief kann der menschliche Verstand in die Geheimnisse des Kosmos eindringen? Inwieweit lässt sich der Ursprung des Seins ergründen?

Für persönliche Weisheit ist über diese philosophische Dimension hinaus die psychologische von Belang. Selbsterkenntnis heißt, sich den eigenen Möglichkeiten und Grenzen zu stellen. Warum bin ich, wie ich bin? Welche Menschen, welche Umstände haben meine Persönlichkeit geprägt? Was mag ich an mir, was hasse ich? Welche Aspekte kann ich ändern, mit welchen muss ich mich abfinden?

Merkmale, die beim Blick in den Spiegel Freude oder Seufzer hervorrufen, sind jedem als unabänderliche genetische Faktoren in die Wiege gelegt: Augen- und Haarfarbe, die Größe, die Form der Nase, die Anfälligkeit für Krankheiten. Andere Prägungen haben ihren Ursprung in zufälligen Lebensumständen, die nachträglich nicht zu ändern sind. Es hat Auswirkungen, ob man in der Stadt oder auf dem Land aufwächst, als Einzelkind oder mit drei Geschwistern, im Direktoren- oder Hartz-IV-Haushalt, oft getadelt, gelobt oder ignoriert, überbehütet oder früh auf sich gestellt. Längst vergessene Erfahrungen haben Einfluss genommen auf Selbstbewusstsein, Durchsetzungsvermögen, Ängste. Nebensächlich erscheinende Dinge wie zum Beispiel die Länge des Schulwegs. Frühe Freundschaften. Streitigkeiten im Kindergarten. Dazu kommen mehr oder weniger gezielt getroffene Entscheidungen für Ausbildung, Hobbys, Partner, Beruf.

Wer ist dieses Ich, welche Spielräume stehen ihm offen? Woher rühren die Stärken, Schwächen, Hoffnungen, Kränkungen und Enttäuschungen? Welche Aspekte, die nicht zum eigenen Ideal passen, sind veränderbar? Welche Erwartungen an die eigenen Ansprüche sind realistisch? Sich kennenzulernen, sich wichtig zu nehmen und sich mit den eigenen Schwächen zu versöhnen, ist ein lebenslanger bereichernder Prozess. Wer sich selbst über- oder unterschätzt, wird es schwer haben, mit sich ins Reine zu kommen.

Der holländische Gestalttherapeut Bruno-Paul de Roeck drückt es drastisch aus: »Elefanten versuchen nicht, Giraffen oder Schwalben zu werden. Radieschen versuchen nicht Rote Bete zu werden. Aber wir versuchen zu sein, was wir nicht sind. Wir ersticken in den Idealen, die unerreichbar sind oder die nur auf unsere eigenen Kosten erreicht werden können.« Das Ergebnis der Selbstzweifel sieht er in seiner therapeutischen Praxis: »Wir gehen auf den Zehenspitzen, um nur ja nirgendwo anzustoßen, und werden schließlich ärgerlich auf unsere Zehen, wenn sie uns weh tun.«[2]

Ehrlich mit sich selbst zu sein und die eigenen Grenzen zu akzeptieren, ist keine Garantie dafür, Weisheit zu entwickeln, aber ein Schritt auf dem Weg zu ihr. Wer das

Abenteuer auf sich nimmt, wird sich manchmal wie trübes Wasser fühlen. Und dann wieder wie ein erhabener Pilger in einer langen Reihe von Vorgängern auf dem Pfad zum Wesentlichen.

2 Von der altägyptischen Göttin Ma'at über Sokrates, Buddha und Jesus zum »Krieg der Sterne«. Warum das Weisheits-Ideal seit 4500 Jahren kultur-übergreifend lebendig ist

Weisheitsgeschichte(n) zwischen Vergangenheit und Science-Fiction

Die Spurensuche in Sachen Weisheit führt weit in die Vergangenheit. Bis heute begangene Wege nehmen ihren Anfang in Ägypten, Griechenland, China, Indien, Palästina, laufen parallel, streben auseinander, treffen, kreuzen, trennen sich. Überdecken schwer zugängliche zugewachsene ältere Pfade. Weisheitslehren sind so facettenreich wie die Menschheitskulturen, in denen sie entstanden sind. Jede Weltregion und jede Epoche setzt eigene Schwerpunkte, ergänzt und variiert die Überlieferungen durch zeitgemäße Schöpfungen. »Die Wahrheit ist etwas Schönes und Schreckliches und sollte daher mit großer Umsicht behandelt werden« – so einen Satz könnte Aristoteles oder Albert Einstein gesagt haben, doch er stammt vom Zauberlehrer Albus Dumbledore aus *Harry Potter*.

Denn selbst Fantasy und Science-Fiction verdanken ihre Magie weisen, oft skurrilen Ratgeberfiguren. Die Darstellungsformen mögen sich unterscheiden; inhaltlich berühren all die poetischen und allegorischen Umschreibungen denselben Kern. In den Upanishaden, die aus dem siebten bis zweiten vorchristlichen Jahrhundert stammen, heißt es: »Das Wahre ist das eine. Die Weisen benennen es verschieden.«

Diejenigen, die danach streben, siedeln ihr Ideal Weisheit gern in einer Sphäre zwischen Himmel und Erde an. Die Mythen der Völker der Welt handeln dabei von Göttern, aber auch von geflügelten Tiergestalten, die Weisheit bewahren und weitertragen – in Ägypten ist es der Ibis, in Athen die Eule, bei den Azteken die gefiederte Schlange Quetzalcoatl, bei Völkern der Arktis der Rabe. Ihnen scheint höheres Wissen nah und zugänglich; mit ihrer Hilfe, durch ihre Anrufung, bekleidet mit ihren Masken kann vielleicht auch der Mensch zu Einsichten gelangen, die seinen eigenen Horizont übersteigen. Einblicke in die Zwischenwelt zu gewinnen, bleibt dabei Auserwählten vorbehalten, Schamanen oder Orakelpriesterinnen. In Trance geben sie Auskunft über die zeitlosen Fragen nach dem Anfang vor dem Anfang, dem Jenseits und den Geschehnissen in der Zukunft.

Lange wurden die mythischen Erzählungen von Generation zu Generation mündlich tradiert. Dann gelang es, Worte dauerhaft zu fixieren. Die Erfindung der Schrift hat doppelte Bedeutung für die Weisheitsgeschichte(n). Schrift hat es möglich gemacht, die Vielfalt von Überlieferungen über Jahrtausende zu bewahren. Und sie hat zugleich jene Kulturen an den Rand gedrängt, die ihre Lebensweisheiten weiterhin nur mündlich weitergaben. Naturkatastrophen, Epidemien, verlorene Schlachten und brutale Kolonialisierung – jede solcher Krisen gefährdete die betroffenen Naturvölker und ihre Weisheitsschätze.

Die Fähigkeit, gesprochene Sprache festzuhalten, veränderte die Situation. Schriftlich festgehaltene Überlieferungen koppeln sich von ihren Erfindern ab und führen ein Eigenleben. Selbst dann, wenn die Kenntnis der Schrift ausstirbt, wie es im Fall der Hieroglyphen fast 1500 Jahre lang der Fall war, besteht eine Chance, den Gehalt wieder zu erwecken. Worte und Gedanken in Zeichen übersetzen zu können, verlieh so den Ägyptern, den Griechen, den Chinesen, den Indern und den Juden in Palästina einen enormen Vorteil gegenüber schriftlosen Kulturen, wie sie bis zur Kolonialepoche in großen Teilen Zentralafrikas und auf dem amerikanischen und australischen Kontinent vorherrschten.

Von der Suche nach deren fast vergessenen Weisheitslehren und von den Chancen, sie als Beiträge zur globalen Weisheit wiederzuentdecken, wird in Kapitel 8 die Rede sein. Zunächst soll es um die vertrauteren Quellen gehen. Um Vorstellungen, die vor Jahrtausenden auf Papyrus gemalt, auf Palmblätter geschrieben, auf Schrifttafeln aus Ton geritzt wurden und Weltanschauungen bis heute prägen.

Weisheit in Ägypten: eine Göttin, ein Schriftgelehrter und die Idee von Harmonie und Gerechtigkeit

Man braucht Phantasie, um sich in jene Epoche im 25. Jahrhundert vor Christus hineinzuversetzen, in der die erste schriftlich überlieferte Weisheitslehre entstand. Es ist das »Alte Reich« in Ägypten, eine Zivilisation, die bis heute mustergültig erscheint. Zwar ist das Land wild. Die Bewohner im Niltal müssen Krokodile, Rhinozerosse und Löwen fürchten, Überschwemmungen bringen Jahr für Jahr Zerstörung mit sich. Doch sie sorgen auch für extreme Fruchtbarkeit und Wohlstand. Die Bauern bauen Getreide, Hülsenfrüchte, Melonen und Wein an, sie halten Rinder, Schafe, Schweine, Ziegen und Enten.

Es ist eine der Blütezeiten Ägyptens. Der riesige Staat ist geeint, wohl geordnet und reich. Händler bringen Gold, Kupfer und Edelsteine aus Zentralafrika ins Land. Kunsthandwerker meißeln Schmuck aus afghanischem Lapislazuli und äthiopischem Obsidian. In Gizeh stehen bereits die Pyramiden. Sie sind Zeugnisse für einen hoch entwickelten Totenkult, für wissenschaftliche Präzision und grandioses Organisationstalent. Zustandekommen konnten sie, weil die Ägypter von einer einzigartigen Beziehung zwischen Göttern und Menschen überzeugt sind. Sie ist von Harmonie geprägt. Die irdischen Belange lenkt der Pharao, die kosmischen Dinge der Sonnengott Re zusammen mit seiner Tochter, der Weisheitsgöttin Ma'at. Ihr Kennzeichen: eine Straußenfeder im Kopfschmuck. Auf Bilddarstellungen geht sie Re oft voraus, denn sie verkörpert das »Gelingen« des Weltprozesses: Sie sorgt dafür, dass ihr Vater den Kosmos in Gang hält und jeden Tag die Sonne aufgehen lässt. Und sie hat Bedeutung für die Menschen. Im Totenreich wird die Feder der Ma'at gegen die Herzen jedes Verstorbenen gewogen. Wessen Herz leicht und ohne Sünde ist, der kann unsterblich werden.

Harmonie und geordnete Verhältnisse stellen sich nach der Vorstellung der Ägypter nicht von allein ein, sie müssen immer wieder aufs Neue errungen werden, erklärt der Tübinger Ägyptologe Jan Assmann in seinem Buch ›Ma'at‹[1]. Das erfordert Anstrengung aufseiten der Götter wie auf der der Menschen. Ma'at ist nicht nur der Name der Weisheitsgöttin, sondern zugleich Symbol für das zentrale Prinzip des guten Zusammenlebens. »Die Ma'at tun« bedeutet, im Alltag nach Wahrheit, Gerechtigkeit, Weisheit, Recht, Ordnung, Echtheit, Aufrichtigkeit zu streben. Dazu ist es wichtig, dass weise Vorbilder die Wertvorstellungen weitergeben und die Untertanen ihren Ratschlägen folgen. Sie tun es, weil die Ma'at die Schwachen vor den Starken schützt und Solidarität und Verlässlichkeit garantiert.

Dass wir all das wissen, verdanken wir unter anderem einem Mann namens Ptahhotep, der die Weisheitslehre der Ägypter zum ersten Mal aufgeschrieben hat. Er ist Wesir unter dem Pharao Asosi, der zwischen 2405 und 2367 vor Christus regiert. Der Wesir ist als höchster Staatsbeamter für die Rechtsordnung zuständig, zugleich ist er Priester und trägt das Siegel der Göttin Ma'at. Als Schreiber des Pharao genießt er höchstes Ansehen.

Das Lesen und Schreiben beherrschen zur damaligen Zeit allenfalls ein Prozent der Bevölkerung. Die Schreiber, ausschließlich Männer, lernen die Kunst der Hieroglyphen in einer speziellen Ausbildungsstätte. Jedes Amtsdokument bleibt ein Einzelstück, mit der Feder auf Papyrus geschrieben, in Lehm gekratzt oder in Stein gemeißelt. Normalerweise werden mit den Hieroglyphen Warenbestände festgehalten. Doch Ptahhotep begreift, dass sich die Symbolbuchstaben eignen, der Nachwelt auch Gedanken zu überliefern. Und so begibt er sich, als er alt wird und sein Lebensende naht, zum Pharao und schlägt vor, seinen bis dahin gewonnenen Erfahrungsschatz zu notieren, um ihn an Nachfolger weiterzugeben. Pharao Asosi stimmt zu, schließlich gebe es »keinen, der weise geboren wurde«.

So entsteht in Ägypten jene erste Weisheitslehre, 2000 Jahre, ehe anderswo ein Plato und ein Aristoteles, ein Konfuzius, ein Laozi und ein Buddha von sich reden machen werden. Ptahhotep hält 37 Maximen fest. Sie handeln von Ehrlichkeit, Geduld, Nachsicht, Höflichkeit. Gleich die erste Maxime warnt vor Arroganz: »Sei nicht hochmütig wegen deines Wissens, sondern berate dich mit dem Unwissenden wie mit dem Wissenden.« Ein unkonventioneller und unbequemer Gedanke: Wer Ohren und Augen öffnet, kann von allen lernen, selbst von den (scheinbar) Törichten.

Die Ma'at-Prinzipien aus dem alten Ägypten stellen Harmonie und Rechtsempfinden in den Vordergrund. Danach ist Weisheit zugleich Wahrheit, Recht und Ordnung. Diese Sichtweise fasziniert. Auch wenn wir heute wissen, dass keine Göttin nötig ist, um die Sonne aufgehen zu lassen, erscheint sie sehr modern. Mit der Ma'at-Lehre wird, wie

Assmann schreibt, die Idee eines Menschenrechts auf Gerechtigkeit geboren. Sie verlangt nicht blinden Gehorsam gegenüber Göttern oder Herrschern. Stattdessen ist das Ideal ein Staatswesen, das zwar hierarchisch ist, aber von Weisheit in Balance gehalten wird. Denn selbst der Mann an der Spitze des Staates, der Pharao, fällt seine Urteile nicht einsam und autokratisch. Er verlässt sich auf Ratgeber wie Ptahhotep und vertraut ihrer Erfahrung und ihrer Weisheit: »Berate dich mit dem Unwissenden wie mit dem Wissenden ...«

Weisheit im antiken Hellas: Emanzipation von den launischen Göttern durch Wissen und Tugend

Guter Rat verhindert nicht, dass Reiche zerfallen. In Ägypten wechseln Blütezeiten mit Bürgerkriegen und Epochen der Besetzung; das kulturelle Zentrum der Alten Welt wandert nach Kleinasien und Griechenland. Hier sprechen die Mythen der Vorzeit selten von Harmonie, stattdessen oft von brutalem Kampfgetümmel. Jähzornige und launische Götter bevölkern den Olymp, das Reich der Unsterblichen, das geboren ist aus Chaos, dem dunklen ungeordneten Abgrund. Auf der Tagesordnung stehen Kindesmord, Ehebruch, Tumult, blutige Fehden über Generationen hinweg. Selbst die Göttinnen, die erhabenste Qualitäten darstellen, zeigen ohne Scheu ihre dunklen Seiten. Zeus' Tochter Athene ist für Weisheit, Wissenschaft und Künste zuständig – und nebenbei auch für Krieg. Aphrodite, die Göttin der Schönheit und Liebe ist zugleich Meisterin der Listen und Lügen.[2]

Das Dasein der Menschen ist ein Spiegel dieser Turbulenzen. Sie ringen um den ihnen angemessenen Platz in der irdischen Welt, die von den Göttern immer wieder lustvoll durcheinandergebracht wird. Obwohl die Menschen ihre Ohnmacht kennen, wagen einige es, sich aufzulehnen. Odysseus schlägt das Angebot der in ihn verliebten Göttin Kalypso aus, unsterblich zu werden. Er entscheidet sich dafür, Mensch zu bleiben und muss zur Strafe grauenhafte und gefährliche Abenteuer bestehen, ehe er nach Ithaka zurückkehren kann, wie er es sich gewünscht hat. Doch er kehrt allein zurück, alle Gefährten sind unterwegs umgekommen. Und als er ankommt, erkennt er seinen Heimatort kaum wieder, auch hier herrscht das Chaos.

Prometheus, Sisyphos, Ödipus – die großen Helden haben unter dem unberechenbaren Zorn der Götter zu leiden. Prometheus stiehlt Zeus das Feuer und bringt es den Menschen. Zur Strafe lässt ihn der Gott an einen Felsen ketten und einen Adler an seiner Leber fressen. Sisyphos hat dem Flussgott Asopos verraten, dass Zeus dessen Tochter entführt hat. Die berühmte grausame Rache besteht darin, dass er für ewige Zeiten einen riesigen Stein auf den Gipfel eines Berges wälzen muss, von dem dieser jedes Mal wieder herunterrollt. Ödipus hat selbst überhaupt nichts Unrechtes getan; der göttliche Fluch gilt nicht ihm, sondern seinen Vorfahren; doch er hat keine Chance gegen das gnadenlose Schicksal. So sehr er auch versucht, sich dem Orakelspruch zu entziehen, der vorhergesagt hat, dass er seinen Vater töten und seine Mutter heiraten wird – die Fügung bringt ihn genau in die Situation, die er meiden wollte.

Ist der Mensch also nichts als ein Spielball göttlicher Launen, deren Ursachen unergründlich sind? Ab 600 vor Christus treten in Hellas Gelehrte auf, die sich mit dieser Lesart nicht abfinden. Auch ihnen geht es wie den mythischen Helden darum, den rechten Platz im Leben zu finden und auszufüllen. Doch sie nehmen sich vor, Freiräume zu erobern und die Prinzipien zu verstehen, nach denen die Gesetzmäßigkeiten des Kosmos ablaufen. Sie verschreiben sich der *sophia*; der Begriff steht für Weisheit und Tüchtigkeit. Sich selbst bezeichnen die Sophia-Jünger nicht als Weise, sondern als Philosophen, als Freunde der Weisheit. Ursache für diese Zurückhaltung ist ein Problem, das noch manch andere Kultur beschäftigen wird: Ist wahre Weisheit für den Menschen erreichbar oder ist sie allein göttliches Attribut? Das Urteil des hoch angesehenen Heraklit (um 520 – 460 v. Chr.) fällt drastisch aus: »Der weiseste der Menschen erscheint verglichen mit Gott wie ein Affe.«

Das bremst Heraklit und seine Zeitgenossen nicht beim Versuch, sich dem göttlichen Ideal zu nähern. Ein Rausch des Staunens, Fragens, Suchens, Denkens setzt ein. Das neue Instrument, an dem die ersten Philosophen feilen, wird der Welt erhalten bleiben: *Logos*, lateinisch *Ratio* – die Vernunft.

»Achsenzeit« hat der Philosoph Karl Jaspers die Periode zwischen 800 und 200 vor Christus genannt, in der sich im Abendland, in China und Indien unabhängig voneinander »alle philosophischen Möglichkeiten« entwickeln. Nach Jaspers' Einschätzung entsteht damals »der Mensch, mit dem wir heute leben«.

Es geht ums Ganze. Um Erkenntnis. Um das rechte Leben. Um Prinzipien, die universell gültig sind. Thales sieht im Wasser die Grundsubstanz allen Lebens. Demokrit und Leukipp entwickeln eine Theorie, nach der die Materie aus Atomen, kleinsten Teilchen, zusammengesetzt ist. Pythagoras entdeckt mathematische Ordnung in der Natur.

Erstaunliche, zeitlose Einsichten stammen aus jener Epoche. »Alles fließt«, lehrt Heraklit und schlägt damit den Bogen von einem Urknall, von dem er nichts wissen kann, bis in eine Zukunft an der Grenze der Vorstellungskraft. Alles Wesentliche scheint in seinem »pánta rheî« enthalten: Raum, Zeit, Kausalität. Melancholie und Hoffnung. Demut und Gelassenheit.

Alles fließt – mit ihren geistigen Experimenten bereiten die Gelehrten den Auftritt der drei vielleicht einflussreichsten Denker des Abendlands vor. Da ist allen voran Sokrates, der Querkopf, der auf Äußerlichkeiten pfeift, die Athener durch notorisches Infragestellen des scheinbar Selbstverständlichen quält und mit Sprüchen wie »Ich weiß, dass ich nicht weiß« verunsichert. Sokrates gibt seine Weisheit nicht von oben herab nach unten weiter; er lockt seine Gesprächspartner in Widersprüche; sie beginnen selbst an ihren festgefügten Überzeugungen zu zweifeln, denken tiefer und gelangen zu neuer Erkenntnis nicht durch bloßes Nachplappern gelehrter Worte, sondern durch eigene Entdeckung. Sokrates ist damit ein Idealvorbild für einen Weisheitslehrer. Er selbst gibt nur Anstöße – was seine Dialogpartner daraus machen, ist ihre Sache. Und er geht wie Laozi in China unbeirrt seinen Weg. Als die Athener ihn zum Tod verurteilen, fleht er nicht um Gnade, sondern trinkt das Gift, das man ihm im Becher reicht.

Auf Sokrates folgt sein Schüler Platon, der die Diskurse des Lehrers der Nachwelt überliefert und 387 vor Christus in Athen seine Akademie gründet, die Vorläuferin aller Universitäten. Für Platon sind die flüchtigen Erscheinungen der Welt nur Abbilder von Ideen, die in einer anderen, verborgenen Sphäre existieren, jenseits von Raum und Zeit. Er entwirft das geniale Höhlengleichnis, in dem er das menschliche Dasein als Gefangenschaft in einer unterirdischen Höhle darstellt. Geradeaus starren, ist der einzige Zeitvertreib für die gefesselten Häftlinge. Sie können einander nicht sehen, nicht einmal ihre eigenen Körper. Nie werden sie die Sonne und das Leben draußen kennenlernen, für sie existieren nur flackernde Schatten an einer Wand, die von Gerätschaften stammen, die an einem Feuer vorbeigetragen werden, das hinter ihnen brennt.

Ist alles, was wir zu erkennen meinen, also nur ein winziger Ausschnitt des Ganzen, obendrein zum grotesken Trugbild verzerrt? Aristoteles, ein Schüler Platons, ist in diesem Punkt anderer Auffassung als sein Lehrer. Er hält die Spekulation darüber für müßig. Ihn bewegt die Frage, welche Erkenntnisse man über die erfahrbare Welt gewinnen kann. Für die Aufgabe, sie zu erkunden, entwickelt er machtvolle Werkzeuge: Abstraktion und die duale Logik des »entweder-oder«.

Enthusiastisch ersinnen die Weisheitsfreunde der Antike ihre Theorien, aber nicht als Selbstzweck, sondern um ethisches Handeln zu begründen. Aristoteles sieht – neben Logik und Physik – Ethik als dritte Säule der Philosophie und sucht »das Maß« in allen Dingen. Platon glaubt an die Identität von Wissen und Tugend; Endzweck allen Forschens ist für ihn das Gute. Das Denken ist für ihn ein Instrument, das weit führt, aber nicht weit genug, nicht hinter die Grenzen, hinter denen Platon das Eine, das Ursprüngliche, das Echte vermutet, auf das hin zu leben dem Dasein erst Sinn verleiht. Wie bei Laozi ist es ein Unsagbares jenseits aller fasslichen Wissbarkeit.

Den Geist an seine Grenzen treiben, den Horizont erweitern, Theorien auf Lebenstauglichkeit prüfen – die philosophischen Schulen der Antike wagen auch philosophisch-praktische Experimente. Die Kyniker propagieren als »Aussteiger der Antike« einfaches Leben; die Epikuräer proben Glückseligkeit im Diesseits und schockieren alle Mitbürger inklusive der Philosophen ihrer Umgebung, weil sie Frauen und Sklaven in ihre Gemeinschaften aufnehmen. Die Stoiker trainieren, Schicksalsschläge gelassen hinzunehmen.

Logos allerdings bleibt oberstes Gebot. Alles Denken sein zu lassen, sich still hinzusetzen und zu warten, bis Weisheit sich von allein einstellt – auf diesen Einfall wären wohl weder Platon noch Aristoteles gekommen. Ganz anders die asiatischen Gelehrten.

Weisheit in Indien und China: innere Einkehr als Gegenpol zu Logik und Vernunft

Der Götterkosmos der indischen Mythologie ist noch bunter als im antiken Griechenland.[3] Nach der großzügigsten Schätzung kennt das hinduistische Pantheon über 300 Millionen Götter. Das abendländische dualistische Denken ist Indien fremd; wo immer Gegensätze bestehen, da existiert ein übergeordnetes Prinzip, das sie aufhebt. Auch Wissenschaft und Spiritualität schließen sich bis heute keinesfalls aus. Alles kann heilig, kann göttlich sein, und im Hintergrund gibt es einen einzigen Ursprung, eine kosmische Kraft, aus der alle Dinge hervorgegangen sind, die allem innewohnt, und die es zu befreien gilt. Die Veden, die ältesten Texte der indischen Literatur, nennen sie *Brahman*.

Für den bedeutenden Indologen Heinrich Zimmer ist diese Kraft ein Schlüssel zum Verständnis Indiens: »Wie man zum Brahman gelangt und mit ihm in Berührung bleibt; wie man dem Brahman gleich wird und aus ihm heraus lebt; wie man noch auf Erden göttlich ... werden kann – das ist die suchende Frage, die den Menschengeist in Indien zu allen Zeiten begeistert und vergöttlicht hat.«

Wer im abendländischen Denken groß geworden ist, kann *Brahman* vielleicht als Sonne über Platons Höhle interpretieren. Wie die griechischen Philosophen wollen die indischen zu einer Wahrheit jenseits der unbeständigen, vergänglichen Erfahrungswelt durchstoßen. Ganz anders als die Griechen halten sie Sprache und Logik dabei für untauglich. Und so enthalten die *Upanishaden,* der philosophische Teil der Veden, zwar eine Fülle von Belehrungen, in denen Weise dozieren. Doch die Lehre gipfelt in einer Lobrede auf die Silbe OM, jenen »unvergleichlichen Laut«, der »die Ganzheit des sichtbaren Weltalls« darstellt: »Was geworden ist, was wird und was werden wird – wahrlich all dies ist der Laut OM. Und was über diese drei Stadien hinausgeht – auch das ist wahrlich der Laut OM.«

Nicht die Akademie in der Stadt ist der Ort der Weisheitspraxis Indiens, sondern die asketische Einsamkeit. Denn nur die Wendung nach innen, die Meditation, verheißt höchste Erkenntnis, *moksha*, die Erleuchtung. Fassbar ist dieses unmittelbare Erlebnis des Einsseins, das vollendete Wahrheit und Klarheit verspricht, allenfalls als Allegorie: »Ebenso wie ein irdener Krug sich in Erde, eine Woge in Wasser oder ein Armreif in Gold auflöst, wird das All sich in mir auflösen«, heißt es in den *Upanishaden*.

Die Philosophen des Abendlands sind bestrebt, möglichst viele Menschen an ihren Erkenntnissen teilhaben zu lassen. Die im alten Indien warnen davor. Im Orient gilt Wissen über die wesentliche Dinge als Geheimnis, das sorgfältig gehütet werden sollte. Meister geben ihre Erfahrung lange nur sparsam an streng auserwählte Novizen weiter. Das ändert sich, als im 6. Jahrhundert vor Christus Siddharta Gautama auftritt, der spätere Buddha. Nach der Überlieferung ist er Sohn einer adligen Familie in Nordindien, wird schon als Jugendlicher mit einer Prinzessin verheiratet, wohnt in einem Palast. Und kann sich doch nicht zufrieden geben mit diesem Glück auf Zeit, denn er weiß, dass letztlich auf jeden Leid, Krankheit, Alter, Tod warten. Ist es möglich, diese Erkenntnis in ihrer ganzen Tragik zu durchdringen, ohne an ihr zu verzweifeln? Die Fortsetzung der Geschichte ist bekannt. Der junge Mann verlässt die Familie, schließt sich mehrere Jahre einer Gruppe von Asketen an, findet auch bei ihnen nicht, was er sucht. Doch er gibt nicht auf. Als er allein weiterzieht und sich in tiefer Versenkung übt, erlangt er in einer Vollmondnacht das, was er als Befreiung beschreibt. Er wird zum Buddha, wörtlich: zum Erwachten.

Siddharta Gautama ist an seinem Ziel angelangt, als Buddha fängt er an zu lehren. Seine Unterweisungen sind öffentlich. Und attraktiv. Denn das, wovon er ausgeht, ist offensichtlich, auch wenn sich jeder Mühe gibt, es solange wie möglich zu ignorieren: Alles Leben bringt Leid mit sich. Der Weg zu dessen Überwindung, den er selbst erfahren hat, ist das Aufgeben des Begehrens. Durch Denk- oder Willensakte allein ist der Durchbruch nicht zu erreichen. Buddha setzt auf eine Kombination von Theorie, Praxis und Innenschau. »Rechte Erkenntnis« spielt genauso eine Rolle wie »Rechtes Handeln«, aber beides muss ergänzt werden durch »Rechte Achtsamkeit« und »Rechte Meditation«.

Auch im Buddhismus gilt: Die Verantwortung für die persönliche Entwicklung nimmt der Lehrer dem Schüler nicht ab. Sehr modern wirkt die berühmte Rede an die Kalamer, die den Buddha fragen, was sie denn glauben sollen, wo es so viele Priester und Asketen gebe, deren Lehren sich alle widersprächen. Er antwortet: »Übernehmt nicht einfach irgendwelche Überlieferungen oder Ansichten; übernehmt auch nicht irgendetwas, weil es bei euch so Brauch ist oder aus Verehrung für eure geistigen Lehrer. Ahmt auch nicht andere nach, und geht nicht nach dem Schein der Wirklichkeit oder nach irgendwelchen oberflächlichen Erwägungen. Stützt euch auch nicht auf irgendwelche Einfälle und Mutmaßungen. Aber die Eigenschaften, die ihr selber als falsch und unheilsam erkennt, die die Weisen nicht gutheißen, die zum Leiden führen, die solltet ihr aufgeben.«

In dieser Aussage lauert eine Falle. Auch wer Buddha nachfolgt, kann nicht im Voraus präzise prüfen, was ihm bevorsteht. Das Ziel, Erleuchtung, Erwachen oder *Nirvana* genannt, ist für die, die es noch nicht selbst erlebt haben, so unfassbar wie Laozis *Dao* oder das hinduistische *Brahman*: ein Zustand, in dem alle Gegensätze aufgehoben sind, ein Bereich, »wo es weder Erde noch Wasser noch Feuer noch Luft gibt ... unbewegt und jenseits aller Vorstellungen. Es ist das Ende des Leidens.«

Man würde sie gern kennenlernen, die Weisen der so genannten Achsenzeit, ihr Charisma und ihre so unterschiedlichen Persönlichkeiten erleben.[4] Sokrates, den Unbotmäßigen, den frechen Zweifler, der seine Gegner mit seinen Dialogen an den Grenzen des Denkens zur Weißglut treibt. Buddha, der sagt, dass er das Absolute geschaut hat und im Lotussitz mit seinen Anhängern meditiert oder über den achtfachen Pfad zur Weisheit spricht. Laozi, den freundlichen Alten auf dem Wasserbüffel, der mit dem Passwächter plaudert und ihm einen kalligraphischen Schatz hinterlässt. Und jenen anderen großen Chinesen, Laozis philosophischen Gegenspieler im Reich der Mitte: Konfuzius, der im fünften vorchristlichen Jahrhundert wirkt und eine neue Variante ins Spiel bringt: radikale Konventionalität. Sein Weisheitsweg zielt in die Mitte der Gesellschaft und misst nicht der Innenschau, sondern der Tugendlehre höchste Bedeutung zu.

Konfuzius stammt aus eher einfachen Verhältnissen und ist zunächst Hauslehrer in einem Ministerhaushalt. Jahrzehnte widmet er intensiven Studien von Texten, Riten und Ordnungsprinzipien vergangener Dynastien, außerdem der Musik. Er wird Beamter, schließlich Minister und hoch angesehener Berater des Herzogs im Staat Lu. Konfuzius will die Menschen retten durch eine Renaissance des Altertums. Das fängt nach der chinesischen Mythologie im vierten oder dritten vorchristlichen Jahrtausend an, als das mythische Urkaiserpaar, Fu Xi und seine Frau oder Schwester

Nü Wa, die vier Himmelsrichtungen formten und die Menschen Landwirtschaft, die Kunst des Schreibens und der Wahrsagung sowie die Musik lehrten.

Konfuzius' Ideal, der »Edle«, begreift sich als Teil des großen Ganzen und will durch sein Verhalten zur Harmonie des Universums beitragen. Dabei setzt er konventionelle Prioritäten. Anders als Laozi vertraut er nicht auf spontane Einsicht und hat nicht den Wunsch, dem *Dao* zu folgen und trübem Wasser zu ähneln. Er rät dazu, Pietät und Gehorsam zu üben, die Rituale zu beachten und klassische Tugenden zu pflegen: Zuverlässigkeit, Ehrlichkeit, Aufrichtigkeit. Mensch wird, wer »sein Selbst überwindend sich in die Schranken der *li*, der Gesetze der Sitte, begibt«. Dabei geht es nicht um äußerliche Imitation vergangener Bräuche, sondern darum, das ewig Wahre herauszuarbeiten und zeitgemäß umzusetzen: »Wenn einer alle dreihundert Stücke des Liederbuchs auswendig hersagen kann und … kann nicht selbständig antworten, wenn er als Gesandter ins Ausland geschickt wird: wozu ist alle seine Gelehrsamkeit nütze?«

Hierarchien zu achten, sich in die gegebene politische Ordnung einzufügen – mit diesen Idealen hat der Konfuzianismus eine Parallele zur Ma'atlehre der alten Ägypter. Konfuzius erscheint in heutigen Augen streng konservativ, doch auch sein Gehorsam kennt Grenzen. Sein eigener Lebenslauf nimmt eine antiautoritäre Wendung, als er im Alter von 56 Jahren seinen Dienstherrn verlässt, weil der die Regierungsgeschäfte vernachlässigt. Zwölf Jahre lang wandert Konfuzius durch China, um zu lehren. Er mag konventionell sein, doch seine Prinzipien zu verraten, fällt ihm genauso wenig ein wie Laozi oder Sokrates.

Weisheit in Palästina: Furcht, Zweifel und Liebe

Fast zeitgleich mit den beschriebenen Weisheitslehren verkünden Propheten in Palästina ein weiteres neues Weltbild. Mit der Anbetung des Gottes *Jahwe* begründen sie eine monotheistische Religion, aus der Judentum, Christentum und Islam hervorgehen werden.

Man muss nicht religiös sein, um die *Bibel* als Quell der Weisheitsliteratur hochzuschätzen. Heraus ragen die Predigten und Sprüche, die dem König und Richter Salomo zugeschrieben werden. Salomo singt Hymnen auf die Weisheit, nennt sie »besser als Gold und als erlesenes Silber«. Doch an anderer Stelle gesteht er, der große Weise, tiefe Verzweiflung. »Ich betrachte alles Geschehen, alles, was unter der Sonne geschieht: siehe, alles ist nichtig, und ein Haschen nach Wind. … Ich war darauf bedacht, zu erkennen, was Weisheit, zu erkennen, was Tollheit und Torheit sei. Doch ich erkannte: Auch dies ist nur ein Haschen nach Wind. Denn wo viel Weisheit, da ist viel Verdruss, und je mehr Wissen, desto mehr Schmerz.«

Die *Bibel* malt das menschliche Schicksal, etwa beim Leidensmann Hiob, als düster bis über die Grenze des Erträglichen aus, ehe sie Hoffnung schürt. Wer seine Ohnmacht in gläubiger Demut annimmt, dem verheißen die Schriften Trost vom einzigen allmächtigen Gott. Die Haltung erinnert an die Unterwerfung der griechischen Helden unter das Schicksal. Die biblische Offenbarung beinhaltet jedoch ein neues Element der Hoffnung. Spätestens im Jenseits werden gute Taten belohnt.

Im *Neuen Testament* verschiebt sich der Akzent weg von der Furcht, hin zur Liebe Jesu Christi. Es ist eine Liebe, die alles durchstrahlt, umfassend wie das chinesische *Dao* oder das indische *Brahman*. Und die Weisheit? Sie genießt im Neuen Testament kein hohes Ansehen, zumindest, wenn der Mensch sich an ihr versucht. »Ich will zunichte machen die Weisheit der Weisen, und den Verstand der Klugen will ich verwerfen«, zitiert der Apostel Paulus einen alttestamentarischen Satz des Propheten Jesaja. Es zählen allein der Glaube an die göttliche Kraft und die göttliche Weisheit; sie sind für Paulus wichtiger als alles, was der Menschengeist hervorbringen kann. Aber am wichtigsten, noch wichtiger als der Glaube, ist die Liebe. »Wenn ich mit Menschen- und Engelzungen redete und hätte der Liebe nicht, so wäre ich ein tönend Erz oder eine klingende Schelle«, predigt Paulus im Korintherbrief. »Und wenn ich weissagen könnte und wüsste alle Geheimnisse und alle Erkenntnis und hätte allen Glauben, so dass ich Berge versetzte, und hätte der Liebe nicht, so wäre ich nichts.«

Weisheit heute – ein Erbe, das aktuell bleibt bis in Fantasy und Science-Fiction

Die Weisheitslehren sind so alt wie die Versuche der Menschen, sich einen Reim auf ihre Existenz zu machen und ihr Sinn zu verleihen. Denker und Religionsstifter in den großen Kulturen der Welt haben das Terrain abgesteckt. Die Gelehrten der Neuzeit haben dem wenig hinzugefügt. Das Ideal der Französischen Revolution von Freiheit, Gleichheit und Brüderlichkeit, der Traum vom Kommunismus – man kann beides als weltliche Übersetzung der christlichen und buddhistischen Ideale Liebe und Mitgefühl interpretieren. Als Fortführung epikuräischer Glückseligkeit im globalen Maßstab. Oder als Variation der ägyptischen Harmonie- und Gerechtigkeitsvorstellung, allerdings ohne Hilfe einer Weisheitsgöttin und ohne hierarchische Gliederung.

Beim Blick in die Gegenwart müssten die Weisen von gestern außerdem feststellen: Beim Versuch, *sophia* im individuellen und gemeinschaftlichen Leben zu verwirklichen, sind die Nachfahren nicht entscheidend vorangekommen. Inzwischen sind Träume und Utopien von Resignation überschattet. Mehr als 4500 Jahre nach Ptahhotep, mehr als 2000 Jahre nach der Achsenzeit, ist die globale Gesellschaft weit davon entfernt, ein Spiegel der Weisheit zu sein.

Die Sehnsucht nach ihr ist allerdings so stark wie zuvor. Wie unverzichtbar die Vision weiser Vorbilder ist, lässt sich im Fantasy- und Science-Fiction-Genre beobachten. Fast alle Bücher, Filme und Computerspiele aus dem Reich der Magie und des Übermorgen variieren den ewigen Kampf zwischen Gut und Böse. Ganz auf sich allein gestellt, bleiben Heldenfiguren jedoch eher langweilig und blass. Erst geheimnisvolle Helfer, geboren aus Versatzstücken alter Mythen, verleihen ihnen eine geheimnisvolle Aura der Unbezwingbarkeit und ihrem Auftrag Gewicht. Mal sind es uralte bärtige Zauberer, die als weise Berater agieren, dann wieder Wesen von exzentrischer Hässlichkeit oder von so völlig normalem Aussehen, dass kein Uneingeweihter ihre Kraft erraten würde.[5]

Wird eine Situation in den Harry-Potter-Romanen so brenzlig, dass kein Ausweg in Sicht ist, tritt der rund 150 Jahre alte Schulleiter des Zauber-Internats Hogwarts auf, Albus Percival Wulfric Brian Dumbledore mit meter langem silbrigem Haar und einem Bart, der bis zum Gürtel reicht. Er ist gütig, verständnisvoll, überlegen, ahnt voraus, was geschehen wird und lehrt seinen Schützling Harry, was er wissen muss.

Dumbledores Pendant in der Fantasy-Sage *Herr der Ringe* gibt der Magier Gandalf. Von den Göttern gesandt führt der Zauberer die Mission nach Mittelerde an und lenkt mit seiner Weisheit Elben, Zwerge und Menschen im Kampf gegen das Böse. Als Instrumente nutzt er telepathische Fähigkeiten, Helfer wie den Riesenadler, ein magisches

Schwert und vieldeutige Sprüche. Ob es Hoffnung gebe, fragt ihn einmal der Hobbit Pippin: »Es bestand niemals viel Hoffnung«, antwortet er. »Nur die Hoffnung eines Narren, wie mir gesagt wurde ...«

In Science-Fiction-Universen wirken silberbärtige Greise deplatziert. Trotzdem bevölkern Mentoren mit Talenten, die Menschen- und Maschinenwissen transzendieren, auch galaktische Szenerien. In *Star Wars* verkörpert der großohrige Yoda diese Rolle, ein koboldhaftes Wesen, das aussieht wie eine Kreuzung zwischen Greis und Fledermaus. Seine Aufgabe besteht darin, den Helden Luke Skywalker auszubilden. Yoda kann in die Zukunft sehen, beherrscht den Umgang mit dem Lichtschwert und zieht sich täglich mehrere Stunden in den Jedi-Tempel zu tiefer Meditation zurück. Gegen Ende seines 900-jährigen Lebens lebt er im Exil auf dem Planeten Dagobah in einer kleinen Hütte im Schutz eines riesigen Baums und entziffert uralte Texte. Eindringlichkeit verleiht er seinen Worten durch einen Sprachduktus, der ein wenig debil wirkt und gerade dadurch eine geheimnisvolle Aura entfaltet: »Immer zwei es sind, ein Schüler und ein Meister.« Oder: »Wenn diese Welt ich verlassen habe, der letzte der Jedi wirst du sein.«

Auf andere Art originell ist die Weisheits-Variation in den *Matrix*-Filmen. Neo, der menschliche Held, kämpft in einer digitalen Welt, die aus reiner Simulation besteht. Unterstützung erhält er vom »Orakel«. Es handelt sich um eine weise Frau; allerdings ist auch sie nur ein Programm aus der Maschinenwelt – und lange bleibt unklar, ob sie wirklich hilft oder nur ein tückisches Werkzeug der Matrix ist, um die Menschen besonders raffiniert zu kontrollieren.

Anklänge an Pythia, die Hohepriesterin des Orakels von Delphi, sind gewollt und unübersehbar. Auf einem Schild über der Tür der Matrix-Wahrsagerin steht die lateinische Version des »Erkenne dich selbst«. Dargestellt wird das

Orakel durch eine mittelalte spanischstämmige Hausfrau, die Kekse bäckt, als sie Neo das erste Mal empfängt und gleich klarstellt, wo ihre weitergehenden Fähigkeiten liegen. »Ich würde dir gern einen Stuhl anbieten, aber du möchtest dich ja sowieso nicht setzen. Und wegen der Vase mach dir keine Sorgen.« »Welche Vase?« fragt Neo und kippt im Umdrehen eine Vase um. »Ich sag doch, mach dir deswegen keine Sorgen!«, lautet die Antwort. Neo will wissen, woher seine Gastgeberin ihr Zukunftswissen hat. Sie gibt zurück: »Viel quälender wird für dich später die Frage sein: Hättest du sie auch zerbrochen, wenn ich nichts gesagt hätte?«

Der Film hebt die immergleichen Daseins-Fragen auf die Hightech-Ebene. Wie ist der Kosmos entstanden? Was ist gut, was ist böse? Was wird die Zukunft bringen? In *Matrix* spielen Software-Programme die Rolle, die bei Odysseus und Ödipus dem Schicksal vorbehalten war. Das Orakel klärt Neo auf: »Siehst du diese Vögel? Irgendwann wurde ein Programm geschrieben, um sie zu steuern. Ein Programm wurde geschrieben, um über die Bäume und den Wind zu wachen. Sonnenauf- und Sonnenuntergang. Hier laufen permanent irgendwelche Programme. Diejenigen, die korrekt laufen, und ihren Job richtig machen, sind unsichtbar. Du weißt nicht mal, dass es sie gibt.«

Und wo bleiben die Freiräume? Die Antwort des Orakels kann man je nach Wohlwollen für banal, für Nonsens oder für weise halten: »Wir alle sind hier, um genau das zu tun, was wir tun.« Yoda würde den Kopf wiegen und sagen: »Schwer zu sehen, in ständiger Bewegung die Zukunft ist.« Und ein auferstandener Platon würde die Universitäten aufsuchen und prüfen, ob die zeitgenössische Forschung Neues zum Thema Weisheit bereithält.

3 Sind Ameisen weiser als Menschen?
Warum eine Stiftung drei Millionen Dollar ausgibt, um Forscher neue Antworten auf Weisheitsfragen finden zu lassen

Gesucht: Weisheit 2.0 – neue Impulse für ein schwer fassbares Ideal

»Das Wissen um die göttlichen und menschlichen Dinge« – so haben die Römer in der Antike die *sapientia* umschrieben und damit in einem Zwischenreich zwischen Philosophie und Religion angesiedelt. Der Bezug auf das Göttliche ist in moderneren Umschreibungen bald verloren gegangen. Schon Augustinus (354 – 430) benutzte auch rein weltliche Begriffe. Seiner Meinung nach ist Weisheit »letztlich nichts anderes als das Maß unseres Geistes, wodurch dieser im Gleichgewicht gehalten wird, damit er weder ins Übermaß ausschweife, noch in die Unzulänglichkeit falle«. Damit ist sie für ihn ein Schlüssel zum Glück, denn sie schützt gegen »Habgier, Furcht, Trauer, Neid und anderes, was ins Unglück führt«.

Schön gesagt. Egal, ob die »göttlichen Dinge« im Spiel sind oder die Balance des Geistes – beide Definitionen deuten auf ganz verschiedene Art an, dass Weisheit eine wesentliche Qualität ist; ein Maßstab, der hilft, das Leben zu meistern. Andererseits taugen beide Definitionen kaum dazu, ein Forschungsfeld abzustecken. Damit ergibt sich ein seltsamer Widerspruch. Zwar ist Weisheit seit den Zeiten der Antike als hohes Ideal lebendig und erstrebenswert geblieben, doch systematische Untersuchungen fehlen bisher weitgehend: Wer wird wann warum wie weise? Wie sehen die Bedingungen aus, unter denen sich Weisheit entfaltet? Kann man Weisheitsgrade messen?

Den Kopf bitte in die Röhre schieben und das Gehirn scannen, während der Proband gerade eine weise Entscheidung trifft ... so einfach ist die Sache nicht. Eine hohe Hürde bei der akademischen Annäherung besteht schon darin, dass sich Wissenschaftler bis heute nicht auf eine einheitliche Weisheits-Definition einigen können. Die Tatsache, dass jeder Mensch vom Grundschulkind bis zum Professor ein Idealbild von weisen Menschen vor Augen hat, bedeutet nicht, dass es ein Kinderspiel wäre, diese Bilder in Einklang zu bringen. Lexika liefern beim Stichwort Weisheit, wie im Vorwort erwähnt, meist umfangreiche Umschreibungen, die den Begriff mit tiefgründigem Wissen und entsprechender Praxis verknüpfen. Skeptiker heben dagegen eher grundsätzliche Zweifel am Wissen hervor. Der Philosoph John Dewey sah die »Lehre von der Relativität des Wissens« als »Summe aller modernen Weisheit« an. Noch pointierter drückt es der Schriftsteller Umberto Eco aus: »Weisheit heißt zu begreifen, dass man nicht weiß, ob etwas weiß oder schwarz ist.«

Das Angebot an Definitionen ist damit so reich wie unübersichtlich. Was tun, um das Ideal dennoch mit akademischen Mitteln zu fassen? Zwei aktuelle Ansätze lassen sich vom Definitions-Dilemma nicht abschrecken. Das eine Vorhaben wendet sich mit einem Fragebogen an Experten, die sich bereits mit dem Forschungsfeld Weisheit beschäftigen. Sie sollen Auskunft geben, was Weisheit eigentlich von einer anderen hochgeschätzten Eigenschaft unterscheidet, nämlich der Intelligenz. Doch zunächst soll der andere Ansatz vorgestellt werden. Er geht unkonventioneller und spielerischer an das Thema heran und erhofft sich Impulse auch von Wissenschaftlern aus Disziplinen, die mit dem

Zwischenreich zwischen Philosophie und Religion normalerweise wenig zu tun haben.

»Defining Wisdom« lautet der Titel dieses Großprojekts, das seit 2007 an der University of Chicago koordiniert wird und ausloten will, was Weisheit für das 21. Jahrhundert bedeutet. In der Begründung steckt Pathos: Es gebe kaum ein anderes Thema, dessen Erforschung »größere Hoffnungen für die kreativen Möglichkeiten menschlicher Blüte verspreche«.[1] Imposant ist das Finanzvolumen, das hinter diesem Versuch steht. Es sind drei Millionen Dollar. Wird es damit gelingen, sich auf eine ultimative Deutung zu einigen? Die Initiatoren winken ab. Sie erwarten »keine Definition von Weisheit im Sinn eines einzigen Satzes oder Absatzes«. Die Hoffnung liege vielmehr darin, dass die 23 ausgewählten internationalen Forscher mit jeweils eigenen Zugängen »die Weisheitsforschung langfristig verfolgen, dabei Grundfragen formulieren und neue Erkenntnisse und ein neues Verständnis erzeugen«.

Das Geld dafür hat die amerikanische Templeton Foundation spendiert. Der Gründer dieser Stiftung, der Mäzen Sir John Templeton (1912 – 2008), war unermesslich reich. Ursprünglich Jurist, machte er seit Ende der 1930er Jahre an der Wall Street Karriere, schuf einige der zu seiner Zeit bedeutendsten Investmentfonds, ließ sich in der Steueroase Nassau nieder und wurde dort britischer Staatsbürger. Gleichzeitig kultivierte er seine Begeisterung für die »Großen Fragen« in Wissenschaft und Glauben und machte sich in der zweiten Lebenshälfte als Philanthrop mit Vorliebe für kreative und unorthodoxe Forschungsansätze einen Namen. »Ich finanziere Demut«, schrieb er, »ich möchte, dass Menschen erkennen, dass man nicht denken soll, man wüsste alles.«

»Wie wenig wir wissen, wie begierig wir sind zu lernen!«, so lautet das Motto von Templetons 1987 gegründeter Stiftung. Jährlich schreibt sie neue Vorhaben aus und ermutigt Forscher, sich um Themen zu kümmern, die im normalen Universitätsbetrieb eher kurz kommen. Titel lauten etwa: Die Wissenschaft und der Wert der Komplexität; Ehrfurcht und Wunder verstehen; Das Problem des Bösen im modernen Denken; Der freie Wille: empirische und philosophische Untersuchungen …

In diesem Fall also Weisheit. Eine an der University of Chicago angesiedelte Jury bekam den Auftrag, an geeignete Bewerber jeweils 100 000 Dollar Preisgeld zu verteilen. Gesucht waren jüngere Forscher, am liebsten schon mit Professorentitel; die Promotion sollte allerdings nicht länger als zehn Jahre zurückliegen. Das Stipendium ist dazu gedacht, das jeweils mit der Bewerbung eingereichte Forschungsvorhaben zu finanzieren. 600 Kandidaten stellten Vorschläge vor, darunter nicht nur Philosophen, Theologen, Psychologen und Hirnforscher, sondern Wissenschaftler aus so unterschiedlichen Disziplinen wie Informationstechnik, Ökonomie und Evolutionsbiologie. Nach einem zweistufigen Auswahlverfahren erhielten im Sommer 2008 neun Frauen und 14 Männer den Zuschlag für die Förderung.[2]

Etliche ausgewählte Projekte betreffen die Entwicklung von Weisheit in der individuellen Lebensgeschichte und im Alltag: Wie entstehen großzügiges oder selbstsüchtiges Verhalten? Wie lassen sich weise Entscheidungen zwischen Arzt und Patient aushandeln und in den Medizinbetrieb integrieren? Welchen Einfluss hat das Lebensalter auf die kreative Lösung von Konflikten? Was zeichnet weise Ratschläge von Therapeuten und Richtern aus?

Doch auch unorthodoxere Projekte fanden Anklang bei den Juroren. Die Historikerin Deborah Coen will Aufzeichnungen über Erdbeben im späten 19. Jahrhundert untersuchen. Sie sieht den damals neu aufgekommenen Erfahrungsaustausch zwischen Experten und Laien »als ein Fenster zum Schicksal der Weisheit am Beginn des technokratischen Zeitalters«. Der Philologe Randall McNeill nimmt griechische und römische Dichtkunst unter die Lupe, um zu prüfen, wie deren Helden Achill, Ödipus und Äneas mit dem Konflikt zwischen persönlichen Zielen und gesellschaftlicher Pflicht umgegangen sind und welche Weisheit in den jeweiligen Lösungen steckt. Der Psychologe Joshua Greene sieht Moral als Eckpfeiler menschlicher Weisheit, weil darin »die Codifizierung und Kommunikation hart errungenen sozialen Wissens steckt«. Er will bildgebende Verfahren in Laborexperimenten einsetzen: Wie reagiert eine für Entscheidungen zentrale Hirnregion, der präfrontale Cortex, wenn sein Besitzer als Proband vor ein moralisches Dilemma gestellt wird?

Welche Erkenntnisse die Stipendiaten gewinnen und ob sie gemeinsam das Ziel erreichen, ein neues Verständnis von Weisheit zu erringen, wird sich erst in den nächsten Jahren herausstellen. Howard Nusbaum, Psychologieprofessor an der University of Chicago und einer der beiden Leiter des »Defining Wisdom«-Projekts, ist zuversichtlich. Allein die Zahl und die Bandbreite der eingereichten Vorschläge haben ihn überrascht und begeistert. Noch stärker fasziniert ihn die Originalität einiger Ideen. In dieser Hinsicht gebührt der Spitzenplatz Neil Tsutsui von der University of California in Berkeley.

Welche Kreaturen durch ihn den Weg ins Reich der Weisheitsforschung finden würden, war bei der Ausschreibung nicht abzusehen. Tsutsui ist Evolutionsbiologe. Er erforscht das Verhalten von Einzelnen und Gruppen, soziale Systeme und evolutionäre Muster. Allerdings nicht an seinesgleichen, sondern an Insekten.

Ameisen als Modelle krabbelnder Weltweisheit

Der Titel des Projekts lautet »Die Weisheit der Ameise«. Neil Tsutsuis Gedankengang: Eine Facette von Weisheit ist unzweifelhaft die Akkumulation von Wissen im Lauf des eigenen Lebens oder über mehrere Generationen hinweg und dessen Anwendung. Dass Weisheit oft als ausschließlich menschlicher Charakterzug angesehen wird, findet er im Hinblick auf dieses Grundverständnis nicht schlüssig. Denn auch viele andere Organismen sammeln im Lauf der Zeit Wissen an – ganz wie der Mensch durch individuelle Lebenserfahrung. Und wie im Fall Homo wird auch im Tierreich die persönliche Erfahrung genutzt, um zukünftiges Verhalten sinnvoll zu steuern.

Wie das geschieht, studieren Forscher wie Tsutsui mit ausgeklügelten Experimenten. Tsutsuis Team hat Kolonien Argentinischer Ameisen (*Linepithema humile*) ins Labor geholt: Millionen von Arbeiterinnen, Tausende Königinnen, dazu Larven und Puppen. Die Forscher konnten demonstrieren, dass und wie bei dieser Ameisenart Begegnungen mit Artgenossen späteres Verhalten prägen. Die Individuen speichern Interaktionen aggressiver Art im Gedächtnis; Ameisen, die dieser Erfahrung experimentell ausgesetzt wurden, reagierten im Vergleich zu Kontrollgruppen bei späteren Begegnungen auch selbst aggressiver. Schon eine einzige Negativ-Erfahrung hatte Verhaltensänderungen zufolge, die eine Woche lang anhielten.

Das Verhalten selbst winzigster Lebewesen ist also mit einem groben Stichwort wie Instinkt nicht zu umschreiben. Auf der neurobiologischen Ebene von Lernen und Gedächtnis können Tiermodelle etwas zu Erkenntnissen beitragen, die auch für menschliche Verhaltensweisen eine Rolle spielen. Aber darüber hinaus? Können in Kolonien lebende Insekten mit ihren extremen Formen der Arbeitsteilung etwas beisteuern zum Verständnis einer Qualität wie Weisheit?

Gut möglich, meint Neil Tsutsui. Denn Weisheit ist nach seiner Auffassung keine ausschließlich individuelle Eigenschaft. Er spekuliert, dass sich Weisheit »als gesellschaftliches Eigentum entfaltet, dass Interaktionen zwischen Individuen das Wachstum von Weisheit in einer Weise beflügeln, wie sie Einzelnen unmöglich ist.« Und das hält er in allen sozialen Gruppen für möglich, »egal, ob sie aus Menschen oder Ameisen bestehen«.[3]

Auch Menschen nutzen ja bei Entscheidungen nicht nur ihr eigenes Wissen; sie ziehen oft und erfolgreich Nutzen aus Informationen, die andere in ihrem Umfeld beisteuern. In einer sozialen Gruppe haben die verschiedenen Mitglieder verschiedene Kompetenzen – um alle auszuschöpfen, braucht der Einzelne sich eigentlich nur zu merken, welche Mitglieder des persönlichen Netzwerks welche Stärken besitzen. Das erinnert Neil Tsutsui stark an die Organisationsformen bei seinen Forschungsobjekten, den Insektenkolonien mit ihrer strengen Aufgabenteilung in Sammler, Scouts, Soldaten, Königinnen …

Seine Schlussfolgerung: Auch Wesen mit einer sehr viel bescheideneren Ausstattung an Nerven- und Gehirnzellen können im Kollektiv »weise« Entscheidungen treffen.

In diesem Zusammenhang leistet sich der Evolutionsbiologe eine krasse Provokation. Manchmal, schreibt er, seien die Entscheidungen von Ameisen weiser als die von Menschen. Zumindest rationaler.

Als Beleg weist Tsutsui auf die »kognitiven blinden Flecken« hin, die bei menschlichen Entscheidungen regelmäßig auftreten und vor allem in der Konsumforschung untersucht werden. Wie sie zustandekommen, zeigen Entscheidungsexperimente im Labor. Bei den Versuchen geht es darum, fiktiv zwischen zwei Objekten zu wählen, zum

Beispiel zwei Autos. Auto A ist hässlich, aber bequem. Auto B ist schön, aber unbequem. Die Experimente sind so konzipiert, dass sich Vor- und Nachteile gegenseitig aufwiegen, so dass sich normalerweise 50 Prozent der Teilnehmer für Auto A entscheiden, 50 Prozent für Auto B. Doch nun bringen die Versuchsleiter als eine Art Köder ein Auto C ins Spiel. Auto C ist extrem attraktiv, aber so unbequem, dass keiner auf die Idee kommt, C zu wählen.

Trotzdem verändert allein das Auftauchen dieses dritten Objekts die Vorlieben für die beiden anderen. Attraktivität gewinnt plötzlich ein wesentlich höheres Gewicht. Steht das wunderschöne, aber furchtbar unbequeme Auto C zur Wahl, entschließt sich zwar niemand beim Versuch für diese neue Alternative, aber das schöne Auto B erscheint plötzlich begehrenswerter als das bequeme Auto A, und mehr Versuchsteilnehmer entscheiden sich dafür. Umgekehrt ebenso.

Als »Kontrasteffekt« wird der Faktor bezeichnet, der die irrationale (und unweise) Verschiebung der Vorlieben bewirkt. Nüchtern betrachtet, hat sich ja an der Ausgangssituation nichts geändert. Dass schöne Autos existieren, wussten die Probanden auch vorher. Doch interessanterweise ist der Kontrasteffekt nicht auf menschliche Versuchspersonen beschränkt. Auch Versuche bei Bienen und Krähen haben identische blinde Flecken gezeigt. Offensichtlich reicht es auch bei manchen Tieren, eine Eigenschaft besonders vor Augen zu führen, um die Begierde danach zu wecken.

Bei Ameisen ist das anders. Dass sie vor »irrationalen« Verschiebungen der Vorlieben gefeit sind, zeigt eine Studie von Tsutsuis Forscherkollegen Susan Edwards und Stephen Pratt.[4] Die von ihnen untersuchte Art bevorzugt Nester mit schmalem Eingang und dunkler Innenhöhle. Die Forscher konstruierten für ihre Versuchsameisen Nester im Labor, die Vor- und Nachteile verbanden. Nest A besaß eine dunkle Innenhöhle, aber einen breiten Eingang, Nest B einen schmalen Eingang, aber eine helle Innenhöhle. Im Lauf der folgenden Versuche wurden Kolonien aus ihrem ursprünglichen Nest vertrieben und mussten als neue Behausung zwischen A und B wählen. In einigen Fällen lockte ein Zusatzangebot: ein Nest C mit entweder extrem attraktivem Eingang oder extrem attraktiver Innenhöhle. Doch bei der Auswahl ließen sich die Krabbler nicht von solchen Ablenkungen beirren.

Der Evolutionsbiologe Tsutsui glaubt, dass Ameisen in diesem Fall »weise« Entscheidungen treffen, weil die einzelnen Individuen *wenig* wissen. Am Anfang einer Entscheidungsfindung stehen Scouts, die ausschwärmen und Nestvarianten besichtigen. Bei erfolgreicher Suche kehren sie zurück und rekrutieren andere Ameisen, um das für gut befundene Nest zu begutachten. Sind die von der Wahl ebenfalls angetan, holen sie wiederum neue Artgenossen nach. Auf diese Art und Weise kommen immer mehr Individuen zusammen, bis eine kritische Masse erreicht ist. Dann ziehen in der Regel alle anderen in das gewählte Nest um, im Experiment mal in Nest A, mal in Nest B. Die aussichtslose »Köder«-Variante C spielt keine Rolle. Sie hat keinen Einfluss auf die Entscheidung zwischen A und B, weil sie unter den Scouts keine Fans gefunden hat und das Gros der Insekten Nest C nie kennengelernt hat. »Viele kleine Gehirne mit beschränktem Wissen entscheiden, nicht ein großes mit umfangreichem Wissen«, erklärt Tsutsui.

Forschungsfeld Weisheit: Unwichtiges von Wesentlichem unterscheiden – wie Sherlock Holmes

Was ist von den Ameisen zu lernen? Sich bei Entscheidungen in irrelevante Nebensächlichkeiten zu verstricken und auf Köder hereinzufallen, ist unweise.[5] Die Lektion klingt zunächst etwas trivial, doch tatsächlich führt sie in die Mitte der Weisheitsdiskussion. Zwar wird wohl niemand dafür plädieren, bei wichtigen Themen des eigenen Lebens Ignoranz und Informationen aus zweiter Hand umfassendem eigenem Wissen vorzuziehen. Aber im Marketing- und Google-Zeitalter, das den Einzelnen mit unwichtigen Informationen überschüttet, drängen sich im Anschluss an die Ameisenstudien zwei Fragen auf: Welche Hilfsmittel nutzen weise Menschen, um mit und trotz der Informationsflut sinnvolle Entscheidungen zu treffen? Und: Lassen sich Strategien entwickeln, um diese Hilfsmittel zu lernen und unüberschaubar komplexe Situationen auf das Wesentliche zu reduzieren?

Auch zu diesen Themen gibt es im »Defining Wisdom«-Projekt Forschungsansätze. Shabnam Mousavi, Ökonomin am Max-Planck-Institut für Bildungsforschung in Berlin, empfindet Weisheit als »Werkzeug für Unsicherheits-Management«. Sie fragt, wie Menschen trotz aller Ungewissheiten handlungsfähig bleiben und weise Entscheidungen treffen können. Dabei spielt rigoroses Filtern eine entscheidende Rolle. Mousavi meint: »Weisheit heißt nicht nur, mehr zu wissen; es geht darum, was man ignorieren kann.« Sie will nach generellen Regeln suchen, die weise Filterstrategien auszeichnen. Dabei greift sie auf Erkenntnisse der Heuristikforschung zurück, die ganz prinzipiell analysiert, wie sich Prozesse systematisieren, vereinfachen und abkürzen lassen – und dennoch zum erwünschten Ergebnis führen.

An einem ähnlichen Vorhaben forscht der Computerwissenschaftler Ankur Gupta von der Butler University in Indianapolis. Sein »Defining Wisdom«-Projekt beschäftigt sich mit Datenkomprimierung; er sieht sie als eine Art »mathematischer Weisheit« an. Bekannteste Beispiele für das erstaunliche Potential sind die MP3-Technik für Musik und die JPEG-Technik für Bilder. Digitale Audiodateien in Highfidelity-Qualität sind groß und beanspruchen viel Computerkapazität. MP3 reduziert die Datenfülle raffiniert, der Inhalt einer CD mit 600 Megabyte lässt sich in eine Datei mit 60 Megabyte verwandeln. Für das menschliche Ohr hört sich die Musik gleich an, denn herausgefiltert werden Frequenzen, die für das Gehör nicht mehr wahrnehmbar sind oder feinste Unterschiede in Tonhöhen. Ähnlich bei Bilddateien. Es ist möglich, auf Farbnuancen zu verzichten, ohne den Bildeindruck zu verändern. Ein besonderer Trick besteht darin, stattdessen Umrandungen und Konturen zu verstärken.

Was ist entbehrlich und was nicht? Es ist eine hohe Kunst, die entsprechenden Algorithmen auszutüfteln. Welche und wie viele Daten man weglassen kann, ohne das Wesentliche zu beschneiden, braucht Erfahrung plus Kreativität. Ankur Gupta vergleicht sein Projekt mit dem Vorgehen von Sherlock Holmes. Der geniale Detektiv hat ebenfalls eine Unzahl von Fakten vor sich, aus denen er auf ungewöhnliche und für andere nicht immer logisch erscheinende Weise diejenigen herausdestilliert, die für die Lösung des Falles entscheidend sind.

Gupta macht sich keine Illusionen darüber, wie weit der Weg ist, sein Forschungsfeld für die Weisheitspraxis nutzbar zu machen. Die Parallele zwischen Komprimierung und Weisheit klingt zwar plausibel. Ein Sherlock Holmes oder ein weiser Ratgeber durchschaut eine Situation mit einem Blick, filtert das Wesentliche heraus und findet auf geheimnisvolle Art heraus, was im gegebenen Fall zu tun ist. Doch wie könnten die im Gehirn gespeicherten Grundlagen dafür in den Rechner gelangen? Das sei »vertrackt«, gibt der Computerwissenschaftler zu, man müsste zuvor einen Weg finden, die gesamte Lebenserfahrung eines Menschen zu digitalisieren. Sein Zwischenziel klingt zwar ebenfalls utopisch, ist jedoch bescheidener: die Vision, das Weltwissen sinnvoll zu kategorisieren. Bessere Komprimierung sei ein wichtiger Beitrag, »die riesige Datenmenge, die verfügbar ist, besser zu verstehen«.

Psychologie, Philosophie, Ökonomie, Evolutionsbiologie, Computerwissenschaft – das »Defining Wisdom«-Projekt ist der Versuch, Weisheitsforschung über Disziplingrenzen hinweg zu etablieren. Dabei interessieren sich die Teilnehmer nicht nur für eigene Publikationen im Anschluss des Projekts. Sie nutzen auch die Chance, mit den Mitteln der digitalen Welt kollektives Wissen anzuzapfen. Jeder Interessierte ist eingeladen, sich an ihrem Weisheitsnetzwerk zu beteiligen. Auf einer Webseite (www.wisdomresearch.org) bloggen die Stipendiaten über die Fortschritte ihrer eigenen Forschungsprojekte und über populäre Fragen zum Thema.

Der Ehrgeiz einer Gruppe von Geisteswissenschaftlern im Netzwerk betrifft den Versuch, trotz aller Schwierigkeiten eine Weisheits-Definition in einem einzigen Satz zu präsentieren. Er lautet: »Praktische Weisheit besteht in der Fähigkeit, gute Entscheidungen über die Dinge zu treffen, die im Leben wirklich zählen, und seine Handlungen damit in Übereinstimmung zu bringen, sofern das in der eigenen Kontrolle liegt.«[6]

Der Vorschlag wirft neue Fragen auf: Was sind »gute« Entscheidungen? Welche Instanz beurteilt, was im Leben »wirklich zählt«? Und haben sich die Autoren die »Ameisenfrage« gestellt? Anders als Augustinus' Satz von der Weisheit als Maß, das für die Balance des Geistes sorgt, schlösse ihre Definition rational agierende Insekten durchaus ins Reich der Weisheit mit ein. Ameisen haben dem Menschen immerhin etliche Zeitalter sinnvoller Entscheidungen voraus; ihre arbeitsteiligen Überlebensstrategien bewähren sich seit ungefähr 140 Millionen Jahren.

Weisheit vs. Intelligenz – der Ansatz der Expertenbefragung

Ameisen als Träger einer kollektiven Weisheit? Computersoftware als Weisheitshelfer? Der Psychologieprofessor Dilip Jeste von der San Diego School of Medicine der University of California würde bei solchen Theorien Einspruch einlegen. Mit einem hochkarätigen Professorenteam hat er im Frühjahr 2010 eine sogenannte Delphi-Studie vorgelegt.[7] Diese Art von Studien richtet sich gezielt an Experten eines Fachgebiets, um Detailprobleme ihrer Disziplin zu klären. Im aktuellen Fall wurden per E-Mail internationale Forscher befragt, die in Fachzeitschriften mindestens zwei Veröffentlichungen zum Thema Weisheit vorweisen konnten. Ziel war es zu erfahren, welche Weisheits-Facetten die Angeschriebenen persönlich für bedeutend halten.

Besonderes Augenmerk galt dabei der Unterscheidung zwischen Weisheit und Intelligenz. Dazu bewerteten die Teilnehmer 47 Eigenschaften auf einer Skala von 1 (überhaupt nicht wichtig) bis 9 (extrem wichtig). Bei der Einschätzung der Merkmale, die für Intelligenz zentral sind, erreichte Lernbereitschaft die höchste Punktzahl (8,1) und war damit die einzige Eigenschaft, die auf einen Wert über 8 kam. Bei Weisheit gab es dagegen 16 Wertungen mit 8 und mehr Punkten. Hier diese Höchstwertungen für die Weisheitskomponente; zum Vergleich daneben die Intelligenz-Werte für dieselbe Kategorie.

	Weisheit	Intelligenz
Erkenntnis der Grenzen des eigenen Wissens	8,8	6,5
Selbstreflexion	8,6	4,7
Selbsteinsicht	8,6	4,8
Toleranz gegenüber Verschiedenheiten	8,5	4,2
Reiches Wissen über das Leben	8,4	5,4
Soziales Bewusstsein	8,4	4,4
Gerechtigkeitsempfinden	8,4	3,8
Akzeptieren der Ungewissheiten im Leben	8,4	4,6
Akzeptieren von Ambivalenz	8,3	5,1
Ethisches Verhalten	8,2	3,8
Werterelativität	8,2	5,4
Offenheit für neue Erfahrungen	8,2	5,7
Fähigkeit, guten Rat zu geben	8,2	5,4
Lebenspraktische Fähigkeiten	8,1	5,3
Lernbereitschaft	8,0	8,1
Emotionale Balance	8,0	3,9

Die Autoren der Delphi-Studie heben hervor, dass der Experten-Konsens, den sie gefunden haben, »erstaunlich mit Laiendefinitionen von Weisheit übereinstimmt«. Einen Vorbehalt gegenüber den Ergebnissen nennen sie allerdings selbst. Obwohl Forscher weltweit angeschrieben wurden, kamen die 37 Experten, die sich letztlich beteiligten und die Fragebögen beantworteten, aus Institutionen aus den USA und Europa. Damit könnte, so vermuten die Autoren, die eurozentristische Sicht überbetont sein. Denn das moderne westliche Weisheitskonzept orientiert sich nach wie vor an Philosophen wie Sokrates, Platon und Aristoteles, die dabei die kognitiven Aspekte hervorgehoben haben. Östliche

Weisheit lege dagegen den Schwerpunkt eher auf emotionale Faktoren.

Doch auch bei den westlichen Befragten wird klar, dass sie Weisheit als ein Mosaik aus Qualitäten sehen, die weit über Wissen und rationale Erkenntnis hinausgehen. Damit löst sich das Ameisen-Paradox auf. Als weise gilt aus menschlicher Sicht eben nicht nur, wer stets agiert wie eine gut programmierte biologische Maschine. Zwischentöne und logisch nicht bis ins Letzte fassbare Werte wie Toleranz spielen als Facetten von Weisheit, anders als bei Intelligenz, eine bedeutende Rolle. Außerdem dürfen und sollen Gefühle zur Geltung kommen. Das kann eine Intuition sein, die »wider besseres Wissen« für oder gegen eine wichtige Entscheidung spricht. Oder ein Vertrauensvorschuss, der logisch nicht gerechtfertigt ist. Wer sich auf die Gratwanderung zwischen Wissen und Fühlen einlässt, muss Fehler in Kauf nehmen; doch letztlich ist es gerade das schwer fassbare intuitive Herangehen, durch das sich hohe Weisheit von hoher Intelligenz abhebt. Der zweite Teil des Buches wird darauf ausführlich eingehen.

In der Delphi-Studie waren nicht nur einzelne Persönlichkeitsmerkmale zu beurteilen. Die teilnehmenden Experten wurden außerdem gebeten zu bewerten, wie stark vorgegebene Aussagen Weisheit charakterisieren, wiederum auf der Skala von 1 bis 9. Hier war zum Beispiel gefragt, ob Weisheit eine rein menschliche Eigenschaft ist bzw. ob sie auch bei niederen Tieren vorkommt. Die wichtigsten Ergebnisse der insgesamt 24 Aussagen:

* Weisheit ist eine persönliche Qualität (8,1)
* Sie ist eine Form fortgeschrittener geistiger und emotionaler Entwicklung (8,1)
* Sie wird von Erfahrung getragen (7, 6)

* Sie ist ausschließlich menschlich (7,4)
* Sie kann gelernt werden (7,2)

Am Ende der Skala stehen die Aussagen:

* Sie hat nichts mit dem Alter zu tun (3,5)
* Sie ist angeboren (3,5)
* Sie ist auch in niederen Tieren gegenwärtig (3,0)
* Weisheit wird irgendwann durch Medikamente verstärkt werden können (2,7)

Die Autoren sehen ihre Studie als einen Schritt auf dem Weg, Weisheit besser zu charakterisieren. Und sie weisen mehrfach darauf hin, dass das Thema trotz aller Forschungsbemühungen zu den »am schwersten fassbaren psychologischen Konstrukten« gehört.

Dichter haben es manchmal leichter als Professoren. Sie wandern zwischen den Welten und müssen sich um wissenschaftliche Exaktheit nicht kümmern. Hermann Hesse hat generell davon abgeraten, Weisheit mit Worten beikommen zu wollen und in seinem Roman *Siddharta* geschrieben: »Wissen kann man mitteilen, Weisheit aber nicht. Man kann sie finden, man kann sie leben, man kann von ihr getragen werden, man kann mit ihr Wunder tun, aber sagen und lehren kann man sie nicht.«

Zum Glück gibt es sowohl in der Geschichte wie in der Gegenwart Beispiele für diese gelebte Weisheit. Und Wissenschaftler, die – auch ohne vorangehende präzise Definition – erkunden, was sie ausmacht. Von diesen Praktikern und Theoretikern soll im nächsten Kapitel die Rede sein.

4 Eine Tugend für jeden Tag. Was Salomo, Frau
Professor Glück und Nelson Mandela über Alltags-
Weisheit zu sagen haben. Und was klugen Rat und
altkluges Geschwätz unterscheidet

Alltags-Miniaturen unter dem
Blickwinkel Weisheit betrachtet

Grenzen erkennen, über sich nachdenken, Selbsteinsicht
zeigen, Verschiedenheit tolerieren, viel über das Leben wissen, außerdem noch soziales Bewusstsein, Gerechtigkeitsempfinden, ethisches Verhalten und emotionale Balance
kultivieren – die Liste mit all den wünschenswerten Weis-
heits-Attributen aus der Delphi-Studie klingt so ehrenwert
wie abstrakt. Goethe hat das mit seinem »Edel sei der
Mensch, hilfreich und gut« prägnanter ausgedrückt. Es
bleibt die Frage: Wie führt der Weg von Weisheitstheorie in
Weisheitspraxis, ins normale Alltagsleben?

Auch bei diesem Thema kann das Vorbild des weisen
Salomo helfen. Als Israels Herrscher hatte er unter anderem die Aufgabe, Recht zu sprechen. Erhalten ist darüber
im »Buch der Könige« des Alten Testaments nur ein Einzel-
Urteil. Es ist die berühmte Geschichte zweier Frauen, die
sich um einen Säugling streiten. Beide sind Prostituierte,
beide leben im selben Haus, beide haben kurz zuvor fast
zeitgleich einen Sohn geboren. Doch einer ist tot, der andere lebt. Die Klägerin erklärt das so: Das Baby der anderen
Mutter sei gestorben, nachdem die es in der Nacht im
Schlaf erdrückt habe. Während nun sie, die Klägerin, ein-
geschlafen sei, neben sich ihren lebenden Sohn, habe die

andere Frau das lebendige Kind gegen das tote ausgetauscht.

Die Beschuldigte widerspricht und schildert die Begebenheit genau umgekehrt. Aussage steht gegen Aussage. Salomo fragt nicht weiter nach, er lässt ein Schwert holen, befiehlt, ihm das lebendige Kind zu bringen, es zweizuteilen und den beiden Frauen die Hälften auszuhändigen. Die Klägerin erschrickt, bittet den Richter einzuhalten und das lebende Kind lieber der anderen zu übergeben als es zu töten. Ihre Kontrahentin akzeptiert das vermeintliche Urteil dagegen scheinbar ungerührt: »Lasst es teilen.« Erst daraufhin folgt der eigentliche Richterspruch. Die erste Frau erhält das Kind heil, denn sie, der das Überleben des Säuglings wichtiger ist als das Rechtbekommen, »ist seine Mutter«.

Man weiß nicht, was Salomo getan hätte, wenn die unterlegene Frau die Finte durchschaut hätte. Man erfährt in der Bibel auch nichts darüber, wie sie den Spruch aufnimmt. Aber man kann sich ihre Verzweiflung vorstellen – eine Mutter, die ihr schlafendes Kind erdrückt und erstickt hat, dann in einem Anfall von Wut und Wahnsinn den Akt der Vertauschung vornimmt und nun als Täterin entlarvt ist. Zur Trauer und zum Trauma über den Tod des Sohnes kommen für sie die Bloßstellung und die Demütigung durch das Urteil. Sie ist und bleibt Verliererin.

Selbst der weiseste Richter, so die bittere Lehre, kann nicht alle Wunden heilen. Er kann keine Toten auferwecken, kann Schicksalsschläge nicht ungeschehen machen. Doch er kann versuchen, der Wahrheit ans Licht zu verhelfen und das bestmögliche aus einer scheinbar ausweglosen Situation herauszuholen. Das ist viel. Mit seinem Vorgehen begeisterte Salomo nicht nur das Volk Israels. Der Beiname salomonisch steht bis heute für unorthodoxe Urteilssprüche, bei denen sich ein höheres Gerechtigkeitsempfinden durchsetzt. Der weise Richter bleibt Vorbild;

und noch immer sind Gerichtssäle die Bühnen, auf denen öffentlich wird, wie sehr Weisheit im Alltag nottut.

Auch dort, wo es, wie einst bei Salomo, nicht um Schwerkriminalität, sondern »nur« um familiäre Streitigkeiten geht, prägen Richter Schicksale über Jahre und Jahrzehnte hinaus; beim Streit um das Sorgerecht und das Umgangsrecht mit den Kindern, um Unterhaltszahlungen, um spätere Rentenansprüche eines geschiedenen Partners.

Zwar wäre der biblische Konflikt über die wahre Mutterschaft heute elegant per DNA-Test zu entscheiden. Dafür gibt es neue kaum lösbare Zweifelsfälle. Wie sollten Juristen urteilen, wenn eine unglückliche, kinderlose Frau eine andere beauftragt, ein Wunschkind für sie auszutragen und diese Leihmutter dann nach der Geburt das Kind doch behalten will, das sie neun Monate »unter dem Herzen getragen« hat? Wie sieht eine salomonische Entscheidung im Fall eines Jugendlichen aus, der durch eine Samenspende zur Welt gekommen ist und nun jenen leiblichen Vater kennenlernen will, dem die Ämter auf ewig Anonymität zugesichert haben?

»Wir erwarten von dem Bewerber / der Bewerberin: praktische Weisheit« müsste eigentlich in jeder Stellenausschreibung für Juristen stehen. Ebenso in Annoncen für all diejenigen, die sich um Menschen mit Schmerzen und Krankheiten kümmern oder Behinderte und Alte pflegen. Für Psychotherapeuten, deren Job es ist, fremde Lebenskrisen überwinden zu helfen. Für Pfarrer, die Beichten hören und hilfreichere Antworten finden sollten, als das rituelle »ego te absolvo, drei Rosenkränze«. Für alle Lehrenden und Erzieher. Für Steuer- und Finanzberater. Für Chefs, die jedem ihrer Mitarbeiter gerecht werden sollen. Für Verkäufer, die zwischen Firmen- und Kunden-Interesse abwägen müssen. Ebenso bedeutsam ist sie für jeden Einzelnen, der unversehens in einen Streit oder Konflikt gerät.

Bei allen alltäglichen Entscheidungen das Ideal Weisheit im Auge zu behalten, scheint illusorisch. Doch manchmal ergibt sich unverhofft eine Situation, in der es gelingt, selbst Vorbild zu werden – besonnen, bescheiden, ausgeglichen, freundlich, einfühlsam, großzügig. Für einen Augenblick ist verwirklicht, was Montaigne meinte mit seinem Ausspruch »weise werden durch sich selbst«. Oft vergeht der Moment ohne große Nachwirkung. Doch es lohnt sich, jene Alltags-Miniaturen unter dem »großen« Blickwinkel Weisheit zu betrachten. In der psychologischen Forschung gibt es Projekte, die genau das zum Ziel haben.

Psychologische Weisheitsforschung: von weisen Momenten im Alltag und dem befriedigenden Gefühl des Gelingens

Die Anzeige klang einladend: »Denken Sie über das Leben nach? Das Max-Planck-Institut für Bildungsforschung sucht Interview-PartnerInnen«. Den Interessierten stellten die Psychologinnen Judith Glück und Susan Bluck eine ungewöhnliche Aufgabe. Sie sollten Momente in ihrem Leben aufschreiben, in denen sie sich »ein Stück weit weise« verhalten hätten.[1]

Viele der 92 Teilnehmer stutzten zunächst. Wie soll weises Verhalten aussehen – so wie bei Salomo, Mutter Teresa, dem Dalai Lama? Als sie hören, dass es um »Weisheit im Kleinen« geht, fallen 86 von ihnen doch eine Reihe erwähnenswerter Alltagssituationen ein, im Durchschnitt vier. Über die jeweils interessanteste geben sie den Forschern Auskunft.

Eine 40-Jährige erzählt von einer Begebenheit mit ihrem Sohn, der von der Polizei beim Stehlen erwischt worden ist, ein Trauma für eine Mutter. Doch sie schafft es, sich zu bremsen. »Wenn ich ihn gleich bestraft und gebrüllt hätte wie normalerweise, hätte ich nichts erreicht, gar nichts«, sagt sie im Interview zur Studie. Doch ausnahmsweise fällt ihre Reaktion anders aus. Sie wird nicht wütend wie sonst, sondern hört ihm ruhig zu, bleibt offen und stellt die Beziehung so auf eine neue Grundlage.

Eine andere hält sich nicht höflich heraus aus dem schweren Mutter-Tochter-Konflikt in der befreundeten Familie, sondern spricht ausgiebig mit beiden Seiten und bewirkt eine Wiederannäherung; die Tochter, die es nicht mehr ausgehalten hat zu Hause und geplant hat auszureißen, gibt der Familie eine zweite Chance. Eine junge Frau beschäftigt sich intensiv mit ihrer Krebserkrankung und erreicht, dass die Ärzte sie als kundige Partnerin ernst nehmen. Ein ehemals strenger Lehrer wagt es, seinen Unterrichtsstil zu ändern und ermutigt die Schüler zur Eigeninitiative, statt weiter auf Strafe und Kontrolle zu setzen. Er riskiert es, Kreativität zu fördern und kommt zu einer ganz neuen, für ihn sehr befriedigenden Lehrphilosophie. Eine 17-Jährige erzählt den Forscherinnen von der ersten »wirklich wichtigen Entscheidung« in ihrem Leben, jener schlaflosen Nacht, in der sie gegrübelt hat, wegen ihrer Schmerzen die Ballettschule und damit ihre Traumkarriere aufzugeben. Am nächsten Morgen steht der Entschluss fest: »Okay, das war's, vorbei!«

Die Untersuchung liefert keinerlei objektive Daten zum Weisheitsgrad der Beteiligten, doch sie belegt etwas Wichtiges: Weisheit ist nicht Gabe weniger Ausnahmepersönlichkeiten; ein Quäntchen Salomo schlummert in jedem von uns. Es in der Rückschau bei sich zu entdecken, überrascht die Beteiligten mitunter selbst.

»Unsere Studie war damals die erste, die autobiographische Erlebnisse mit Weisheit verknüpft hat«, erzählt Judith Glück Jahre später. Die Wienerin forscht und lehrt inzwischen als Psychologieprofessorin in Klagenfurt. Auch sie ist Templeton-Stipendiatin. Zusammen mit ihrer Kollegin Susan Bluck hat sie das »MORE«-Modell entwickelt, das von vier Wurzeln für Weisheit ausgeht: Meisterschaft (in der Lebensbewältigung), Offenheit, Reflexion, Emotionssteuerung. Mit dem Preisgeld finanzieren die beiden ein Projekt, bei dem sie herausfinden wollen, welche Rolle das Durchleben negativer Erfahrungen für Weisheit spielt.

Das Einbeziehen von biographischen Erlebnissen in die Forschung ist zukunftsweisend, weil es die Weisheit aus nebulösen höheren Sphären ins normale Leben zurückholt. Jeder hat schon ähnliche Situationen wie die Probanden erlebt, hat sich selbst dabei manchmal positiv überrascht, hat zu anderen Zeiten versagt. Der Forschungsansatz taugt deshalb auch zum Selbsterforschungsansatz. Zum Anstoß, das eigene Verhalten bei widrigen Umständen zu beobachten und sich für Weisheits-Chancen zu sensibilisieren. Es gibt die Tage, an denen alles schiefzugehen droht – das eine Kind krank, das andere bockig, der Partner nicht da, die U-Bahn verspätet, der Chef vorwurfsvoll, kein großer Meister nirgends – und dennoch ...

Judith Glück hat herausgefunden, dass die »kleine Weisheit« im Alltag bei den Befragten ihrer Studie oft ein köstliches Gefühl des Gelingens hinterlassen hat: die Erfahrung, in einer heiklen Situation etwas richtig gemacht und zu einem guten Ende gebracht zu haben. 78 Prozent ihrer Studienteilnehmer waren sicher, etwas aus dem in der Untersuchung beschriebenen Weisheits-Ereignis gelernt zu haben. 41 Prozent von ihnen glaubten sogar, die Situation habe ihr Leben verändert oder zu einer neuen Lebensphilosophie geführt.

Die Statistik lässt entscheidende Fragen noch offen. Woran liegt es, dass es mitunter gelingt, gleichmütig, großzügig und sogar weise zu handeln, oft aber nicht? An gutem

Schlaf in der Nacht zuvor, an höherer Eingebung, am Wetter, am Zufall? Warum macht Schaden die einen klüger als die anderen? Welche Persönlichkeits-Facetten tragen zum Weisheitspotential bei?

Diese Fragen werden besonders in Kapitel 11 eine Rolle spielen. Hier zunächst eine vage Annäherung: Die gute Nachricht ist, dass das »weise werden durch sich selbst« mitunter tatsächlich gelingt. Ein 69-jähriger Studienteilnehmer sagt als Fazit: »Die Moral der Geschichte ist, du musst an dich glauben, dir vertrauen. Und: Mach deine Sache so gut wie möglich, aber bleib realistisch. Du musst ein gesundes Vertrauen in dich haben, aber nicht überschätzen und sagen, dass du etwas tun kannst, aber dann scheitern … Du musst deine eigenen Grenzen kennen.« Ein anderer: »Bleib ruhig. Das ist es, was ich gelernt habe und was mir jetzt viel hilft. Große oder kleine Dinge – kein Problem mehr. Das hat mir geholfen.«

Die Autorinnen ziehen den Schluss, dass kleine Alltagsmomente, in denen Weisheit aufscheint, für die gesamte Biographie bedeutsam sind. Dass sie Einfluss auf das weitere Verhalten haben und damit auf die Richtung, die das Leben nimmt. Dass sich damit allmählich Erfahrungsweisheit über die gesamte Lebensspanne hinweg entwickeln kann.

Vorsicht vor »Experten«, deren Weisheit sich in Theorie erschöpft. Was Herrn und Frau Sapiens von Herrn und Frau Nonsens unterscheidet

Die Analyse der autobiographischen Weisheit im Alltag ist nicht der einzige psychologische Forschungszugang zum Thema. Ein anderer Annäherungsversuch galt lange als Königsweg zum wissenschaftlichen Einfangen des Ideals Weisheit. Es lohnt sich, ihn genauer zu betrachten – auch, um die Fallen kennenzulernen, in die Forscher tappen können.

Die Pioniere unter den Psychologen, die ihre Studien in den letzten Jahrzehnten der Weisheit gewidmet haben, trieb vor allem der Traum um, den Weisheitsgrad verschiedener Personen miteinander vergleichen zu können. Schon in den 1980er Jahren hatte sich das Max-Planck-Institut für Bildungsforschung in Berlin unter dem langjährigen Direktor Paul Baltes dabei einen Namen gemacht. Als »Expertenwissen über die fundamentalen Dinge des Lebens« definierten Baltes und seine Gruppe die Weisheit. Kern ihrer Arbeit wurde ein Weisheits-Test, der fünf Kriterien umfasst:[2]

★ Faktenwissen in grundlegenden Fragen des Lebens
★ Strategiewissen in grundlegenden Fragen des Lebens
★ Wissen um die Ungewissheit des Lebens
★ Wissen um die Relativität von Werten und Lebenszielen
★ Wissen um die Kontexte des Lebens und des gesellschaftlichen Wandels

Der zugehörige Test basiert auf sogenannten »Fall-Vignetten«, hypothetischen Lebenssituationen, die weisen Rat erfordern. Beispiel: Eine 15-Jährige will heiraten. Oder: Jemand erhält einen Telefonanruf von einem guten Freund, der erklärt, dass er nicht mehr weiter weiß und beschlossen hat, Selbstmord zu begehen. Die anschließende Frage an die Versuchspersonen lautet: »Was könnte man in dieser Situation bedenken oder tun?«

Studienteilnehmer werden im Labor einzeln zu einer solchen Frage interviewt und dabei aufgefordert, laut über das Problem nachzusinnen. Ihre Überlegungen werden aufgezeichnet. Geschulte Beurteiler werten anschließend die

Protokolle der Denkprozesse aus und verteilen ein bis sieben Punkte in jeder der fünf oben genannten Kategorien.

Schlecht schneidet ab, wer nur Vorurteile produziert und zur frühen Heirat etwa sagt: »Auf keinen Fall. Wo kämen wir denn hin, wenn eine 15-Jährige …«. Hohe Punktzahlen erreicht, wer den Fall wortreich und differenziert zerpflückt. Beispiel für eine Antwort, die in den Augen der Forscher den Spitzenweisheits-Grad verdient: »Auf den ersten Blick betrachtet scheint dies ein einfaches Problem zu sein. Im Allgemeinen würde man sagen, dass Heiraten nicht das Richtige für eine Fünfzehnjährige ist. Viele Mädchen denken aber vielleicht daran, wenn sie sich das erste Mal verlieben. Es gibt aber auch Umstände, wo solche allgemeinen Beurteilungsmaßstäbe nicht greifen. Zum Beispiel könnte das Mädchen unheilbar krank sein, es könnte gerade seine Eltern verloren haben, oder es kommt aus einer anderen Kultur …«

Die Auswertungs-Prozedur ist aufwändig, weil die eingesetzten Forschungsassistenten gründlich geschult werden müssen, um einheitliche Maßstäbe an die Gedankenprotokolle anzulegen. Doch anschließend liefern die Tests das Ersehnte: einen nach Meinung der Entwickler zuverlässigen und wissenschaftlich abgesicherten »Weisheits-Score«. Der nimmt nach den Erkenntnissen der Forschungsgruppe im Durchschnitt bis zum Alter von 25 Jahren im Mittel zu, bleibt dann bis zum Alter von etwa 75 Jahren stabil, dann sinkt er wieder.

Zweifel am Forschungsansatz der Berliner Gruppe liegen nah. Nach Laienauffassung hat Weisheit viel mit Lebenserfahrung zu tun. Da fällt es schwer zu glauben, dass ihr Zenit schon mit 25 Jahren erreicht sein soll. Deshalb stellt sich die Frage: Trifft der Test wirklich den Kern? Lässt sich Weisheit wirklich mit fünf Arten von *Wissen* einkreisen? Oder, einfacher gefragt: Würden Persönlichkeiten wie Gandhi, Mutter Teresa oder Nelson Mandela in diesem Experiment brillieren? Zeichnen sich Weise nicht eher durch das knappe rechte Wort und die rechte Tat zur rechten Zeit aus als durch Theoretisieren? Wäre es nicht im Fall des potentiellen Selbstmörders nicht angebracht, das Telefonat schleunigst zu beenden und ins nächste Taxi zu springen, um ihm beizustehen?

Genauso berechtigt scheint ein anderer Einwand: Garantieren Spitzenergebnisse im Labor auch Souveränität im wahren Leben? »Man weiß eben nicht, wie die Betreffenden reagieren, wenn die 15-Jährige die eigene Tochter, die eigene Enkelin wäre«, sagt Judith Glück. Der Weisheitsforscher John Kekes drückt das Dilemma noch drastischer aus: »Ein Idiot kann lernen, all die Sachen zu sagen, die ein Weiser sagt, und er kann sie auch zu denselben Gelegenheiten sagen. Der Unterschied zwischen beiden ist, dass der Weise ... fundierte Urteile fällt, während der Idiot Klischees von sich gibt.«[3] Natürlich ist nicht ausgeschlossen, dass Kandidaten mit hohem Weisheits-Score sich auch im Ernstfall bewähren – doch im Labor gibt es keine Chance, das zu beweisen.

Philodox nannte man in früheren Jahrhunderten Menschen, die schlau daherreden, ohne den Punkt zu treffen. Der Volksmund hat eine erstaunliche Fülle von verächtlichen Spottnamen für Intelligenz parat, die sich mit Hochmut statt mit Weisheit paart: Besserwisser, Klugscheißer, Schwätzer, Schlaumeier, Rechthaber, Rabulist, Pharisäer, Faktenhuber, Wichtigtuer, Korinthenkacker, Mr. Neunmalklug, Miss Oberschlau. Im Englischen kurz und drastisch: *smartass*.

Sprache ist ein sensibles Organ. Sie macht klar: Blender, die nur schöne Worte im Mund führen, aber zurückschrecken, wenn Einsatz und Mut gefragt ist, fallen als Weise und Vorbilder durch. Doch wie lassen sich die nur Schlauen von wahrhaft Weisen unterscheiden? Ein amerikanischer

Rabbiner nennt aufschlussreiche Indizien: Der Schlaue schreit, der Weise flüstert. Schlaue sind aufdringlich und angeberisch, Weisheit versteckt sich und ist bescheiden.[4]

Und doch erkennt man sie. Hochachtung erfahren diejenigen, die das, was sie predigen, auch vorleben. Die keinen Rückzieher machen, wenn ihre Prinzipien auf Widerstand stoßen. Laozi, der seine Heimat verlässt. Konfuzius, der den Ministerjob kündigt. Sokrates, der Gift trinkt. Mutter Teresa, die kastenlose Leprakranke betreut. Mahatma Gandhi, der sich unbewaffnet den britischen Besatzern entgegenstellt. Nelson Mandela, der gegen die Apartheid kämpft und sich von zwei Jahrzehnten Haft nicht beirren lässt.

Mandelas Geschichte ist ein mitreißendes Beispiel dafür, welche Gestalt Weisheit in chaotischen Zeiten annehmen kann. Und wie sie sich trotz aller Widerstände noch unter den ungünstigsten Umständen ins Leben schmuggelt. Es lohnt sich, die Biographie dieses Mannes aus der Weisheits-Perspektive zu betrachten. Denn er ist ein Salomo unter erschwerten Bedingungen – hineingeboren in ein Leben zwischen Tradition und Moderne, zwischen Dritter und Erster Welt, zwischen Unterdrückung und Freiheit.

Nelson Mandela als Salomo im 21. Jahrhundert: Ein Häftling im Land des Rassenhasses wird Präsident und legt Fundamente für Versöhnung

Zu anderen Zeiten hätte der Mann ganz ohne Kampf und blutige Konflikte eine hohe Stellung errungen. Als Rolihlahla Mandela wird er am 18. Juli 1918 in der südafrikanischen Transkei geboren. Er ist der älteste Sohn der dritten von vier Frauen seines Vaters, eines Häuptlings vom Stamm der Xhosa. In der Tradition dieses Volkes wäre ihm traditionell die Rolle eines Beraters des Königs zugefallen.[5]

Es kommt anders. Die frühen Jahre verbringt Mandela noch unbeschwert in einem Dorf, wo die Kinder im Fluss Fische fangen, wilden Honig sammeln, mit Steinschleudern Vögel vom Himmel holen und abends im Kral die Legenden und Fabeln heldenhafter Xhosa-Krieger hören. Doch die sind längst entmachtet; Herren im Land sind die Weißen. Der aufgeweckte Junge ist der erste in seiner Familie, der eine Schule besucht – und dort schnell die Folgen der Ungleichheit kennenlernt. Afrikanische Schüler erhalten von afrikanischen Lehrern englische Namen, weil die Weißen die Stammesnamen nicht aussprechen können. Aus Rolihlahla wird Nelson. Nichts spricht dafür, dass ein Schwarzer wie er je echte Macht im Staat wird ausüben können.

Die Epoche ist eine Zeit der Turbulenzen, kein Zeitalter friedlicher Übergänge wie beim biblischen Salomo. Auf ihn, den Königssohn, geht das Amt über, als »die Zeit herbeikam, dass David sterben sollte«. Vor dem Tod gibt der Regent seinem Nachfolger mit auf den Weg: »So sei getrost und sei ein Mann und diene dem HERRN, deinem Gott … damit dir alles gelinge, was du tust und wohin du dich wendest.« Nach ein paar weiteren Ratschlägen ist die Ablösung schon vollzogen. »Und Salomo saß auf dem Thron seines Vaters David, und seine Herrschaft hatte festen Bestand.«

Im Fall Südafrika wird zunächst alles schlimmer. Die National Party der Buren gewinnt im Jahr 1948 mit dem Motto »Die Kaffer ob sy plek« (Der Nigger an seinen Platz) die Wahlen. Sie etabliert das Apartheidsystem mit seinem unerbittlichen Staatsterror, der Schwarze noch brutaler erniedrigt, als es zuvor der Fall war.

Nelson Mandela hat inzwischen ein Jura-Studium abgeschlossen, ist Anwalt geworden und Mitglied des African National Congress ANC. Als klar wird, dass die Regierung den ANC zur illegalen Organisation erklären wird, entwirft er den »Mandela-Plan«, auch M-Plan genannt: eine Strategie für Operationen im Untergrund.

Zusammen mit 29 anderen kommt er im August 1959 vor Gericht, wird in einem Schauprozess wegen Hochverrat verurteilt, geht in den Untergrund und organisiert, verkleidet als Chauffeur, Gärtner oder Landarbeiter, den Widerstand. Nicht waffenlos wie Gandhi. Seine Haltung zur Gewalt erklärt er in einem Sprichwort: »Sebatana ha se bokwe ka diatla« – »Die Angriffe der wilden Bestie kann man nicht nur mit bloßen Händen abwehren.«

Die Sabotage-Aktionen des ANC richten sich in den anschließenden Jahrzehnten gegen die Infrastruktur, kosten aber auch Menschenleben. Beim folgenschwersten Anschlag im Mai 1983, einem Attentat auf ein Büro der Luftwaffe, gibt es 19 Tote und mehr als 200 Verletzte. Lässt sich das Vorgehen rechtfertigen? Nelson Mandela, zu jener Zeit schon lange Jahren im Gefängnis, schreibt: »Der Tod von Zivilisten war ein tragischer Unfall, und ich war zutiefst entsetzt über die Todesopfer. Doch so sehr sie mich auch verstörten, ich wusste, dass solche Unfälle die unvermeidliche Konsequenz der Entscheidung waren, einen militärischen Kampf aufzunehmen. Menschliche Fehlbarkeit ist vom Krieg nicht zu trennen, und der Preis dafür ist immer hoch. Gerade weil wir wussten, dass es zu solchen Vorfällen kommen würde, hatten wir die Entscheidung, zu den Waffen zu greifen, nur so schwer und widerstrebend getroffen.«

Kann jemand, der sich zu Terror bekennt, ein Weiser sein? Ein Mann, der sechs Monate Militär- und Guerillatraining in Addis Abeba hinter sich gebracht hat, der Schießübungen absolviert hat, gelernt hat, wie man Bomben und Minen baut, Sprengungen anbringt, Mörser abfeuert? Einer, der den Tod von Unschuldigen in Kauf nimmt? Es gibt historische Momente, in denen die Nachwelt das verzeiht, weil die Verbrechen der Gegenseite so unerträglich sind, dass Gegenwehr als Notwehr erscheint. Doch der Widerstandskampf allein hätte aus Mandela wohl nicht Südafrikas Symbol für Weisheit und Versöhnung gemacht, den Mann, den sein Volk »Tata« (Vater) oder »Khulu« (den Großen) nennt und den auch Weiße in aller Welt respektieren und lieben. Erst das Durchleben und Durchleiden der Gefangenschaft hat das möglich gemacht.

Schon im Jahr 1961 fliegt Nelson Mandelas Deckung auf; er wird verhaftet und auf die Gefängnisinsel Robben Island gebracht. Das bedeutet: Arbeit im Steinbruch; im besten Fall ein Brief und ein halbstündiger Besuch alle sechs Monate; bei der geringsten »Verfehlung« drei Tage Isolierung mit »Reiswasser« als einziger Nahrung – Wasser, in dem Reis gekocht worden ist.

Weisheit heißt, sich mit dem Unabänderlichen abzufinden – und die kühne Hoffnung zu bewahren, dass auf Dauer nichts unabänderlich ist. Als Ventil für Frustration und weil er merkt, dass er in gutem körperlichem Zustand besser arbeiten und klarer denken kann, treibt Häftling N. M. Frühsport auf engstem Raum: in der Zelle. Montags bis donnerstags 45 Minuten Dauerlauf auf der Stelle, 100 Liegestütze auf den Fingerspitzen, 50 tiefe Kniebeugen. Sein Credo: »Training baut Spannungen ab, und Spannung ist der Feind der Gelassenheit.«

Weisheit heißt, auch dem größten Unglück noch irgendeinen Lichtblick abzugewinnen. Häftling N. M. notiert: »Am Gefängnis ist nichts, was einen erfreuen könnte, mit einer möglichen Ausnahme. Man hat Zeit zum Nachdenken.«

Weisheit heißt, winzige Chancen zu erkennen und zu nutzen. Die Häftlinge ringen den Strafvollzugsbehörden im Lauf der Zeit kleine Vergünstigungen ab. Sie dürfen studieren. Sie halten Schach- und Dameturniere ab. Sie gründen eine Laientheatertruppe, mit der sie Antigone aufführen; Mandela spielt den König Kreon. Sie schaffen es, nachdem die Anträge zunächst jahrelang abgelehnt werden, einen steinigen Streifen Land bewirtschaften zu dürfen. Das führt zu Szenen, die im Rückblick fast surreal erscheinen. Häftling N. M., Staatsfeind Nummer 1, baut im Gefängnishof erfolgreich Tomaten, Chilis und Zwiebeln an, schenkt den Wärtern einen Teil seiner Ernte und philosophiert nebenbei über das Gärtnern als Metapher für Führungsqualität: Auch ein Führer müsse seinen Garten bestellen – säen, beobachten, pflegen, ernten. Und wie ein Gärtner müsse er die Verantwortung für das übernehmen, was er heranzüchtet; er müsse sich um seine Arbeit kümmern, Feinde abwehren, erhalten, was zu erhalten ist, und das beseitigen, was keinen Erfolg verspricht.

Die kühne Hoffnung wird wahr, die Zeiten ändern sich. Verbraucher in Europa boykottieren Waren aus Südafrika. Die Proteste im Inland werden heftiger, der Druck ausländischer Regierungen wächst. Der prominente Häftling auf Robben Island schlägt der Regierung Verhandlungen vor. Im Dezember 1988 wird Mandela aufs Festland in ein Gefängnisareal bei Kapstadt verlegt, in dem er ein Einzelhaus bewohnt, das mehrere Zimmer hat, dazu Garten und Pool. Die Zeit des Reiswassers ist vorbei. Ein ehemaliger Wärter von Robben Island, Officer Swart, bekocht ihn nun dreimal täglich. Mandela darf Gäste empfangen; im Juli 1989 bringt ihn ein Major zu einem geheimen Treffen mit Staatspräsident Pieter Willem Botha.

Und dann, mit 71 Jahren, von denen Mandela 10 000 Tage in Gefangenschaft verbracht hat, beginnt das neue Zeitalter und die Bewährungsprobe. Im August 1989 tritt Botha zurück. Sein Nachfolger Frederik de Klerk hebt im Februar 1990 das Verbot des ANC auf. Und am 11. Februar kehrt auch der Häftling N. M. in die Freiheit zurück. Die Menschen, die ihm zujubeln, erwarten Zorn und Hass auf die Weißen. Doch Mandela predigt Versöhnung. Er sagt, dass er nicht Menschen hasst, auch nicht seine Feinde, sondern das System, das die Menschen gegeneinander aufbringt. Er betont sein Ideal einer demokratischen und freien Gesellschaft. Seine Anhänger feiern ihn als Propheten und Messias, er selbst warnt vor der Heldenverehrung, er sei »ein gewöhnlicher Mensch, der aufgrund außergewöhnlicher Umstände zum Führer geworden ist«.

Im Dezember 1993 erhält der Häftling und Ex-Terrorist N. M. zusammen mit Frederik de Klerk den Friedensnobelpreis, ein halbes Jahr später ist er selbst Präsident. Er muss es ertragen, dass der politische Umbruch aus seiner Heimat kein Wunderland macht. Korruption, Kriminalität, Aids, Ungleichheit verschwinden im neuen Südafrika nicht. Wie bei Salomo, dem biblischen Richter, ist die bittere Lehre: Ein weiser Politiker kann versuchen, das bestmögliche aus den Gegebenheiten zu machen. Aber er kann nicht alle Wunden heilen, kann keine Toten auferwecken, kann Jahrzehnte der Folter und Ungerechtigkeit nicht ungeschehen machen. Doch Mandelas Beispiel schürt Hoffnung. Feindschaft kann überwunden werden. Die Tyrannei weißer reicher Männer lässt sich in eine Demokratie verwandeln, in der alle aufgerufen sind, ihre Stimme zu erheben. Weiße und Schwarze, Arme und Reiche, Männer und Frauen.

Ein Jegliches hat seine Zeit – Mahnung zu Aufmerksamkeit und Geduld

Noch einmal zurück zum biblischen Salomo. Er ist der Weise, der schon vor 3000 Jahren erklärt hat, warum manche Situationen günstig für Veränderungen sind, und andere nicht. Er steht für das, was modern »Timing« heißt.

Eine alttestamentarische Textstelle, die wie ein tiefer Seufzer wirkt und gleichzeitig wie ein Trost, hat diesen Ruf begründet:

»Ein Jegliches hat seine Zeit, und alles Vorhaben unter dem Himmel seine Stunde:

Geboren werden hat seine Zeit, sterben hat seine Zeit;
pflanzen hat seine Zeit, ausreißen, was gepflanzt ist,
   hat seine Zeit;
töten hat seine Zeit, heilen hat seine Zeit;
abbrechen hat seine Zeit, bauen hat seine Zeit;
weinen hat seine Zeit, lachen hat seine Zeit;
klagen hat seine Zeit, tanzen hat seine Zeit;
Steine wegwerfen hat seine Zeit, Steine sammeln hat
   seine Zeit;
herzen hat seine Zeit, aufhören zu herzen hat seine Zeit;
suchen hat seine Zeit, verlieren hat seine Zeit;
behalten hat seine Zeit, wegwerfen hat seine Zeit;
zerreißen hat seine Zeit, zunähen hat seine Zeit;
schweigen hat seine Zeit, reden hat seine Zeit;
lieben hat seine Zeit, hassen hat seine Zeit;
Streit hat seine Zeit, Friede hat seine Zeit.«

Die Botschaft ist bitter und klar. In manchen Situationen hilft nichts als Warten. Der Absatz endet voller Demut und Melancholie und warnt diejenigen, die vergeblich versuchen, ihre Vorhaben zur Unzeit durchzusetzen:

»Man mühe sich ab, wie man will, / so hat man keinen Gewinn davon.«

Wofür ist die Zeit heute reif? Nelson Mandelas Botschaft lautet: für den Mut, scheinbar zementierte Strukturen zu überwinden und für die Versöhnung der Kulturen. Judith Glücks Probanden würden sagen: für die Achtsamkeit, Weisheit wieder in den Alltag zu integrieren. Helfen könnte dabei eine Philosophie im ursprünglichen Sinn. Eine Weisheitsfreundschaft, die sich mit den drängenden und wesentlichen Problemen des Daseins beschäftigt.

Die Annäherungen

5 Der Verstand. Erkenntnislust und Erkenntnisgrenzen im Zeichen der Eule: Sokrates' Erben und die Kluft zwischen Philosophie und Naturwissenschaft

Philosophieren im Café – Marc Sautet als Vorbild

Die Eule hat sich zurückgezogen. Der Nachtvogel, der auch dann noch sehen kann, wenn die Menschen völlig im Dunkeln tappen, ist der Wappenvogel der Philosophie. Ihr nachzueifern, heißt zu erschließen, was nicht offensichtlich ist. Aber nach zweieinhalb Jahrtausenden angestrengten Denkens sind die Flügel der Eule lahm. Andere Vögel haben sich vorgedrängt; ihr Gezwitscher klingt attraktiver als eintönige Nachtvogellaute. Es verheißt neue Antworten auf die ewigen philosophischen Fragen, was wir denken, wissen, hoffen, tun können.

Wenn es heute wissenschaftlich um Tiefgründiges geht, spielt die Philosophie kaum noch eine zentrale Rolle. Wer sich über das Bewusstsein informieren möchte, fragt die Kognitionsforscher, die mit bildgebenden Verfahren das Flackern der Neuronen im Gehirn deutlich machen und von den Funktionen neuronaler Netzwerke schwärmen. Wer Nachrichten aus dem Innersten der Materie hören will, blickt auf die Atomphysiker und ihren Elektronenbeschleuniger CERN. Wen der Himmel interessiert, verfolgt mit den Astrophysikern fasziniert die Bahnen des Raumfahrtteleskops Hubble, das Galaxien in 13 Milliarden Lichtjahren Entfernung aufspürt. Die Experten für das reine Denken, die weder mit teuren Gerätschaften auftrumpfen noch eindrucksvolle Bilder liefern, können da schwer mithalten. Sie werden vielleicht noch in Ethikkommissionen berufen; im Übrigen ziehen sie sich in die Universitäten zurück.

Die Folge: Das gemeinsame Nachgrübeln über die Geschicke unserer Zivilisation hat keine Konjunktur. Schlecht für die Weisheit. Denn an Konfliktthemen herrscht kein Mangel. Doch ob es um Gentechnik geht, um Stammzellforschung oder Cyberkrieg, im Rampenlicht stehen die Macher und ihre Visionen. Oder ihre meinungsstarken Gegner aus Umwelt-, Naturschutz- und Friedensinitiativen. Kaum je die Philosophen. Einer, der das früh erkannt hat, war der Franzose Marc Sautet. »Ohne Licht und ohne Wärme gilt die Philosophie heute als ein toter Stern, eine veraltete Gottheit, die dasselbe Los ereilt, das sie einst der Religion bereitet hatte«, schreibt er. Dieses Los bestehe darin, »die Dahingeschiedenen dem heiligen Kult der Schar ihrer Funktionäre zu überlassen«.[1]

Sautet hat sich gegen diese Entwicklung aufgebäumt, die er unerträglich fand. In Paris nannte man ihn den »Theken-Philosophen« oder den »Sokrates des Kunstleders«, weil er auf Barmobiliar Hof hielt. Er hat die philosophische Debatte, die öffentliche Diskussion von Lebensfragen zurück unters Volk gebracht. In seinem Fall konkreter: ins Pariser Café des Phares an der Place de la Bastille, wo sich seit 1992 jeden Sonntag eine zunehmende Anhängerschaft um ihn versammelte und leidenschaftlich argumentierte.

Marc Sautet und sein deutscher Kollege Gerd B. Achenbach sind Gründer einer philosophischen Erneuerungsbewegung, die versucht, die Methode der Antike für die Moderne fruchtbar zu machen: den persönlichen Weisheits-Diskurs. Geht das noch in einem Zeitalter, in dem Radio- und Fernsehkanäle das Publikum alltäglich mit Talkrunden strapazieren? In denen eine Spezialisten-Armada das Publikum im Drei-Minuten Takt zu jedem beliebigen

Thema in beliebiger Reihenfolge aufklärt – erst Nahost-konflikt, dann Analyse der Finanzmarktkrise, schließlich Für und Wider der Chipkarte als Bildungsanreiz für Kinder aus Hartz IV-Haushalten? Die Erfahrungen sind zwiespältig. Sie belegen die Sehnsucht nach angewandter Weisheit – aber auch die Tatsache, dass der Weg der Eule allein sie nicht mehr stillen kann.

Marc Sautet lebt nicht mehr. Sein Vermächtnis, das Buch »Ein Café für Sokrates«, legt Zeugnis davon ab, wie viel Bedenkenswertes die klassische Philosophie noch zu sagen hätte zu den kleinen und den ganz großen Problemen des Lebens. Wie viel Bedürfnis es bei vielen Menschen gibt, sich hineinzubegeben ins Reich von Rede und Gegenrede, von These und Zweifel, und das – bitte sehr – tiefer, als es an Stammtischen üblich ist. Wie viele kluge und weniger kluge Meinungen, kühne und skeptische Behauptungen darauf warten, zu Wort zu kommen. Wie fruchtbar ein Gespräch werden kann, wenn einer da ist, der moderiert und dem es gelingt, ihnen Gehör zu verschaffen.

Der Doktor der Philosophie ohne Universitätsjob hatte entdeckt, was man, je nach Laune, einen Skandal oder eine Marktlücke nennen kann: Der Rückzug der Denker aus der Öffentlichkeit hinterlässt ein Vakuum. Marc Sautet glaubte, man verstünde nichts von der Berufung der Philosophen, wenn man sie unter dem Vorwand für überholt erkläre, sie könnten der Konkurrenz der Naturwissenschaften nicht standhalten. Erstens sei es »nicht das Ziel der Philosophie, erfolgreicher zu sein als die Wissenschaft, was die Ergründung der Geheimnisse der Natur angeht«. Und zweitens bleibe sie gerade deshalb aktuell, »weil die Erfolge der Wissenschaft gegenüber der Natur nichts an ihrer Ohnmacht gegenüber dem Schicksal … ändern.«

Sein »Café philo« beginnt als kleine Gesprächsrunde unter Freunden. Als sich die Nachricht verbreitet, dass sonntags ein Philosoph zur Verfügung steht, der aussieht wie ein Typ aus der Gauloise-Reklame, wird durch Mundpropaganda aus der kleinen Runde eine große. Das Vorgehen bleibt gleich, egal, ob mit einem Dutzend oder 200 Beteiligten. Die Anwesenden schlagen Fragen vor; über die interessanteste wird in den folgenden zwei Stunden diskutiert. Treffe ich eine Entscheidung oder wird sie für mich getroffen? Was ist ein Außenseiter? Wann gibt es im Privatleben oder in der Politik die Pflicht zur Einmischung? Ist Gewalt universell oder nur menschlich?

Große Themen – und natürlich sprengen sie den Rahmen einer Zwei-Stunden-Debatte. Es bleibt den Teilnehmern überlassen, sie weiter einzugrenzen, Denk- und Merk-Würdiges zu destillieren. Beispiel Gewalt: Ist der Mensch dazu verurteilt, Gewalt anzuwenden? Wenn er sie für sein Überleben ausüben darf, wo liegen die Grenzen? Darf man einem Hund einen Fußtritt versetzen, weil er im Weg ist? Die Fragen führen auf scheinbar absurde Felder: Tue ich Papier Gewalt an, wenn ich es zerreiße? Leidet der Zucker, wenn ich ihn im Tee auflöse? Wohl beides nicht, weil für beides Schmerzempfindung nötig ist und die mit dem Bewusstsein verbunden ist. Doch die Übergänge scheinen fließend. Der Mensch tut der Natur Gewalt an; er holzt Regenwälder ab; er lässt Chemikalien auf die Äcker regnen; er sorgt dafür, dass die Vielfalt der Arten schwindet.

Normalerweise neigen wir dazu, Ansichten zu den großen Fragen nur im kleinen Kreis unter Gleichgesinnten zu besprechen und uns gegenseitig zu bestätigen. Im philosophischen Café ist das anders. Hier kommen Menschen mit ganz unterschiedlichem Hintergrund zusammen. Menschen, die gerade Muße haben. Damit wird es zum idealen Ort, um die »verschiedenartigsten Meinungen dem Urteil der Vernunft zu unterziehen«. Für Marc Sautets Gesprächsrunden gibt es keine Vorbereitung. Der Moderator improvisiert. Sein Ziel ist es, Argumente und Gegenargumente so zuzuspitzen, dass allgemeine Verunsicherung entsteht, die beste Saat für neue Einsichten. Er sorgt dafür, dass die Vielredner nicht die Oberhand behalten. Er erklärt, was große Philosophen zum Thema gesagt haben. Er greift ein, wenn sich Redner in die Haare geraten. Er macht auf Gegensätze aufmerksam, fordert auf, eine Lösung zu suchen oder einzuräumen, dass ein Widerspruch unlösbar ist. Und macht so das Einzigartige der Philosophie deutlich: den Sieg der Reflexion über den (blinden) Glauben.

Lässt sich die Eule damit als ernstzunehmende Weisheitswegweiserin reaktivieren? Genügen zwei Stunden Eintauchen ins Geistreich-Reich als Weisheits-Ansporn? Sautet hat mit einer zweiten Variante experimentiert. Das »Café philo« war seine Sonntags-Kür. Im Alltag stellte er sich als philosophischer Coach zur Verfügung, für zahlende Gäste, die mit dem Leben hadern und intellektuelle Inspiration erwarten. Einer seiner ersten Kunden ist ein Mann um die fünfzig, dem er im Buch das Pseudonym Phil gibt. Der Fall zeigt, dass sich Dialoge à la Sokrates in puncto Lebenshilfe durchaus mit einer Analyse à la Freud messen können.

Als leitender Angestellter in einem kleinen Unternehmen hat Phil alles, worum ihn andere beneiden würden; er erzählt von seinem guten Job, von einer Ehefrau, die er als »wunderbar« bezeichnet, von zwei reizenden Kindern. Sein einziges Problem: Er meint, alle Freuden, die das Dasein biete, schon ausgekostet zu haben. Nun fühlt sich sein Leben für ihn buchstäblich zum Sterben langweilig an. Er vergleicht es mit einem Wartesaal des Todes. Er weiß, was er seiner Frau und den Kinder mit einem Selbstmord antun würde. Und kommt in Sautets Praxis, um zu erfahren, ob es aus philosophischer Sicht einen Einwand »gegen sein Verschwinden« gebe. Warum die Tür des Wartesaals nicht aufstoßen?

Ein Depressiver, ein Fall für die Psychiatrie, ein Kranker, der nicht ahnt, was wahres Leid ist? Wenn das so wäre, argumentiert Marc Sautet, müssten sehr viele Philosophen für krank erklärt werden, die Lebensüberdruss und Todessehnsucht nicht nur thematisiert, sondern selbst gekannt haben. Allen voran Sokrates selbst. Der weigert sich, als seine Freunde ihn nach dem Todesurteil zur Flucht drängen, nicht nur aus Prinzipientreue. Er sagt auch, dass er seinen Körper als Gefängnis empfindet, dem er nun endlich zu entrinnen hoffe. Den Gefährten rät er, seinen Tod nicht zu beweinen, sondern ihn zu beneiden. »Wer vernünftig ist, soll mir nachfolgen«, erklärt er im Augenblick des Todes.

Sautet lädt seinen Klienten dazu ein, Platons *Phaidon* zu lesen, in dem diese Argumentation überliefert ist. Phil lässt sich auf das intellektuelle Abenteuer ein. Und in den folgenden Sitzungen unterhalten sie sich nicht über die Seelenlage des Besuchers, sondern über Sokrates' Gründe, dem Leben nicht nachzutrauern. Der Grieche hatte eine positive Vision vom Jenseits, er war sicher, seine Seele werde den Körper überleben. Er malte sich aus, dass die Trennung vom Körper ihn von Täuschungen und Irrtümern befreien werde. Und er glaubte, in der Unterwelt werde er berühmten Toten und / oder den Göttern begegnen.

Phil vertieft sich in den Text und merkt: Er kann die Überzeugungen des Philosophen aus der Antike nicht teilen. Er selbst bezweifelt, dass die Seele den Körper überlebt. Warum sollten Sinnesempfindungen, Gefühle und Gedanken nach dem Tod fortexistieren? Die Auseinandersetzung mit Sokrates' Ansicht macht dem Lebensmüden klar, dass das Jenseits für ihn keine Versprechen bereithält. Wozu also die Tür des Wartesaals aufstoßen? Phil hält alle Gründe, am Leben festzuhalten, weiter für schlecht, aber er räumt ein, dass er andererseits auch keinen guten Grund sieht, zu verschwinden.

Ein Happy End? Ob die intellektuelle Auseinandersetzung einen neuen Funken Lebendigkeit in dem melancholischen Gast entfacht hat, bleibt offen. Über dessen weiteres Schicksal erfährt der Leser nichts. Klar wird allerdings, dass die Anwendung klassischer philosophischer Methoden ziemlich modern wirken kann.

Sautet, der Franzose mit der Knitterstirn und der schwarzen Lederjacke, war in der Pariser Intellektuellenszene umstritten. Kritiker haben seine Arbeit als »Kleinhirngymnastik« und seine Anhänger als »verwirrte Geister auf der Suche nach Sinn« verspottet. Aber Marc Sautet hat vernehmlich daran erinnert, dass Philosophie einst der Ort war, an dem lebensnah über Relevantes verhandelt wurde.

Der Initiator des »Café philo« ist schon 1998 im Alter von 51 Jahren an einem Hirntumor gestorben. Die Bewegung lebt weiter; eine Website schätzt die Zahl philosophischer Cafés weltweit inzwischen auf 150. Wer Lebensberatung bei »Experten für das reine Denken« sucht, wird vor allem in Deutschland fündig. Dort hatte sich ein Philosoph sogar noch eher als der Franzose der praktischen Philosophie verschrieben.

Der »Diogenes vom Bergischen Land«: praktische Philosophie als Lebensberatung

Der deutsche Pionier hatte einen Startnachteil: Er initiierte seine Bewegung für »Philosophische Praxis« nicht in einer Metropole, sondern im nordrhein-westfälischen Bergisch Gladbach. Gerd B. Achenbach hat dort 1981 die weltweit erste Philosophische Praxis der Neuzeit gegründet und bald danach die Internationale Gesellschaft für Philosophische Praxis IGPP.

Wie bei Sautet stößt der Ansatz in den Medien zunächst

auf Skepsis. Im Branchenbuch hinter Pferdemetzgereien und Pharmazeutischen Präparaten die Eintragung »Philosophische Praxis« zu finden, klingt skurril. Den passenden Spitznamen verleiht Achenbach 1984 die Zeitschrift *Psychologie heute*: »Diogenes vom Bergischen Land«.

Achenbachs Grundidee gleicht der von Marc Sautet. Weg vom »akademisch eingefriedeten Milieu der Universitätsphilosophie«[2], hin zum Dialog! Dabei zielt der deutsche Doktor der Philosophie, der über »Selbstverwirklichung oder: Die Lust und die Notwendigkeit« promoviert hat, eher auf Rat suchende Einzelne als auf Café-Diskurse. Er fängt Menschen ein, die das Gefühl kennen, das Leben laufe an ihnen vorbei. Die sich »unterfordert« fühlen, weil sie »ahnen, dass ihre Lebenswirklichkeit ihren Möglichkeiten nicht entspricht«.[3] Solche, die Angst davor haben, dass es am Ende ein »vertanes« Leben sein könnte.

Wolf Biermann hat das Dilemma in seinem Lied vom »Donnernden Leben« auf den Punkt gebracht: »Das kann doch nicht alles gewesen sein/das bisschen Sonntag und Kinderschrein/das muss doch noch irgendwo hingehn, hingehn« … Biermanns Klage über den sinnlosen Alltagstrott hat eine Pointe; am Ende siegt der Trotz und das im Titel beschworene donnernde Leben: »Ich will noch 'n bisschen was Blaues sehn/und will noch paar ockrige Rundn drehn …«

Praktizierende Philosophen würden applaudieren, aber im Zweifelsfall keinen Liedermacher, sondern einen Weisen aus ihrer eigenen Zunft zitieren. Gern Arthur Schopenhauer, der einen ähnlichen Gedanken noch drastischer formuliert hat. Bei ihm wartet die Erkenntnis, ein lohnenswertes Leben verpasst zu haben als bittere Pointe oft erst an der Schwelle zum Tod: »Die Meisten werden, wenn sie am Ende zurückblicken, finden, daß sie ihr ganzes Leben hindurch ad interim gelebt haben, und verwundert seyn, zu sehn, daß

Das, was sie so ungeachtet und ungenossen vorübergehen ließen, eben ihr Leben war, eben Das war, in dessen Erwartung sie lebten. Und so ist denn der Lebenslauf des Menschen, in der Regel, dieser, daß er, von der Hoffnung genarrt, dem Tode in die Arme tanzt.«

Achenbach und seine Mitstreiter wollen mit ihrem Wissen und Verständnis dazu beitragen, dass es nicht so kommt. Und sie stoßen auf Bedarf bei Menschen, denen es nicht genügt, »bloß so durchzukommen«, die sich vielmehr »Rechenschaft zu geben suchen über ihr Leben und sich Klarheit zu verschaffen hoffen über dessen Kontur, sein Woher, Worin, Wohin«. Dabei ist es nach Achenbachs Erfahrung fast nie die Kant'sche Frage »Was soll ich tun?«, die sie bewege, häufig hingegen die Frage Montaignes: »Was tue ich eigentlich?«

Darauf befriedigende und ganz individuelle Antworten zu finden, erfordert mehr als die Kenntnis der verschiedenen philosophischen Schulen. Der ideale philosophische Praktiker solle seine Besucher nicht belehren, mit klugen Worten abspeisen oder mit Theorien bedienen, fordert Achenbach. Stattdessen soll er sich »ein Sensorium für das sonst Übersehene« erworben haben. Und gelernt haben, »auch in abweichendem, ungewöhnlichem Denken, Empfinden und Urteilen heimisch zu werden«. Denn nur als Mitdenkender und Mitempfindender vermöge er seinen Besucher aus dessen Einsamkeit – oder Verlorenheit – zu befreien und ihn so vielleicht zu neuen Einschätzungen des Lebens zu bewegen.

Das klingt nach einer therapeutischen Intervention. Aber wer eine philosophische Praxis aufsucht, wird nicht angeleitet, sich der eigenen Psyche zu widmen. Es dreht sich nicht darum, Ursachen für seelische Verletzungen zu finden, sich Kindheitstraumen bewusst zu machen oder Träume zu deuten. Es geht eher um Inspiration, um Denklust, um Anknüpfung an Facetten der jahrtausendealten Weisheitsgeschichte. Der Philosoph ist als Gesprächspartner Experte »für die reiche Tradition des schon vernünftig Gedachten, aber auch fürs Widersprüchliche und Abweichende«.

Inzwischen gibt es ganz unterschiedliche philosophische Praxen und Salons. Gerd B. Achenbach leitet Seminare und organisiert philosophische Reisen; er veröffentlicht Bücher und hält Vorträge, mal vor Managern der Automobilindustrie oder der Deutschen Bank, dann wieder vor dem Verband der Innungskrankenkassen und auf dem Sekretärinnentag.

Eine Erfolgsgeschichte also? Nicht wirklich. Die Lebensberatung in der Tradition des Sokrates hat das Spektrum des Philosophierens bereichert, aber die erhoffte große Erneuerungsbewegung ist ausgeblieben. Wie die akademische führt auch die praktische Philosophie ein Nischendasein. Die von Marc Sautet beklagte Kluft zwischen Philosophie und Naturwissenschaften besteht fort.

Seltsamerweise analysieren auch die Praktiker unter den Philosophen nicht die eigentlichen Ursachen. Im Gegenteil – sie vertiefen die Kluft, indem sie die eigene Disziplin bewusst von der Naturwissenschaft abgrenzen und außerhalb ansiedeln. Ist das nicht unweise? Wäre nicht eine ganzheitliche Sicht auf die Welt, wie sie die Philosophen der Antike noch gekannt haben, die eigentliche Alternative? Sich dieser Frage anzunähern, heißt zunächst, ein paar andere Fragen zu stellen: Warum hat sich der Weg der Naturwissenschaft von dem der Philosophie getrennt? Und warum hat sich dann die naturwissenschaftliche Denkweise als so erfolgreich erwiesen? Die Ursachenforschung muss schon bei den Vorlieben der großen Philosophen der Antike ansetzen.

106

Die Macht des Staunens und die blinden Flecken der Naturwissenschaft: Warum Abstraktion ganzheitliches Denken und Empfinden lahm legt – und Weisheit aus dem Blick verliert

Auch die Naturwissenschaftler dürfen sich als wahre Nachfolger von Platon und Aristoteles rühmen. Die haben einst das Staunen als Ursprung der Philosophie hervorgehoben. Und sie haben das Prinzip Vernunft, griechisch *Logos*, lateinisch *Ratio*, zur Grundlage aller Wissenschaft gemacht. Mit ihrem eigenen Vorbild haben sie dadurch eine Tradition begründet, die sich am Ende als weisheitsfeindlich erweisen könnte. Platon, als er die Mathematik als Königsweg zum Verständnis ausgerufen hat.[4] Aristoteles, als er die Wahr-Falsch-Logik zum Kern des Denkens erhob. Beide Instrumente haben die Erkenntnisfortschritte im Abendland beflügelt. Wer wollte das Prinzip Vernunft heute ernsthaft in Frage stellen? Unlogisch oder irrational zu erscheinen, gleicht wissenschaftlichem Harakiri. Doch beim Höhenflug der Vernunft ist aus dem Blick geraten, dass Mathematik und Logik nur einen Teil der Wirklichkeit abbilden. Jede Abstraktion, jede Kategorisierung, jede Verallgemeinerung, jede Trennung von Subjekt und Objekt bedeutet auch Selbstbeschränkung, Verfälschung und Verlust.

Wenn eine Abstraktion hilfreich sein soll, muss sie die Sphäre des Besonderen und Unregelmäßigen außer Acht lassen und einebnen. Wer die physikalischen Eigenschaften von Kristallen analysiert, interessiert sich im selben Moment nicht mehr für ihre Ästhetik. Wer Statistiken erstellt, schätzt die Ausreißer nicht, die das Bild verzerren. Wer nur mit Zahlen jongliert, lässt die Widersprüche und die Vielfalt des lebendigen Lebens hinter sich – zumindest für den Moment. Doch wo *Logos* und *Ratio* sich als kraftvoll erweisen, besteht die Gefahr, das Denken zu überschätzen und zu überhöhen und alles potentiell »Irrationale« abzuspalten und abzuwerten. Zu diesem entwerteten Bereich gehören fatalerweise auch die Gefühle. Sie generell als irrational und unlogisch abzuwerten, ist gefährlich. Einige stehen für die vorzüglichsten menschlichen Eigenschaften: Freundschaft, Liebe, Großmut, Fürsorglichkeit.

Solange sich Forscher bewusst machen, dass ihre Modellwelt nicht die reale ist, dass Denken und Fühlen sich ergänzen, ist die Balance gewahrt. Eine Einbahnstraßen-Mentalität lauert dann, wenn dieses Bewusstsein verloren geht. Wenn wissenschaftliche Erkenntnislust sich in Neu-Gier verwandelt, die sich keine Rechenschaft über den Sinn und die Folgen des Forschens mehr ablegt. Das kann schnell gehen. Naturgesetze zu finden und sie praktisch anzuwenden, hat das Tor zum Universum der Technik eröffnet. Hat Lust an der Macht verliehen – und dazu verführt, mit dem Möglichen zu experimentieren, ohne noch zu prüfen, ob dieses Mögliche nützlich oder richtig oder weise ist.

Um die Dynamik zu verstehen, hilft es, sich die Erfolgsgeschichte des Staunens und der Naturforschung in Erinnerung zu rufen. Eine lange Reihe von Rätseln, die früher die Philosophen beschäftigt haben, haben die Naturwissenschaftler in den letzten Jahrhunderten gelöst. Die Kombination von Nachdenken, Spezialisierung, technischen Hilfsmitteln und Experimenten hat den Erkenntnishorizont weit ausgedehnt.

Astrophysiker liefern mit der Urknall-Hypothese eine schlüssige Erklärung dafür, wie das Universum entstand. Chemiker können sagen, wie sich aus dem Ur-Element Wasserstoff die Vielzahl der Substanzen entwickelt hat, aus denen Himmel und Erde gemacht sind. Stück für Stück klären sie außerdem auf, wie sich aus der unbelebten anorganischen Materie erste Bausteine des Lebens bilden konnten. Physiker haben die gewaltige Energie entdeckt, die bei der Spaltung der Atome frei wird. Biologen erklären, wie aus Einzellern komplizierte vielgestaltige Organismen wurden und nach welchen Regeln Arten entstehen oder aussterben. Und Genetiker beginnen zu begreifen, wie Erbanlagen dafür sorgen, welche Merkmale sich unter welchen Umständen wie fortpflanzen.

Beeindruckend. Faszinierend. Gefährlich. Erkenntnisgewinn kann wie eine Droge sein. Die Genauigkeit der Kreiszahl »pi« bis auf 32 Billionen Nachkommastellen zu bestimmen; im CERN-Team der Spitzenforscher das Higgs-Teilchen zu jagen; Roboter zu konstruieren, die autonom Feinde identifizieren und erledigen können … Es ist ohne Frage reizvoll, an einem wissenschaftlichen Durchbruch im eigenen Fachgebiet mitzuwirken. Aber was hat all das noch mit *Arete* zu tun, der Tugend, die für Platon den Endzweck aller Forschung darstellte? Wo bleibt das »rechte Maß«, nach dem Aristoteles sich sehnte? Die Wissenschaftler kennen die dunklen Seiten ihrer Tätigkeit selbst genau. Sie wissen, dass die Physik neben den Elektronenbeschleunigern und dem Weltraumteleskop auch Atombomben hervorgebracht hat, die alles menschliche Leben auf dem Planeten auslöschen könnten. Sie können nicht übersehen, dass der technische Fortschritt zu der von Marc Sautet beschworenen Gewalt geführt hat, die Lebensgrundlagen zerstört.

Die alten Griechen würden seufzen. Sie haben den Weg geebnet, und ihre Nachfolger haben *Logos* allzu eifrig gedient und dabei das große Ganze aus dem Blick verloren. Der Zusammenhang zwischen Vernunft und dem gutem Leben ist auf der Strecke geblieben. *Homo sapiens* hat sich der Logik und Mathematik ausgeliefert. Der Einbahnstraße. Die könnte in einer Sackgasse enden.

Weisheit? Für Naturwissenschaftler ist sie heute fast zwangsläufig ein Fremdwort. Sie wundern sich, wenn sie von den Ideen eines Immanuel Kant hören, der geschrieben hat: »Mit einem Worte: Wissenschaft (kritisch gesucht und methodisch eingeleitet) ist die enge Pforte, die zur Weisheitslehre führt«. Sie sehen sich nicht mehr als diejenigen, die ausersehen sind, »den Weg zur Weisheit, den jedermann gehen soll, gut und kenntlich zu bahnen«.

Kein Universalgelehrter kann heute all die Fakten im Kopf haben, die sich rund um die großen ungelösten Rätsel gruppieren: Wie entwickelt sich aus Hirnmasse Bewusstsein? Was bedeuten die Folgerungen aus Relativitätstheorie und Quantenmechanik? Was ergibt sich aus der Erkenntnis, dass der Mensch nicht nur mit Affen, sondern auch mit Ackerkräutern ziemlich viele Erbanlagen gemein hat? Interessante Fragen. Aber um den großen Fragen näherzukommen, nützt es wenig, dass es laut Wissenschaftsstatistik der Unesco auf der Welt 7,1 Millionen Forscher gibt.[5] Die Heraklits und Demokrits von heute sind Nischenkünstler, spezialisiert auf Details von Einzeleinzelheiten – und bis auf Ausnahmen nicht in der Lage, das große Ganze zu bedenken.

Wie soll die eine Hand wissen, was die andere tut? Wenn ein Grundlagenforscher eine Theorie veröffentlicht, deren Anwendung sich vermarkten lässt, tüftelt ein Praktiker aus der Riege der Erfinder, Ingenieure und Techniker daran, die Geistesfrucht in Produktinnovationen zu verwandeln. Die Frage nach dem Für und Wider und den Folgen kommt, wenn überhaupt, zu spät.

In dieser Situation im Café zu philosophieren und um Maßstäbe für das eigene Leben zu ringen, ist als Erste-Hilfe-Maßnahme wichtig. Aber dem Ansatz fehlt die Selbstkritik. Welche Disziplin, wenn nicht die Philosophie, kann eine Debatte anregen, in welche Falle die Überbewertung von *Logos* und *Ratio* die Menschheit gebracht hat? Ein Mann hat die bitteren Konsequenzen schon in den 1950er Jahren ausgemalt.

Die Vernunftkrise und die Folgen: Wie der moderne Mensch Tun und Fühlen trennt und was nötig wäre, um sie wieder zusammenzuführen

Im Jahr 1956 veröffentlicht der Technikphilosoph und Humanist Günther Anders (1902 – 1992) sein Hauptwerk »Die Antiquiertheit des Menschen«.[6] Wenn man es in eine Pessimismusskala einordnen sollte, die von 0 (neutral) bis -10 (völlig desolat) reicht, wäre es bei -15 anzusiedeln. Günther Anders glaubt, dass der Mensch den Geräten, die er erschaffen und perfektioniert hat, nicht mehr gewachsen ist. Für ihn lautet die Frage nicht mehr, was die Menschen aus und mit der Technik machen, »sondern was die Technik aus uns gemacht hat, macht und machen wird«. Seine Antwort: Sie stiehlt uns die Ganzheitlichkeit.

Die Grundthese kann noch jeder unterschreiben: Wir stellen mehr her, als wir uns vorstellen und verantworten können. »Machen können wir zwar die Wasserstoffbombe; uns aber die Konsequenzen des Selbstgemachten auszumalen, reichen wir nicht hin.« Auf gleiche Weise, so der Zivilisations-Kritiker weiter, »humpelt unser Fühlen unserem Tun nach: Zerbomben können wir zwar Hunderttausende; sie aber beweinen oder bereuen nicht«.

Günther Anders' Schlussfolgerung ist drastisch: »Der Mensch als solcher« existiere überhaupt nicht mehr, »sondern nur der Tuende und Produzierende hier, der Fühlende dort.« Realität komme »allein diesen spezialisierten Menschfragmenten zu«. Anders ist Jude. Er war 31 Jahre alt, als er nach Hitlers Machtergreifung emigrierte; er war 43 Jahre, als die Bomben auf Hiroshima und Nagasaki fielen. Beides hat sein Werk tief geprägt.

Die Biographien der Architekten der Gaskammern und der KZ-Aufseher haben gezeigt, wie erschreckend normal die Menschen waren, die das Grauen organisiert haben. Für

Anders sind sie Beweis für seine Thesen und Beleg für sein Bild des modernen Menschen: »dass derselbe Mensch Angestellter im Vernichtungslager *und* guter Familienvater sein konnte, dass sich die beiden Fragmente nicht im Wege standen, weil sie einander schon nicht mehr kannten, diese *entsetzliche Harmlosigkeit des Entsetzlichen* ist kein Einzelfall geblieben. Wir alle sind die Nachfolger dieser im wahrsten Sinne *schizophrenen* Wesen.«

Günther Anders hat die Hoffnung nicht aufgegeben, die Fragmentierung des Menschen vielleicht doch zu überwinden. Er sehnt sich nach der »Ausbildung der moralischen Phantasie«, einer erweiterten Kapazität des Vorstellens und Fühlens, die den »Größenmaßen unserer eigenen Produkte und dem Ausmaß dessen, was wir anrichten können«, angemessen sein müsste.

Es scheint vergeblich, diese neue Vorstellungs- und Gefühlswelt innerhalb der Grenzen von Philosophie und der Naturwissenschaft aufzuspüren. Eher bieten sich die Bereiche an, in denen das Denken seine Alleinherrscherrolle aufgibt und die Sinne als Gegengewichte oder Partner einbezieht. Die mystischen Traditionen der Naturvölker und der Philosophien Asiens gehören dazu. Aber auch eine weltweit verehrte Sphäre, in der *Ratio* ruht und die Gefühle sich ausleben durften: das Reich der Poesie, der Musik, der Kunst. Es liegt nah, Weisheit in diesem Umfeld aufzuspüren.

6 Poesie, Eros, Kunst. Warum Ratio nicht ausreicht, Weisheit auszudrücken. Und wie die Königin von Saba, eine TV-Dichterin aus Saudi Arabien und Albert Einstein Zeugnis davon ablegen

Ein 3000 Jahre altes Weisheitslob, sinnlich und poetisch

»… Mit was unter dem Himmel soll man die Weisheit vergleichen? Sie ist süßer als Honig und erfreulicher als Wein. Sie ist leuchtender als die Sonne und begehrenswerter als kostbare Edelsteine. Sie macht fetter als Öl, satter als süße Leckerbissen und ruhmreicher als Mengen von Gold und Silber. Sie spendet Freuden für das Herz, schenkt den Augen Licht, beflügelt die Füße, ist ein Panzer für die Brust, ein Helm für das Haupt, eine Kette für den Hals, ein Gürtel für die Lenden. Sie verkündet den Ohren und unterweist das Herz. Sie kann die Kenntnisreichen noch etwas lehren, sie tröstet die Klugen, sie schenkt den Suchenden Ansehen …«

Dieses Loblied auf die Weisheit ist ein Kontrapunkt zu den bisherigen Zugängen. Es klingt nach Sehnsucht und Poesie. Nach Überschwang, Liebe, Gefühl. Hier kommen die Emotionen zu Wort, vor denen sich die rationalen Philosophen scheuen. Die Worte stammen, man kann es ahnen, von einer Frau, der legendären Königin von Saba.

Deren Leben, Lieben und Wirken ist zwischen Mythos und Historie angesiedelt. In der Bibel wird ihr Besuch bei Israels König Salomo geschildert, von dem schon die Rede war. Mit großem Gefolge und einer Kamelkarawane reist

113

die Königin nach Jerusalem. Sie hat von Salomos Ruf gehört und will seine Weisheit kennenlernen – und auf die Probe stellen. Der Bericht der Bibel über diese Begegnung bleibt recht vage. Auskunftsfreudiger ist ein anderer heiliger Text, das Buch *Kebra Nagast*, das Volksepos der Äthiopier. Darin wird das Treffen der Königin, die in Äthiopien den Namen Makeda trägt, als Begegnung zweier verwandter Seelen beschrieben – und als doppelte gegenseitige Verführung, intellektuell wie erotisch.

Die Königin vergleicht die unerschöpfliche Weisheit ihres Gastgebers mit einer Lampe in der Dunkelheit, einem Granatapfel im Garten, einer Perle im Meer.[1] Sie preist die Schönheit seines Ganges und die Süße seiner Stimme. Und immer wieder rühmt sie die Weisheit selbst: »Ich werde bei ihr Zuflucht suchen, und sie wird mir Kraft verleihen. Lasst sie uns suchen, und wir werden sie finden; lasst sie uns lieben, und sie wird sich nicht von uns zurückziehen, lasst sie uns verfolgen, und wir werden sie gewinnen, lasst uns fragen, und wir werden empfangen; und lasst uns unsere Herzen zu ihr wenden, so dass wir sie niemals vergessen.«

Seit 3000 Jahren werden diese Zeilen überliefert. Es ist nicht nur die ferne Epoche und das Thema, das die Weisheitshymne so bedeutsam macht; es ist die Sprache. Beim Philosophen Laozi waren die Texte zur Weisheit dunkel und geheimnisvoll. Im »Defining Wisdom«-Projekt trat Weisheit im akademischen Jargon verschiedener Forschungs-Disziplinen auf. Im *Kebra Nagast* zeigt sich, dass es noch eine ganz andere Art gibt, ihr zu begegnen: sinnlich, unbefangen, voller Phantasie, Zärtlichkeit. So, als würden wir im Innersten längst ahnen, was Weisheit ist, wie sie uns bereichern und beflügeln kann. So, als ob weder Anstrengung noch Ehrfurcht nottut, um sich ihr zu nähern, sondern die Suche eine fröhliche, spielerische Selbstverständlichkeit ist.

Der Bezug zwischen Kunst und Weisheit wird nicht allzu häufig hergestellt. Meine These ist, dass genau diese Verknüpfung die Chance bietet, Verstandes- und Gefühlsebene zu versöhnen. Anders als in der Naturwissenschaft ist die Weisheit in der künstlerischen Sphäre nie verlorengegangen. Allerdings ist von ihr selten so explizit die Rede wie bei der Königin von Saba.

Dichtung ist – wie alle Künste – ein Tor zur Weisheit, das einladend und weit offensteht. Nicht nur denen, die selber mit Worten, Bildern, Klängen zaubern. Auch denen, die dafür empfänglich sind. Wie sich die Kraft von Poesie in der Gegenwart auswirken kann, zeigt die ungewöhnliche Geschichte einer Dichterin aus Saudi-Arabien. Räumlich befindet sich ihr Land in unmittelbarer Nachbarschaft der Heimat der legendären Königin von Saba. Doch geistig liegt es, besonders für den weiblichen Teil der Gesellschaft, Welten entfernt.

Worte, um die Welt zu spiegeln: von einem Dichter-Wettbewerb in TV Abu Dhabi und der Frage, wo die Weisheit in den Künsten angesiedelt ist

Raha Beach Theatre, Mai 2010. Eine Frau trägt ein Gedicht vor. Kameras sind auf sie gerichtet, doch man sieht nicht viel von ihr. Hissa Hilal ist in den Niqab gekleidet, jenen schwarzen Schleier, der das Gesicht fast komplett verhüllt. Die Zuschauer können nicht »an ihren Lippen hängen«. Und doch nehmen sie aufmerksam auf, was die Dichterin zu sagen hat. Die Liveshow heißt »Schair el Millijun« (»Dichter für Millionen«) und wird beim Sender Abu Dhabi TV zur besten Sendezeit ausgestrahlt. Publikum: bis zu 17 Millionen Zuschauer von der gesamten Arabischen Halbinsel. Es ist eine Castingshow; Woche für Woche muss jemand gehen, bis bei der letzten Runde nur noch fünf Kandidaten übrig sind. Preisgeld für den »Dichterprinzen« 5 Millionen Dirham, circa eine Million Euro.

Bei dieser Runde hätte es zum ersten Mal eine Dichterprinzessin werden können. Die 43-jährige Hissa Hilal aus Saudi-Arabien hatte es unter mehr als 1000 Bewerbungen als erste Frau in die Endausscheidung geschafft. Als Zwölfjährige schrieb sie ihre ersten Gedichte. Setzte sich über das väterliche Verbot hinweg, davon abzulassen. Schickte ihre Verse zunächst unter Pseudonym an Magazine. Die druckten sie ab.

Der Unterschied zur Königin von Saba ist beachtlich. Die eine war zu ihrer Zeit eine mächtige Herrscherin; es stand ihr frei, auf ihrer Weisheitssuche eine Karawane in ein fernes Land zu führen und dem dortigen König gleichberechtigt gegenüberzutreten. Die andere lebt 3000 Jahre später in einem Land, in dem sie ohne Ehemann oder Bruder nicht einmal im Café sitzen darf. Ihre Poesie jedoch ist so kraftvoll wie die der Vorgängerin. Statt Weisheit zu beschwören, erhebt sie die Stimme zunächst gegen Engstirnigkeit und Dummheit. Und das mit der listigen Strategie, zuerst die Herzen und dann die Köpfe zu erobern. Schlüssel ist die Nabati-Poesie, die Dichtkunst der Beduinen.

Hissa Hilals Beitrag zum Halbfinale der Show sind 15 Verse über die Fatwas, die Strafen, mit denen muslimische Kleriker denen drohen, die ihre enge Koran-Auslegung nicht teilen. Wenige Tage zuvor hat ein Scheich aus Hilals Heimatland Saudi-Arabien eine Hasspredigt auf all diejenigen gehalten, die ein gemeinsames Studium von Männern und Frauen befürworten. Die Dichterin entgegnet: »Das Böse sah ich funkeln in den Augen der Fatwas / In einer Zeit, wo Falsch mit Gut verwechselt wird / Wenn ich die Wahrheit entschleiere, kriecht das Monster aus seinem Versteck / Barbarisch im Denken und Tun, wütend und

blind / Mit Tod bekleidet und umgurtet / Sprechend von hoher, mächtiger Warte, die Menschen terrorisierend / Jagd
machend auf jeden, der Frieden sucht …«[2]

Mutige, fortschrittliche politische Lyrik, sicherlich – aber
ist es nicht etwas weit hergeholt, darin gleich Weisheit
aufspüren zu wollen? Der Einwand liegt nah; doch er greift
zu kurz. Dichtung hat die Gabe, Weisheit zu stiften, indem
sie Vorurteile aushebelt. Wäre eine Frau wie Hissa Hilal bei
einer Talkshow oder Fachdiskussion zu Gast, würden ihre
Argumente im Nu auf Gegenrede stoßen und dabei entwertet. Denn beim verbalen Schlagabtausch sind alle Diskussi-
onsteilnehmer schon beim Zuhören damit beschäftigt, sich
eigene Erwiderungen zurechtzulegen, um den Inhalt der
Worte zu entkräften oder mit eigenen Gedanken auszu-
schmücken. Wer einem Gedicht lauscht, verhält sich anders. Die in Poesie gefassten Worte führen ein Eigenleben.
Sie perlen nicht an der Oberfläche ab, sondern sickern wie
Musik als Klangzauber in tiefere Schichten.

Die Zeit ist noch nicht reif für den ganz großen Triumph;
Hissa Hilal gewinnt nicht beim panarabischen Dichter-
Casting. Und doch geschieht etwas Erstaunliches. Sie, die
Frau, deren Gesicht keiner im Publikum und am Fernseh-
apparat sehen darf, die Frau, deren Stimme durch schwar-
zes Tuch dringen muss, ehe sie die Hörer erreicht, wird von
Jury, Publikum und Fernsehzuschauern zur Dritten bei
diesem Dichterwettbewerb gekürt. Ihr Preis: drei Millionen
Dirham, mehr als 600 000 Euro. Der noch größere Sieg:
Eine Dichterin verführt 17 Millionen Zuschauer der islami-
schen Welt dazu, sich mit Ansichten auseinanderzusetzen,
die geltende Dogmen leise, aber radikal in Frage stellen. Ihr
Ruhm geht um die Welt. Der US-Fernsehsender ABC, die
britische BBC berichten über sie, das deutsche und österrei-
chische Fernsehen, die internationale Presse.

Auf listige, auf poetische Weise haben Hissa Hilal und

die Juroren bei TV Abu Dhabi das Tor zur Weisheit ein wenig weiter geöffnet, haben zu Unbotmäßigkeit, Offenheit, Zuversicht und Toleranz ermutigt.

Warum kann Kunst zur Weisheit führen? Künstlerinnen und Künstler sind Pfadfinder im Reich jenseits der Gedanken. Sie kennen Ausdrucksmöglichkeiten für Lust und Schmerz. Sie erkunden die Welt in ihren Tiefenströmungen. Sie haben Zugang zum kollektiven Unbewussten und die Gabe, Empfindungen aus dem Unterbewusstsein zu heben und in Worte und Bilder umzusetzen.

Jeder große Künstler tut das auf die ihm originäre Weise. Kunst diene »der Erkenntnis, nicht der Unterhaltung, der Verklärung oder dem Spiel«, hat Max Beckmann erklärt und als beflügelnde Erkenntnispfade neben Philosophie die Literatur, die Musik und – in seinem Fall die Malerei gerühmt: »Kommen geistige, metaphysische, irdische und unirdische Geschehnisse in mein Leben, so kann ich sie nur auf dem Wege der Malerei festhalten.« Die »Weisheit mit den Augen suchen«, nennt Beckmann den Gestaltungsprozess: Jeder Ton einer Blume, eines Gesichts, eines Baumes, einer Frucht, eines Meeres oder eines Berges werde gierig notiert »von der Intensität meiner Sinne, zu denen dann auf mir selbst nicht bewusste Art die Arbeit meines Geistes und letzten Endes die Kraft oder die Schwäche meiner Seele kommt«.[3]

Der Zeichner und Dichter Robert Gernhardt hat im Magazin GEO kurz vor seinem Tod direkt zum Zusammenhang zwischen Dichtung und Weisheit Stellung genommen. Er meint, »dass es Dichtern in erleuchteten Momenten gegeben ist, große Gefühle oder starke Gedanken derart knapp und schön zu formulieren, dass sie zu ›geflügelten Worten‹ werden, die Jahrtausende überdauern können«. Er selbst habe die Erfahrung gemacht: »Das was dichtet, ist manchmal weiser als das, was lebt.« Mitte der 1990er Jahre war er herzkrank, ohne die Symptome wahrhaben zu wollen. »Doch bevor ich mich der Realität einer Bypass-Operation stellen musste, hatte ich rund ein Dutzend Gedichte über den Tod – meinen Tod – geschrieben.«

Nicht die Künstler selbst sind nach dieser Auffassung Weise; sie sind eher Weisheitsmittler. Dass und ob uns ihr Werk anrührt, hängt von sehr persönlichen Vorlieben ab – und ist ein individueller Glücksfall. Wenn er eintritt, erzeugt ein Gedicht, ein Bild, ein Musikstück eine Resonanz im Innern, die wir nicht erklären können, die aber unmittelbar stimmig erscheint. Wer Kunst auf sich wirken lässt und sich dafür begeistert, steigt für diesen Moment aus dem Alltagsbewusstsein aus. Öffnet sich. Verbindet eine fremde Erfahrungswelt mit der eigenen. Kehrt bereichert ins eigene Leben zurück.

Manchmal dank Goethe & Co. und manchmal ganz anders. Als Beispiel für ein »hochweises« Gedicht nannte Robert Gernhardt den Anfang des Galgenlieds *Die Unterhose* von Christian Morgenstern – auch deshalb, weil »der wahre Dichter vor nichts haltmachen« dürfe:

»Heilig ist die Unterhose / wenn sie sich in Sonn' und Wind / frei von ihrem Alltagslose / auf ihr wahres Sein besinnt.«

Musik – sprachlose Feier der Verbundenheit mit dem Universum

Sich beim Kunstgenuss ganz dem Gefühl hinzugeben und sich das Träumen zu erlauben, empfinden Vernunftmenschen als verdienten Ausflug vom anstrengenden rationalen Dasein. Doch es ist noch weit mehr. »Musizieren, Lieben und Maul halten …«[4] – hat der Physiker gesagt, der als Superhirn und Weiser zugleich gilt, der Begründer der Relativitätstheorie Albert Einstein. Mit dem zitierten Spruch ehrte er Franz Schubert. Bei der Wertschätzung von Musik, die er liebte, gab es für Einstein keine Relativität. Eine Anekdote erzählt, dass er selbst um 1890, noch als Student, irgendwo auf dem Klavier Mozart spielen hörte und sich seine Geige griff. Ohne Schlips und Kragen raste er aus dem Haus, fand das Zimmer, aus dem die Töne kamen, sagte: »Spielen Sie nur weiter!« und fing an zu geigen. Die Dame am Piano war Klavierlehrerin und kam später etwas verstört zu Einsteins Zimmerwirtin. Sie wurde beruhigt. Nein, das sei kein Irrer gewesen, sondern eben dieser nette junge Student der bei ihr wohne …

Einstein hat nicht-sprachliche Geistestätigkeit hoch-geschätzt und ihr Raum gegeben. Er improvisiert auf der Geige, wenn er nicht mehr weiterkommt. »Ich denke oft in Musik. Ich lebe meine Tagträume in Musik«, erklärt er. Und: »Ich sehe mein Leben in musikalischen Begriffen …« Dabei dient ihm das Abtauchen in die Welt des Klangs nicht etwa nur der Erholung des Geistes oder der Ablen-kung: »Die Musik wirkt nicht auf die Forschungsarbeit, sondern beide werden aus derselben Sehnsuchtsquelle ge-speist und ergänzen sich bezüglich der durch sie gewährten Auslösung.«[5]

Konsequent erscheint ihm die musikalische Annäherung an die Schöpfung als ebenbürtig zur physikalischen. Er empfindet Mozarts Musik als »so rein und schön, dass ich sie als die innere Schönheit des Universums selbst ansehe«.[6] Damit fegt das Genie Einstein den Anspruch der Vernunft hinweg, der beste oder gar einzige Zugang zu höherer Wahrheit zu sein. Logisch-mathematisches Denken? Führt sicherlich zu weit reichenden Einsichten. Mozarts Musik? Auf ihre ganz und gar andere Weise ebenso. Wer das ver-gisst, dessen Welt droht eindimensional zu werden – und eintönig. Wer dagegen zu lauschen versteht, entdeckt die

Sprache selbst als vorlautes Instrument voller Doppel- und Hintersinn: Eintönigkeit, Monotonie, Einklang, Taktgefühl, Harmoniebedürfnis, betonen, Stimmung, übereinstimmen, verstimmt sein – erstaunlich viele Begriffe des täglichen Lebens stammen aus der Musik oder haben musikalische Anklänge. Auch die anderen Künste sind im Sprach-Gefühl verewigt. Wir bilden uns etwas ein, malen etwas aus oder machen uns einen Reim darauf – ohne zu merken, dass wir nicht nur intellektuelle Wesen sind, sondern dass ein »Es« schöpferisch in uns tätig ist.

Menschenwerk und Gottes Beitrag

Dass die Musik als ursprünglichste Kunstform in vielen Kulturen als Geschenk der Götter wahrgenommen und gefeiert wird, ist kein Zufall. Nach dem Glauben der Hindus lehrte der tanzende Gott Shiva die Menschen Tanz und Musik. Die Sufis glauben, dass das Wehen des großen Geistes sie ihnen zublies. In Japan heißt es, ein Gott habe das Koto, ein Saiteninstrument, erfunden, um die Sonnenkönigin aus ihrem Versteck zu locken. Die Chinesen denken, dass sie die Tonleiter von einem Wundervogel erhalten haben.

Welche Bedeutung man in China der Musik zumaß, zeigt sich nicht nur daran, wie sehr Konfuzius, der große Weise, sie schätzte. In der Han-Dynastie wurde dann im Jahr 112 vor Christus ein Ministerium für Musik eingerichtet. Die 890 Mitarbeiter, allesamt selbst Musiker, hatten die Aufgabe, Volkslieder zu sammeln und zu archivieren; außerdem komponierten sie und brachten Konzerte zur Aufführung. Vielleicht wäre die Erde ein glücklicherer Ort, wenn das Beispiel Schule gemacht hätte?[7]

Musik begleitet den Menschen vom ersten Wiegenlied

an, jenem Singsang im Rhythmus des Schaukelns, mit dem Mütter Säuglinge und Kleinkinder in aller Welt beruhigen und in den Schlaf singen. Gesänge und Tänze sind die Mittel von Naturvölkern, um zu Göttern, Geistern und Ahnen zu sprechen und die Elemente zu beruhigen. Um zu musizieren, sind Hilfsmittel unnötig, der Körper reicht. Jeder hat eine Stimme, die nicht nur Laute hervorbringen kann, sondern auch Melodien; Hände und Füße, die wie von selbst Takte klatschen und stampfen. Schon die Neandertaler erfanden darüber hinaus Instrumente, eines der ältesten erhaltenen ist eine 36 000 Jahre alte Flöte aus Schwanenknochen mit drei Grifflöchern, gefunden im Geissenklösterle bei Blaubeuren.[8]

Und wie damals, als die Menschen begannen, den Zauber selbst erzeugter Töne zu spüren, verlassen Musiker und Zuhörer bis heute die Welt, die um sie herum weiterexistiert und tauchen ein in eine eigenartig andere. Oscar Wilde hat das unnachahmlich beschrieben. Nach dem Spielen von Chopin fühle er sich, als habe er »über Sünden geweint, die ich nie begangen habe und Tragödien betrauert, die nicht die meinen sind«.

Komponisten, aber auch Dirigenten, Musiker und Sänger empfinden sich in den schönsten Momenten ihres Tuns als eine Art Medium für schöpferische Urklänge. Die Interpreten eines Stücks sind zugleich Werkzeuge und Handelnde, die aus derselben Partitur ganz unterschiedliche Musik hervorzaubern. Ein Orchester, ein Chor, eine Band ist ein Ganzes, ein Klangkörper, der mehr darstellt als die Summe der Einzelnen. Der aus Rumänien stammende Dirigent Sergiu Celibidache galt als Genie darin, aus seinen Musikern Sphärenklänge hervorzulocken. Bei einer Probe riet er Sängern und Sängerinnen an einer besonders schwierigen Stelle von Bachs h-moll-Messe: »Hört einfach die Engel im Himmel singen, und dann singt mit.«[9]

Wann und warum Musik und Kunst subversive Heilmittel sind und ihre Weisheit dennoch zur Nebensache abgestempelt wird

Als *der* Musiker überhaupt gilt Orpheus. Seine Gesänge waren so schön, dass sie selbst die Tiere, die Bäume, die Steine rührten. Auch die Götter – sie erlaubten ihm, seine Frau Eurydike aus der Unterwelt zu holen. Es ging bekanntlich schief. Aber das Beispiel zeigt, dass in schöpferischem Tun noch in schlimmsten Stunden ein Funke Hoffnung steckt. Unterdrückung kann Kreativität nicht ausrotten. Klagelieder oder der Blues sind eindrücklicher Beleg dafür: Schwarze Sklaven in den USA besangen ihr hartes Schicksal während der Arbeit. Sie hackten Böden und pflückten Baumwolle im Rhythmus ihrer Lieder von Ausbeutung, Elend und Leid. Solange sie weiter schufteten, ließen ihre Herren sie gewähren. Äußerten sie dieselben aufrührerischen Ansichten ohne Melodiezugabe, peitschte man sie dafür aus.

Es gibt allerdings Grenzen dessen, was Kunst erträglich machen kann. Der jüdisch-polnische Musiker und Komponist und KZ-Häftling Szymon Laks wehrt sich gegen die These, Musizieren und Musikhören habe die Inhaftierten in Auschwitz ermutigt und gekräftigt. Über die Tiefenwirkung von Musik berichtet allerdings auch er – anhand der grausigen Beobachtung, wie sie die Peiniger berühren konnte. Laks schreibt: »Wenn ein SS-Mann Musik hört, vor allem solche, die er besonders mag, beginnt er sich irgendwie in ein menschenähnliches Wesen zu verwandeln. Die Stimme verliert eine ihr eigene Heiserkeit, er selbst wird nett im Umgang, und man spricht mit ihm fast wie mit seinesgleichen. Manchmal hat man den Eindruck, dass irgendeine Melodie in ihm die Erinnerung an eine sehr nahe Person erweckt, vielleicht seine Braut, die er lange nicht mehr gesehen hat, und seine Augen überzieht ein Nebelschleier, der an menschliche Tränen erinnert.«[10]

Der Holocaust hat gezeigt: Um sich dem Grauen künstlerisch anzunähern, es zu deuten und zu verarbeiten, taugen Worte oft nicht mehr. Es gibt Gefühlsebenen, die sich sprachlichen Begriffen entziehen, und es gehört zur Weisheit, sie nicht zu ignorieren. Literatur-Nobelpreisträgerin Herta Müller bezeugt, öfter am Rande der Sprachlosigkeit, des buchstäblich Unsäglichen zu taumeln: »Es ist nicht wahr, dass es für alles Worte gibt. Auch, dass man immer in Worten denkt. Bis heute denke ich vieles nicht in Worten, habe keine gefunden. Die inneren Bereiche decken sich nicht mit der Sprache, sie zerren einen dorthin, wo sich Wörter nicht aufhalten können. Oft ist es das Entscheidende, über das nichts mehr gesagt werden kann.«

Zum Glück stimmt das, was für Gefühle äußersten Schreckens gilt, auch für die äußerster Freude. Über sie kann man sich in hymnischer Fülle ergehen wie die Königin von Saba. Oder man kann sie frohlockend und wortlos genießen. Die jüdisch-deutsche Dichterin Mascha Kaléko hat das lyrisch so ausgedrückt:

»Mein schönstes Gedicht. / Ich schrieb es nicht. / Aus tiefsten Tiefen stieg es. / Ich schwieg es.«

Wohlbehagen durch Unsinn – wie Evolutions- und Hirnforscher sich die Bedeutung der Kunst erklären

Evolutionsbiologen und Neurowissenschaftler stellen, sobald sie menschliches Verhalten sehen, die Sinnfrage. Wozu gibt es Musik, Malerei, Tanz und Gedichte? Zum Überleben? Da nützt Kunst eigentlich nichts, im Gegenteil. Singen, Tanzen, Reimen kosten Energie, die sonst für die Suche nach Nahrung oder Sexualpartnern aufgebracht werden könnte. Bei der Vernunft ist das anders – Denken und Planen zu können, hilft beim *Survival of the fittest*. Aber die Erinnerung an Verse und Melodien? Wird das menschliche Gehirn damit nicht ganz unnötigerweise belastet? Schließlich trägt es nur zu zwei Prozent der Körpermasse bei, beansprucht aber 25 Prozent der Energie.

Eine Antwort der Forschung trägt die Überschrift: »Handicap-Prinzip«. Das Plus bei der künstlerischen Betätigung des Menschen liege wie bei der Federschleppe des Pfauen oder dem Hirschgeweih in ihrer Überflüssigkeit. Gerade der Ballast signalisiere, dass der Träger es nicht nötig habe, sich auf die unmittelbaren Überlebensnotwendigkeiten zu konzentrieren. Das wiederum imponiere potentiellen Sexualpartnern.

Das ist nur ein Teil der Wahrheit. Denn die Evolution des Bewusstseins war ein Prozess mit Nebenwirkungen. Er hat die Fähigkeit zu rationalem Denken und Planen hervorgebracht; untrennbar mit dem Vorausdenken verbunden sind jedoch die großen Zumutungen: das Wissen um die Endlichkeit des Daseins und um die Willkür des Schicksals. Wie die Religion sind die Künste eine Antwort, mit diesen Zumutungen umzugehen. Wem das gelingt, der darf als weise gelten. Und langsam beginnen Wissenschaftler zu begreifen, welche Rolle die Verbindung Kunstgenuss und Gefühl bei diesem Vorgang spielen.

Der Hirnforscher Manfred Spitzer beschreibt in seinem Buch *Musik im Kopf* eine Studie, bei der Menschen eine Woche lang einen Pager bei sich trugen und in zufälligen Abständen angepiepst wurden, um ihre Stimmung in Bezug zu setzen zu der Musik, die sie zufällig gerade hörten oder zuletzt gehört hatten. Drei charakteristische Merkmale kristallisierten sich heraus: Die Probanden brachten Musik generell mit positiven Empfindungen und geistiger Präsenz in Verbindung. »Musik macht die Menschen – nach ihrer eigenen Einschätzung – glücklicher, wacher und weniger einsam bzw. gelangweilt«, fasst Spitzer zusammen.

Seit es die Möglichkeit gibt, das Gehirn quasi bei der Arbeit zu beobachten und seine Reaktionen auf verschiedene Reize zu untersuchen, lässt sich auch die Wirkung von Musik genauer studieren. Die Neurologen Anne Blood und Robert Zatorre haben untersucht, wie sich das Hören von Lieblingsmusik im Hirn spiegelt. Fast jeder kennt Musikstücke, bei denen eine Art wohliger Schauder den Rücken herunterläuft. Die Teilnehmer ihrer Studie sollten solche »Gänsehaut«-Stücke auswählen. Anschließend wurden ihre Gehirne per Positronenemissionstomographie (PET) untersucht, während man ihnen die Stücke vorspielte.

Es zeigte sich, dass Musikgenuss im Gehirn dieselben Areale stimuliert wie Schokolade, ein Flirt oder Kokain. Gleichzeitig mindert es die Aktivität in Bereichen, die für Angst und unangenehme Gefühle stehen. Ein genialer Trick der Evolution: Das Gehirn, das die Lieblingsmusik seines Besitzers wahrnimmt, belohnt sich selbst mit guten Gefühlen. Die Autoren folgern: Während der Menschheitsentwicklung müssen sich anatomische und funktionelle Verbindungen zwischen älteren überlebenswichtigen Schaltkreisen und jüngeren, kognitiven Hirnregionen gebildet haben. Entstanden sei ein neuronales Netzwerk, das abstrakten Reizen Bedeutung verleihe und aus diesen Reizen Freude ableite. So könne Musik intensive Glücksgefühle bewirken und »einen deutlichen Beitrag zu unserem geistigen und körperlichen Wohlbefinden leisten«.[11]

Es ist anzunehmen, dass dies nicht nur für die Musik gilt, sondern auch für alle anderen Künste wie Malerei und Poesie. Archaische Gefühle sind eine Kombination mit modernen Belohnungsschaltkreisen eingegangen. Diese Verbindung sorgt für emotionale Stabilität. Man kann sie sich als einen inneren Reservetank vorstellen, der sich anzapfen lässt, wenn man sich leer und ausgebrannt fühlt.

Diese Deutung erlaubt eine Annäherung an die interessante Frage, welche Art von Kunst zur Weisheit beitragen kann. Was Emotionen weckt, macht ja nicht immer glücklich, sondern kann auch aufpeitschen und Hass erzeugen. Sind Marschrhythmen weisheitsfördernd? Japanische Mangas mit pornografischem Inhalt? Kitschfilme? Kriminalromane? Popsongs, und, wenn ja, welche? Bob Dylan ja, Abba nein oder umgekehrt? Warum Hissa Hilal, aber nicht ihre Gegner, die sie im Internet – ebenfalls mit Gedichten – angreifen? Wenn Goethe und Christian Morgenstern, dann auch SMS- und Twitterlyrik? Muss nicht jede Aussage in diesem Zusammenhang willkürlich bleiben, von Vorurteilen geprägt und damit unsinnig?

Die Falle steht weit offen, aber ich glaube, man kann ihr elegant ausweichen. Es kommt nicht darauf an, wie berühmt oder anerkannt die Künstler und ihre Werke sind. Der Bezug zur Weisheit ist subjektiv und hängt allein vom Empfinden des einzelnen Lesers oder Hörers oder Betrachters ab. Von jenem Gefühl einer stimmigen inneren Resonanz, von dem schon die Rede war.

Als Kriterium könnte gelten: Kunst muss höchste Höhen und tiefe Abgründe auskundschaften dürfen, Entzücken und Glückseligkeit, aber auch Grausamkeit, Hass, Folter. Weisheit zu säen, gelingt ihr aber allein dann, wenn sie nicht nur verstört, sondern zugleich fähig ist, aus jenen Belohnungsschaltkreisen im Hirn heraus Trost zu spenden. Wenn sie lehrt, das Böse zu akzeptieren, ohne in Verzweiflung zu versinken. Der große Dichter und Mystiker des Orients, Dschelaleddin Rumi (1207 – 1273), hat den Satz geprägt:

»Freude finden im Herzen, wenn die Zeit des Kummers kommt.«

Vom Denken, Sein und Nicht-Sein – Kunst ist der Weg, der Weisheit des scheinbar Irrationalen neue Anerkennung zu verleihen

Die Erfahrung lehrt, dass das Denken nur einen Teil der menschlichen Wahrnehmungskraft ausmacht. Doch trotz der Warnung von Albert Einstein, Vernunft als einzigen Weg zum Erkenntnisgewinn zu sehen, bleiben die Vertreter der reinen *Ratio* hartnäckig skeptisch gegenüber emotionalen Zugängen zu tieferem Wissen. Spätestens seit der Philosoph René Descartes 1641 das unselige Wort »Ich denke, also bin ich« in die Welt gesetzt hat, hat der reine Geist andere Wahrnehmungsantennen endgültig deklassiert. Der Satz wurde zur Maxime der Aufklärung und der modernen Naturwissenschaften. Nur wenige Forscher wagen es wie Einstein, die daraus folgende Überbewertung nüchterner Abstraktionen in Frage zu stellen. Es sind Künstler und Kunstkenner, die darauf hinweisen, wie einseitig ein »Sein« wird, das sich nur über das Denken definiert.

So empörte sich der Musikkritiker und »Jazzpapst« Joachim Ernst Berendt, der Deutschland mit der »Weltmusik« anderer Kulturen bekannt machte: »Es ist dieses Wort – *Cogito, ergo sum* –, das dazu geführt hat, dass wir Existenz immer mehr auf den Kopf reduzierten und unsere leib-seelische Einheit – die Erfahrung des *ganzen* Menschen und des wahren Seins in seinem Reichtum und seiner Fülle – verloren haben. Wir leben kaum noch. ... Am intensivsten bin und lebe ich doch gerade dann, wenn ich nicht denke. Im Erlebnis einer Landschaft auf dem Gipfel eines Berges. Vor – oder gar in – den Wellen eines Meeres. Eingetaucht in den Klangwellen einer Musik.«

Und weiter: »Am allerstärksten und am allerintensivsten »bin« ich in der Liebe – in ihrer Lust und Ekstase. Jeder hat das schon bemerkt: Wenn ich da zu denken anfange, mache ich die ganze Erfahrung kaputt – die intensivste Seins-Erfahrung, die wir machen können.«Der Dichter Paul Valéry sieht das ähnlich. Er hat Descartes' Satz doppelt korrigiert:

Variante 1: »Manchmal denke ich, und manchmal bin ich.«

Variante 2: »Ich denke, also bin ich nicht.«[12]

Die Liebe, die Poesie, die Musik, die Malerei lehren uns, unser Dasein nicht allein von Ratio und Logik beherrschen zu lassen. Sie wirken wie die von der Königin von Saba beschworenen Facetten der Weisheit: Sie spenden Freuden für das Herz, schenken den Augen Licht, beflügeln die Füße. Sie führen und verführen zur Verbundenheit mit anderen. Sie laden uns ein, Ruhe zu finden und ohne störende Gedanken im Moment zu verweilen. Zu diesem stillen müßigen Genießen passt die nächste These: Weisheit braucht Faulheit.

7 Die Empfehlung von Daoisten, Mystikern
und Faultieren an den Rest der Welt: Zu viel Tun ist
ungesund. Welche Bedeutung die Versenkung und
die Kunst des Wu wei für Weisheit haben

Faultiere – die heimlichen Daoisten der Wildnis

Beispiele aus dem Tierreich heranzuziehen, wenn es um
menschliche Weisheit geht, ist – siehe Kapitel 3 – verwegen.
Immerhin stehen uns die beiden Arten, von denen jetzt die
Rede sein wird, stammesgeschichtlich näher als die Ameisen. Es sind Faultiere und Tauben. Die ersten sind nützlich,
um einen Aspekt der Weisheit zu beleuchten, der uns fremd
und etwas unheimlich erscheint. Es ist der Mut zum Nicht-
Handeln. Die anderen sind ein Modell dafür, wie eine an-
geborene Neigung, auf Außenreize sehr rasch zu reagieren,
Fehlschlüsse begünstigt und den Horizont verengt.

Das Faultier erscheint dem Menschen wie ein Affront
der Evolution. Entsprechend vernichtend fiel das Urteil der
Pioniere der Naturforschung angesichts der dauermüden
Kreatur aus. Alfred Brehm, der berühmte Tierbeobachter,
notierte: »Die Faultiere machen als sehr stumpfe und träge
Geschöpfe einen wahrhaft kläglichen Eindruck. Das Auge
ist blöde und ausdruckslos wie kein zweites Säugetierauge.«
Noch drastischer hatte es Georges-Louis Leclerc de Buffon
(1707 – 1780) in seiner berühmten *Allgemeinen und speziellen Geschichte der Natur* formuliert: »So lebhaft, tätig und
exaltiert die Natur bei den Affen erscheint, so langsam,
beengt und zugeschnürt zeigt sie sich bei den Faultieren. Es
ist weniger Faulheit als Elend, es ist Gebrechen, Mangel,

fehlerhafter Bau; die Augen blöde und gedeckt, die Kinnbacken unbeholfen und schwerfällig, das Haar platt, getrocknetem Grase ähnlich ...«

Heute bringen Zoologen der offensichtlich zum Nichtstun geborenen Kreatur staunenden Respekt statt Verachtung entgegen. Wie kann es sein, dass die Tiere, die so leicht angreifbar scheinen, die quasi als gefundenes Fressen auf südamerikanischen Bäumen herumhängen, nicht längst ausgestorben sind? Sie siedeln als Einzelgänger hoch oben im Blätterwald und bewegen sich so selten und so gemächlich, dass Algen ihr Fell überziehen, es in einen Grünton hüllen und ein Biotop bieten, in dem Schmetterlingsraupen Nahrung finden. Das ist als Tarnung ziemlich perfekt, wenn man bis zu 15 Stunden am Tag schlafen will und ringsum Jaguare und Riesenschlangen lauern. Wenn ein Faultier aktiv wird, dann normalerweise so langsam, dass die hektischeren Feinde die Bewegung nicht wahrnehmen.

Wozu die Mühsal langer Wege und hoher Geschwindigkeiten auf sich nehmen? Blätter, Früchte und Triebe wachsen zum Greifen nah. Ist alles Erreichbare verzehrt, hangelt man sich ein wenig weiter. Stoffwechsel und Verdauung haben sich auf das niedrige Tempo eingestellt; einmal pro Woche Kot und Urin auszuscheiden, genügt. Fortpflanzung? Muss wohl sein, aber ein Sexualakt im Jahr reicht aus. Die Körpertemperatur durchgehend über 30 Grad zu halten wie das bei anderen Säugetieren üblich ist, erscheint Faultieren dagegen Energieverschwendung. Am Tag wärmt die Sonne ihre Körper auf 33 Grad; nachts reichen 24 Grad aus.

Der Lebensstil à la Faultier klingt nach XXL-Langeweile, entspricht aber ziemlich genau dem, was chinesische Daoisten für weise halten. Denn der Eindruck stumpfer Blödigkeit täuscht. Es gibt wenige, aber wichtige Situationen, in denen Faultiere hellwach sind. Werden sie angegriffen, wehren sie sich mit einem plötzlichen Klauenhieb. Daraufhin lässt sie der Gegner wieder in Ruhe.

Sich der Natur anzupassen, sie mit einem Minimum an Aufwand zu nutzen, dann und nur dann zu agieren, wenn es nötig und sinnvoll ist – genau so beschreiben Laozi und seine Anhänger ihre Vorstellung eines gelingenden Lebens. Um dem *Dao* nahezukommen, bedarf es ihrer Meinung nach keiner Verstandesakrobatik, keiner umtriebigen Aktivität. Entscheidend ist etwas anderes und Seltsames: das »Nicht-Handeln«, im Daoismus als *wu wei* bezeichnet.

Wie diese Qualität im menschlichen Leben greifbar wird, erzählt eine Geschichte aus dem umfangreichen Werk des Daoisten Zhuangzi. Sie handelt von einem Mann namens Khing, der als »Meister der Holzarbeiter« vorgestellt wird und einen Glockenspielständer geschnitzt hat – so vollkommen, als sei er »von Geistern geschaffen«.[1] Vom Fürsten nach dem Geheimnis seiner Kunst gefragt, gibt Khing zurück: »Dein Untertan ist nur ein Handwerker, was für ein Geheimnis könnte er besitzen?« Aber dann antwortet er: »Und doch ist da etwas. Als ich daranging, den Glockenspielständer zu machen, hütete ich mich vor jeder Minderung meiner Lebenskraft. Ich sammelte mich, um meinen Geist zur unbedingten Ruhe zu bringen. Nach drei Tagen hatte ich allen Lohn, den ich erwerben könnte, vergessen. Nach fünf Tagen hatte ich allen Ruhm, den ich erwerben könnte, vergessen. Nach sieben Tagen hatte ich meine Glieder und meine Gestalt vergessen. Auch der Gedanke an deinen Hof, für den ich arbeiten sollte, war geschwunden. Da sammelte sich meine Kunst, von keinem Außen mehr gestört.«

Wer glaubt, dass jetzt das Schnitzen beginnt, sieht sich getäuscht. Khing fährt fort: »Nun ging ich in den Hochwald. Ich sah die Formen der Bäume an. Als ich einen erblickte, der die rechte Form hatte, erschien mir der Glockenspielständer, und ich ging ans Werk. Hätte ich diesen Baum nicht gefunden, ich hätte die Arbeit sein lassen müssen. Meine himmelsgeborene Art und die himmelsgeborene Art des Baums sammelten sich darauf. Was hier Geistern beigemessen wurde, ist darin allein gegründet.«

Wohl jeder, der sich mit ganzem Herzen einer Beschäftigung verschreibt, die ihm wichtig ist, kennt oder ahnt den Zustand wunschloser Hingabe, den Zhuangzi hier beschreibt. Moderne westliche Psychologen sprechen vom *flow*, einem Fließen, das nicht von bewusstem Antrieb gelenkt ist und das nicht herbeigezwungen werden kann. Sportler oder Musiker beschreiben häufig das begleitende Gefühl, in dem sie die Kontrolle über ihr Tun an eine innere Instanz abgegeben zu haben scheinen, und alles perfekt klappt. Dieser Zustand stellt sich auf geheimnisvolle Weise von alleine ein, wenn die Voraussetzungen geschaffen sind; die Vorbereitung allerdings braucht lange Zeit und viel Geduld. *Flow* ist vielleicht eine passende Übersetzung für *wu wei*.

Von Weisheit ist in der daoistischen Anekdote nicht explizit die Rede. Und doch verkörpert der bescheidene Held idealtypisch ihre östliche Spielart: die Versenkung bis hin zur Selbstvergessenheit; die selbstverständliche Harmonie zwischen Mensch und Natur; die Gabe, ein Ziel mühelos zu erreichen – oder zu verzichten, wenn die Bedingungen nicht stimmen.

Geduld, Behutsamkeit, gelassenes Warten auf den rechten Moment – angewandtes *wu wei* spielt in asiatischen Kampfkünsten wie Aikido eine zentrale Rolle. Der Gegner wird nicht mit Wucht attackiert, stattdessen wird seine eigene Energie umgeleitet, um ihn außer Gefecht zu setzen. *Wu wei* zeigt sich aber auch in der Meisterschaft von Menschen, die auf ihrem jeweiligen Feld gelernt haben, dass die Zeit des scheinbaren Nichtstuns keineswegs vertane Zeit ist. Nur wer bereit ist, stundenlang aufs Wasser zu starren und kleinste Veränderungen wahrzunehmen, wird ein guter Angler. Nur wer ausharrt, bis er mit der Umgebung zu verschmelzen scheint, hat das Zeug zum großen Naturkundler und -fotografen. Nur wer warten kann auf das treffende Wort, den passenden Ton, den letzten Pinselstrich, der das Bild vollendet, ist ein wahrer Künstler.

Eile, so wissen diese Meister und Meisterinnen, vereitelt Brillanz. Wer die Flamme immer voll aufdreht, damit das Essen schneller fertig wird, ist kein echter Koch. Wer übermäßig düngt, damit die Saat endlich aufgeht, wer an Grashalmen zieht, um ihr Wachstum zu beschleunigen, taugt nicht zum Gärtner. Ein »grüner Daumen« ist das Produkt aus langer Erfahrung, der Kenntnis von Wechselwirkungen zwischen Bodenbeschaffenheit, -belüftung und -feuchtigkeit, der Beachtung von Licht- und Schatten- und Klima-Einflüssen und dem Wissen um die Bedürfnisse der einzelnen Pflanze. Mit den Jahren erwächst traumwandlerische Sicherheit, was wann wo zu säen ist, damit sich blühende Landschaften bilden.

Das daoistische »Nicht-Handeln« entpuppt sich als Austarieren von geduldiger Hinnahme und minimalen Eingriffen. Ein zeitgenössischer Daoist mit dem Pseudonym Deng Ming Dao betont dabei den Unterschied zwischen Hinnahme und Passivität.[2] Hinnahme sei etwas Dynamisches, das nichts mit Trägheit, Stillstand oder Untätigkeit zu tun habe. »Wir sollten einfach ermitteln, was die Situation erfordert, und dann das durchführen, was uns als das Beste erscheint.«

Trotz aller Bewunderung für *wu wei* und *flow* – die Spezies *Homo sapiens* scheint für das Faultier-Modell nur sehr bedingt geschaffen. Sie bevorzugt das Muster, das ich Tauben-Modell nennen möchte. Tauben sind kluge Vögel, neugierig, lernfähig, nervös. Sie haben dieselben Biotope erobert, die der Mensch bewohnt. Und mental sind sie uns sehr viel ähnlicher als *Folivora*, die Faultiere. Warum das Weisheit blockieren kann, zeigen zwei Experimente der Verhaltensforschung. Deshalb eine weitere Abschweifung ins Tierreich.

Zu unablässiger Aktivität und zu Fehlschlüssen verdammt: die Tauben des Professor Skinner und die Käse jagenden Studenten des Dr. Brugger

1947 führt der amerikanische Psychologe Burrhus Frederic Skinner eine Studie durch, die unter dem Namen *Aberglauben bei Tauben* legendär werden wird. Er lässt seine Versuchstauben zunächst hungern. Dann schickt er sie einzeln in einen Experimentalkäfig, in dem ein Futtertrog automatisch Nahrung ausschüttet – immer genau 15 Sekunden, nachdem ein Vogel den Käfig betritt.

Die Tauben füllen diese kurze Zeitspanne ganz verschieden aus. Eine tänzelt im Kreis gegen den Uhrzeigersinn. Eine andere pocht mit dem Kopf immer wieder gegen eine Käfigecke. Zwei wechseln ständig von einem Fuß auf den anderen. Eine simuliert Pickbewegungen. Die 15 Sekunden gehen zu Ende, ein wenig Futter wird ausgeschüttet. Probandin Taube frisst gierig.

Schnell ist der Trog leer, aber der Hunger noch längst nicht gestillt. Die nächste 15-sekündige Wartezeit steht bevor. In dieser Pause nun wiederholt fast jede Versuchstaube das zufällige Handlungsmuster, das beim ersten Mal scheinbar zum Erfolg geführt hat. Im Kreis tänzeln. Oder gegen die Käfigecke pochen. Oder von einem Fuß auf den anderen wechseln ... Bei sechs der acht Vögel löst die Versuchsanordnung ein ganz individuelles Ritual aus, das sich in weiteren Runden verstärkt. Die einfachste Variante, abzuwarten, ob sich das Wunder des gefüllten Troges auch ganz ohne eigene Aktivität einstellen würde, scheint im Taubenhirn nicht vorgesehen.

Fast genau fünfzig Jahre nach B. F. Skinners Experiment haben zwei Forscher die freche Idee, das Experiment so abzuwandeln, dass sich menschliche Reaktionen damit testen lassen. Peter Brugger vom Universitätsspital Zürich und Roger Graves von der University of Victoria, Kanada laden studentische Probanden für die neue Versuchsanordnung ein. Brugger hat ein Computerspiel entwickelt, bei dem es darum geht, die Figur einer Maus über einen in neun Felder unterteilten Bildschirm zu manövrieren. Am Ziel winkt entweder ein Stück virtueller Käse oder eine Falle schnappt zu. Die Versuchspersonen sollen ihrer Maus möglichst den Käse zukommen lassen. Analog zum Tauben-Experiment ist das Spiel so gestaltet, dass Abwarten zum Erfolg führt: den Käse bekommt die Maus immer dann, wenn sich der Spieler vor dem Klick, der ins letzte Feld führt, Zeit lässt; in diesem Fall vier Sekunden. Wohin sie die Maus in diesen vier Sekunden leiten, ist egal – Hauptsache, sie kommt nicht zu früh in das Zielfeld.

Am Ende beherrschen die meisten der 40 Kandidaten das Spiel intuitiv und schaffen es, ihrer Maus die Falle zu ersparen. Als sie jedoch hinterher in Worte fassen sollen, welche Strategie zum Ziel geführt hat, durchschauen nur zwei Teilnehmer die wahre Regel. Die anderen kleiden ihr Erfolgserlebnis in zum Teil hochkomplexe Theorien, in deren Mittelpunkt völlig überflüssige Rituale stehen. Wie Skinners Tauben haben die Studenten das wiederholt, das sich beim ersten erfolgreichen Versuch bewährt hatte: in diesem Fall ritualisierte Abfolgen von Tastenkombinationen oder Zickzackwege.

Die beiden Studien illustrieren nicht nur, wie einfach sich ein Irrglaube experimentell erzeugen lässt. Sie legen biologische und kulturelle Leitlinien bloß, die das Verhalten im Leben wie im Labor zu lenken scheinen:

★ Du sollst nicht passiv bleiben, sondern agieren und probieren!
★ Du sollst Muster und Zusammenhänge aufspüren! Bei zwei direkt nacheinander auftretenden Ereignissen ist eine Ursache-Wirkungs-Beziehung wahrscheinlich.

Was aus höherer Warte des Versuchsleiters und der eingeweihten Beobachter absurder Aktionismus ist, erscheint aus der Perspektive der Handelnden vernünftig: als Versuch, neue Lebenslagen mit System zu meistern. Studenten wie Tauben testen in der unbekannten Situation sozusagen, was man als »vorläufige Arbeitshypothese zur Erlangung eines Ziels unter Obhut unberechenbarer Experimentatoren« bezeichnen könnte. Solange das eingeübte Ritual funktioniert, gibt es wenig Grund, es zu verändern – auch wenn es völlig unsinnig ist.

Was ist daraus für das Thema Weisheit zu lernen? Innehalten vor dem Agieren lohnt sich. Unser Gehirn, das darauf geeicht ist, Ursache-Wirkungs-Beziehungen aufzuspüren, ist nicht perfekt. Zwar erscheint es logisch, erwünschte Wirkungen durch eigenes Handeln zu erzielen. Doch damit entgeht uns die Chance zu erfahren, ob Nicht-Handeln im Einzelfall nicht zu genauso guten oder sogar besseren Ergebnissen führt. Es gibt einen Witz über Selbstüberschätzung und Übereifer, der das nett unterstreicht; man erzählte ihn sich zum Beispiel über Hans-Dietrich Genscher oder Joschka Fischer. Der Betreffende kommt aus dem Flughafenausgang, springt in ein Taxi und sagt zum Fahrer: »Nun fahren Sie schon los!« Der Chauffeur: »Aber wohin denn?« Der Fahrgast: »Egal, ich werde überall gebraucht.«

Eins ist sicher: Faultieren würde das nicht passieren. Die lassen sich selbst von Wissenschaftlern nicht zu verstärkter Unternehmungslust verleiten. Drei Jahre lang hatten Zoologen der Universität Jena versucht, das Faultier »Mats« dazu zu bewegen, an einer Stange entlang zu klettern; sie wollten es dabei filmen. Doch das Tier verweigerte sich. Die Wissenschaftler gaben auf, der Spielverderber zog Anfang 2007 in den Duisburger Zoo um. Besucher berichten, wie er dort nun – gemächlich – an Seilen und Netzen turnt.[3]

Es gibt einen frühen Naturforscher, der die Andersartigkeit der Faultiere schätzte. Georges Cuvier (1769 – 1832) erblickte in ihnen »die Überbleibsel einer andern Ordnung der Dinge, die lebenden Reste des vorhergegangenen Naturzustandes ... Geschöpfe, die durch irgendein Wunder den Katastrophen entgingen, die ihre Zeitgenossen zerstörten.« *Wu wei* als Chance in Krisenzeiten – ab und zu in den Faultier-Modus umzuschalten, könnte auch den hyperaktiven Menschen der Gegenwart eine neue Wertschätzung der Langsamkeit eröffnen.

Wenn sich weise Meister aus ferner Vergangenheit ins 21. Jahrhundert beamen könnten, sie wären bestürzt über die Geschäftigkeit der Nachgeborenen, die unaufhörlich tätig sind, sich strapazieren, pausenlos neue Dinge kreieren. Der Hang zum Denken und Tun hat den Erfindungsreichtum immens gesteigert. Doch all die Kreativität und all der Fortschritt provozieren neben erfreulichen Dingen wie neuen Medikamenten und unerfreulichen wie neuen Waffen vor allem eins: noch mehr Hast.

Selbst Muße ist oft bis zur Grenze mit Tun gefüllt, Entspannung durchorganisiert, Entscheidungsfreiheit verhöhnt durch die Unzahl der Wahlmöglichkeiten: -zig Automodelle, Dutzende Zahnpastasorten. Dazwischen wir 21. Jahrhundert-Hominiden im Auswahl-, Organisations- und Entscheidungs-Stress. Unsere Erfindungen, als Helfer gedacht, entwickeln sich zu Tyrannen, die drangsalieren, maßregeln, Vorschläge unterbreiten oder in Warteschleifen hängen lassen.

Auch die Freizeit unterliegt engen Takten, vor allem bei Familien mit Kindern: *Haushalteinkauffreundehausaufgabenverwandtespielensportkulturtv* – und zu speziellen Gelegenheiten bitte etwas ganz besonders Besonderes: Kindergeburtstag im Museum / auf der Hafenfähre / im Skaterparadies / in Legoland / mit Ronald McDonald. »Die Angebote sind die Gebote von heute«, hat der Technikphilosoph Günther Anders gespottet. Sich ihnen zu entziehen, gelte als »eine Art von Absatz-Sabotage«. Und als er das vor mehr als 50 Jahren schrieb, gab es noch kein Internet, kein Nintendo, keine iPads, weder Twitter noch Facebook – all die elektronischen Ablenkungen, die um Zeit und Geld buhlen.

Die Weisen von gestern würden sich wundern, ob und wie die Menschen von heute dem vorgegebenen Tempo überhaupt gerecht werden können. Sie würden besorgte Blicke in die Arztpraxen werfen, in die Statistiken der Krankenkassen. Würden Diagnosen wie *Stressburnoutdepressionalkoholismusangstschlafstörungen* kennenlernen. Ihre eigene Diagnose ist vorherzusehen: Das Aktivitätsmodell braucht ein Gegengewicht. Die Wiederentdeckung der Pause. Nicht ausschalten, aber abschalten.

Wu wei ins Leben integrieren.
Die Wiederentdeckung der Stille und der Mystik

Wer im Gästebuch des Klosters Arenberg blättert, liest von Verzweiflung und Dankbarkeit:

»Ich habe eine lange Durststrecke durch die Wüste ausgehalten und bin in einer Oase angekommen.« / »Unter

einem dicken schweren Schleier der Erschöpfung und Traurigkeit noch den Funken von Lebendigkeit zu spüren – hier
in den Tagen ist es mir gelungen.«/»Ich wusste nicht, was
ich hier suche. Aber ich weiß, was ich gefunden habe: Ruhe
und Stille …«

Von außen wirkt der Backsteinbau am Rand von Koblenz
eher nüchtern und streng. Der eine Teil ist nach wie vor
von den Dominikanerinnen selbst bewohnt. Den anderen
Teil hat ihr Orden zu einem 99-Betten-Hotel mit »Vitalzen-
trum« umbauen lassen, in dem neben den Schwestern 85
weltliche Mitarbeiter tätig sind. Erholen – Begegnen – Heilen heißt das Motto. Das Kloster war schon früher eine
Brücke zur Welt draußen, war Mädcheninternat, im Zweiten Weltkrieg Lazarett, später Kneipp-Sanatorium. Nun
steht es für Seel-Sorge einer neuen Epoche. »Mobbing,
Burn-out, Beziehungsprobleme – die Not jeder Zeit ist eine
andere«, sagt die Leiterin des Gästebereichs, Schwester Bea-
trix, Klosterfrau seit 1960.

Wer hierher findet, versucht, in eine Art humanen Faul-
tiermodus zurückzuschalten. Gibt sich Beschäftigungen
hin, die im Reich der Rastlosigkeit Gelächter hervorriefen.
Barfuß tautreten am frühen Morgen; ein Labyrinth im Park
durchschreiten; in der Kapelle oder im Meditationsraum
ganz für sich sein. Sich Sinnes-Eskapaden erlauben. Mit geschlossenen Augen schnuppernd im großen Garten stehen,
in dem Schwester Josefa wirkt, die begnadete Heilkräuter-
frau. Hauseigenen Wohlfühltee genießen und Minze, Me-
lisse, Spitzwegerich herausschmecken.

Martin Hofmeir ist als Seelsorger und Therapeut im
Hotel-Kloster tätig. Er weiß, wie schwer es Menschen fällt,
sich so eine Auszeit zu gönnen. Die Sorge um sich selbst ist
in der Gesellschaft kaum vorgesehen, auch im christlichen
Umfeld nicht. Beruf, Familie, Nachbarn, der Job, die Erwartungen von anderen, das »Labyrinth der Ablenkungen«

zerren am Leben. Am Ende wartet Erschöpfung. Und die lässt sich nicht einfach abschütteln. Viele Gäste sind anfangs irritiert von der Ruhe, empfinden Nichtstun als Schlamperei. Es erscheint gesellschaftlich akzeptabler, Antidepressiva zu schlucken als zur eigenen Kraftlosigkeit und zum Ruhebedürfnis zu stehen und zu faulenzen.

»Nimm dich selbst wahr!« Das Wort stammt von Meister Eckhart und wird gern zitiert in Arenberg. Martin Hofmeir bringt Gästen außerdem eine Prioritätenliste nahe, die in einem christlichen Kloster zunächst verblüfft. Höchste Priorität hat nicht das Gebet, sondern der Schlaf. Auch Stufe 2 hat noch nichts mit Religion oder Spiritualität zu tun: Bewegung. Erst dann folgen das Gebet, Familie und Freunde, erst zum Schluss der Job.

Ausgedehnte Bettruhe, dann etwas Qigong und zum Schluss Schwimmbad und Sauna – das ist nicht die endgültige Kapitulation der Christen vor dem Wohlfühlbedürfnis der Kundschaft. Die Dominikanerinnen aus Arenberg empfinden sich eher als Nothelferinnen in SOS-Situationen. Sie sehen, wie oft Menschen ihren Körper als »endlos belastbare Maschine« behandeln. Sie glauben daran, dass Selbstliebe und Nächstenliebe untrennbar verbunden sind. Sie zitieren Theresa von Ávila, die geschrieben hat: »Tu deinem Leib Gutes, damit deine Seele Lust hat, darin zu wohnen.«

Drei Arenberger Klosterschwestern haben zusammen mit Martin Hofmeir ein Buch über ihr Konzept geschrieben.[4] Darin heißt es: »Ruhe, Stille und Meditation heilen. Massagen, Wasseranwendung, Bewegung heilen. Die Anwendung von Heilkräutern und gesunde Ernährung heilen. Die Grundübung in unserem Hause nennt sich jedoch Achtsamkeit. Sie werden aufmerksam auf sich selbst, vielleicht zum ersten Mal in Ihrem Leben.«

Die Sorge für sich selbst ist eine Kraftquelle. Wer die

eigenen Grenzen kennenlernt, wird fähig, sich selbst abzugrenzen gegenüber Ansprüchen der Umwelt, die zur Überforderung führen. Gewinnt Routine darin, auf Anforderungen von außen nicht reflexhaft zu reagieren, sondern ein
wenig *wu wei* zu entwickeln.

Es ist dringend nötig, dieses Gegengewicht wieder in den
Alltag zu schmuggeln. Denn das nervöse Zeitalter hinterlässt Spuren in der Psyche und im Gehirn. Der Hirnforscher Ernst Pöppel, emeritierter Direktor des Instituts für
medizinische Psychologie an der Ludwig Maximilians Universität München hat beobachtet: »Viele Studenten sind in
45-Minuten-Vorlesungen schon nach zehn Minuten nicht
mehr aufnahmefähig und schalten ab.« Seine Idee, sich zu
wappnen, klingt so einfach wie naiv. Er will die Tyrannei
der ständigen Erreichbarkeit unterbrechen: »Es würde helfen, wenn in Deutschland eine Stunde am Tag gar nicht
telefoniert würde.« Als Rettung empfiehlt er Ich-Stärke,
»die Fähigkeit, nicht immer ans Telefon zu gehen, wenn es
klingelt, nicht auf jede E-Mail sofort zu reagieren, auch
wenn es vielleicht erwartet wird«.[5]

Auch wenn sich kein Politiker finden wird, die Stunde
Telefonverzicht durchzusetzen – kleine subversive Experimente kann jeder für sich selbst ausprobieren. Faultier-
talent zu entwickeln heißt statt Dauer-Aktivität auch einmal heilsame Passivität zu pflegen. Laut zu lachen und den
Kopf zu schütteln, wenn die Umwelt zu viel verlangt. Nicht
jede Lücke im Terminplaner zu stopfen. Selbst aufregende
Verabredungen oder Vorhaben einmal ausfallen zu lassen,
wenn man Muße braucht.

Und den Kindern dasselbe zu gönnen. In ihren ersten
Lebensjahren sind Babys und Kleinkinder Meister der Versenkung; sind Abenteurer, die spielerisch, begeistert und
zugleich hochkonzentriert sich selbst und die Welt entdecken. Aber ziemlich schnell vereinnahmt auch sie der

Griff der Moderne: zu viele Ansprüche, zu viel Kram, zu wenig Zeit. Entschleunigung und materielle Abrüstung kann schon früh segensreich sein. So haben Erzieher, denen das Übermaß an Konsumgütern in ihren Einrichtungen zu schaffen macht, das Konzept »Spielzeugfreie Kindergärten« entwickelt. Für eine begrenzte Zeit, meist ein Vierteljahr, verzichten sie konsequent auf alle Ablenkung durch gekauftes Spielzeug, und sogar auf vorgefertigtes »pädagogisch wertvolles« Lern-Material.[6] Übrig bleiben die Räume, Funde aus der Natur und die Kreativität der großen und kleinen Menschen.

Der Mangel an Vorgegebenem schafft Raum für Beschäftigung miteinander, für Phantasie, Rollenspiele, Entdeckungen in der Natur, das Austesten der eigenen Kräfte, aber auch das Aushalten von Langeweile.[7] Die anfängliche Skepsis der Eltern schlägt regelmäßig in Erstaunen und Freude um, wenn sie merken, dass ihre Kinder ausgeglichener, entspannter, zufriedener und selbständiger werden – Talente, die an das ursprüngliche Talent zu schöpferischem Spiel anknüpfen und das Fundament für spätere Weisheit legen.

Eltern sollten auch beim Thema Gemächlichkeit Vorbilder sein. Um Wege aus dem Hyperaktivitäts-Muster zu finden, brauchen sie selbst Achtsamkeit. Psychologen und Meditationslehrer empfehlen regelmäßiges kurzes Innehalten in alltäglichen Routinen. Nach dem Aufwachen, vor der roten Ampel, in der Schlange beim Einkaufen ist Gelegenheit für eine kurze Innenschau: Welches Gefühl bestimmt diesen Moment – Zufriedenheit, Ungeduld, unterschwelliger Ärger? Die eigenen Stimmungen, auch unliebsame, interessiert zu beobachten, ist ein erster Schritt, ihnen auch in hektischen Daseins-Phasen weniger ausgeliefert zu sein.

Lob der Stille und der Rechten Rede.
Vom Schweigenlernen und Wortewägen
als Weisheitsgebot

Die Geduld, das Erkennen des rechten Augenblicks, die Kunst des Nicht-Handelns – für die Annäherung an diese Qualitäten gibt es ein hilfreiches Werkzeug: Ruhe. Alle spirituellen Schulen empfehlen Phasen der Selbstversenkung, um sie zu kultivieren. Im Alltag reicht es auch schon, öfter einfach den Mund zu halten.

Dass zu viel Geschwätz schädlich ist, darin stimmen alle Kulturen überein. Reden sei Silber, Schweigen Gold, meint das deutsche Sprichwort. Wirklich? In dieser Schärfe scheint der Satz fundamentalisch. Im richtigen Moment schweigen zu können, ist eine Gabe. Aber es gibt auch das hochmütige und feindselige Schweigen, das beleidigt, ausgrenzt, verletzt. Wer auf eine »Mauer des Schweigens« stößt, dem wird nicht nur Kommunikation verweigert, sondern oft genug die Wahrheit vorenthalten.

In China lautet das Sprichwort differenzierter: »Wenn das, was Du sagen möchtest, nicht schöner ist als die Stille, dann schweige!« Ganz ähnlich der Spruch im Buch *Sirach*, das im jüdischen Glauben verehrt und bei katholischen und orthodoxen Christen als Teil der Bibel gilt: »Die Weisen aber wägen ihre Worte mit der Goldwaage.«

Ein ganz zentrales Anliegen ist die weise Balance zwischen Reden und Schweigen im Buddhismus. Für Buddha ist die »Rechte Rede« eine der Tugenden auf seinem achtfachen Pfad zur Überwindung des Leidens. Dabei geht es nicht nur darum, nicht falsch Zeugnis zu reden wider den Nächsten wie im achten biblischen Gebot. Es reicht auch nicht aus, kein unnützes Geplapper zu verbreiten. Die Rechte Rede ist die Kunst einer gelingenden und hilfreichen Kommunikation. Dabei gilt es, die Worte so zu wählen, dass sie den Angesprochenen wirklich erreichen. Den Ort und den Zeitpunkt zu finden, wo das, was man sagen will, auf fruchtbaren Boden fällt. Und sich im Zuhören zu üben, das eine wesentliche Voraussetzung für die Rechte Rede ist – eine Art *wu wei* des Austauschs mit anderen.

Ein alter tibetischer Andachtstext ist speziell dieser Gabe gewidmet. Er richtet sich an Avalokitesvara, den »tausendarmigen Buddha des vollkommenen Mitgefühls«: »Avalokitesvara, indem wir deinen Namen anrufen, trachten wir danach, deine Art des Zuhörens zu lernen, um das Leiden der Welt zu lindern. Du vermagst es zuzuhören und zu verstehen. Wir rufen deinen Namen an, um uns in dieser Art des gesammelten und geöffneten Zuhörens zu üben. Weil wir verstehen wollen, üben wir uns zuzuhören und nicht gleich zu reagieren oder zu bewerten und uns von Vorurteilen freizuhalten. Wir üben uns, so aufmerksam zuzuhören, dass wir nicht nur mitbekommen, was der andere sagt, sondern auch, was ungesagt blieb. Wir haben erfahren, dass durch diese Art des aufmerksamen Zuhörens eine Menge Leiden im anderen Menschen gelindert werden kann.«[8]

Auf zeitgenössische Weise hat Michael Ende die Gabe in seinem Roman »Momo« aufgegriffen. Die Heldin versteht sich »ganz und gar einmalig« aufs Zuhören: Sie konnte so zuhören, dass ratlose oder unentschlossene Leute auf einmal ganz genau wussten, was sie wollten. Oder dass Schüchterne sich plötzlich frei und mutig fühlten. Oder dass Unglückliche und Bedrückte zuversichtlich und froh wurden ...«[9]

Voraussetzung für gutes Zuhören ist, selbst schweigen zu können, Ruhe in sich zu finden und auszukosten. Dieses Talent lässt sich jederzeit und überall vervollkommnen, wie die Psychiaterin und Trauerforscherin Elisabeth Kübler-Ross schön und nüchtern klargestellt hat: »Man muss nicht nach Indien oder anderswohin fahren, um Frieden zu finden. Man kann den tiefen Raum der Stille auch im eigenen Zimmer, im Garten oder sogar in der Badewanne erfahren.«

Bleibt die Frage, warum das Modell Hast, Hektik und Hyperaktivität sich samt all seiner Nachteile durchsetzen konnte. Es galt und gilt ja längst nicht in allen Teilen der Welt als Nonplusultra. Die Antwort erschließt sich, wenn man ein Stück vergessene Geschichte ins Licht rückt. Als die Europäer in der Kolonialzeit andere Kontinente entdeckten und eroberten, verstanden sie sich nicht aufs Zuhören. Sie hatten kein Ohr für die Weisheit fremder Kulturen – ein Versäumnis mit verheerenden Folgen.

8 Adieu, Traumzeit. Warum die Weisheitslehren von Aborigines und Völkern aus Afrika fast in Vergessenheit geraten sind. Und warum Frau Professor Sophie Oluwole aus Nigeria empfiehlt, Hexerei zu studieren

Das vergessene bittere Erbe: Nachwehen der Kolonialzeit

Es gibt einen Spruch aus der Friedensbewegung, der mit einem abgewandelten Armeewerbeslogan das Kriegführen verspottet: »Join the Army, travel to exotic distant lands, meet exciting unusual people and kill them« – also fremde Länder sehen, interessante Leute kennenlernen und sie umbringen. Als weiße Mitglieder der »Hochkultur« der westlichen Zivilisation machen wir uns selten klar, dass dieser Wahlspruch ziemlich genau auch die nicht allzu weit zurückliegende Entdecker- und Kolonialperiode charakterisiert. Die Europäer, die damals in ferne Welten aufbrachen, suchten im Auftrag ihrer Herrscher neue Reiche und ihre Schätze. Das Gespür dafür, die Traditionen anderer Kulturen und ihre Form von Weisheit ebenfalls als Schatz zu betrachten, hatten nur die wenigsten von ihnen.

Die Folgen für die Betroffenen sind bekannt, doch die Gräuel sind räumlich und zeitlich weit entfernt. Und so denken wir kaum darüber nach, welchen Verlust das Verschwinden dieser anderen Weisheit(en) bedeutet. Robert Lawlor, der eines der umfassendsten und kenntnisreichsten Bücher über die Kultur der Aborigines in Australien verfasst hat, kritisiert, dass viele die Eroberung der »neuen Welt« bis heute als Heldentat, Abenteuer oder Fortschritt verherrlichen.[1] Er selbst bezeichnet sie als »ein gewaltiges Crescendo von Plünderung, Massaker, Versklavung und Enteignung ...« und schreibt: »Es fällt schwer genug zuzugeben, was unsere Zivilisation der archaischen Welt angetan hat, aber es fällt wohl noch schwerer, einzugestehen, welch schreckliche Falle wir uns selber gestellt haben, unserer Rasse und unserem Planeten.«

Zu den frühen Stimmen, die vor dieser Falle gewarnt haben, gehört im 16. Jahrhundert Michel de Montaigne, der Philosoph, der auch den Spruch »weiser werden wir nur durch uns selbst« geprägt hat. Er stellt die Frage, ob die Tatsache der bloßen militärischen Überlegenheit ein Grund zur Unterwerfung von Völkern sein könne, »die durch die Schönheit ihrer äußeren Erscheinung, die Tugenden ihres Charakters oder die Weisheit ihrer Gesetze den europäischen Angreifern möglicherweise weit überlegen« seien.[2] Auch einige Missionare plagten tiefe Zweifel an ihrem Tun in den Kolonien. So berichtet der Jesuit Claude Chauchetière 1694 aus Kanada in die französische Heimat: »Wir sehen in den Wilden die schönen Überbleibsel der menschlichen Natur, wie sie bei den polizierten Völkern nur noch in vollkommen korrumpierter Gestalt erscheint ... Alle unsere Patres und die übrigen Franzosen, welche Umgang mit den Wilden haben, sind der Meinung, dass diese ihr Leben auf angenehmere Art verbringen als wir.«[3]

Die Einsichten blieben Außenseitermeinungen.

An Australien, dem fernen Südkontinent, ist die Verständnislosigkeit beim Aufeinanderprall der Kulturen exemplarisch nachzuvollziehen. Vor mindestens 60 000 Jahren besiedelten Menschen den Kontinent, wohl von Timor aus, das zur Zeit eines sehr viel niedrigeren Meeresspiegels nur 150 Kilometer entfernt lag. Nach und nach verbreiteten sie sich in allen Zonen des Erdteils. Es bildeten sich die verschiedenen Stammesgemeinschaften mit mehr als 200 Sprachen, die heute gemeinsam als Aborigines bezeichnet werden; sie schufen früh bleibende kulturelle Werke. Ihre Felsmalereien gehören zu den ältesten weltweit. Und die Regenbogenschlange aus ihrem Schöpfungsmythos gilt als eines der ältesten religiösen Symbole der Menschheit.

Eine moderne Anforderung an gesellschaftliche Weisheit besteht darin, mit dem, was man in der Natur vorfindet, sorgsam umzugehen, im Öko-Jargon Nachhaltigkeit genannt. Der Aborigine-Schöpfungsmythos und das Handeln, das sich daraus ergibt, ist in dieser Hinsicht beispielhaft. Der Mythos handelt nicht von cholerischen Göttern, die den Menschen seinem unberechenbaren Schicksal ausliefern wie in der griechischen Antike; nicht von dem einen strengen allmächtigen Gott wie in den monotheistischen Religionen, sondern von Verwandten: den »kreativen Ahnen«. Sie haben der ursprünglich öden und kahlen Welt durch ihre Träume Gestalt verliehen. Den Nachkommen haben sie das Land anvertraut und verlassen sich darauf, dass diese es gut hüten.

Dabei liegt die »Traumzeit«, in der jene Ahnen zu Hause sind, nicht in der Vergangenheit, sondern in einer metaphysischen Parallelwelt. Zeremonien, die seit alters her überliefert werden, ermöglichen es den Menschen bis heute, die spirituelle Energie der Schöpfungsphase zu nutzen. Ihre Weisheit besteht darin, diese Träume mit Leben zu erfüllen, sie von Generation zu Generation weiterzugeben, die Erde zu bewahren und in Harmonie mit der Natur zu leben.

Der Anfang vom Ende trägt ein Datum. Es ist der 6. Dezember 1786. An diesem Tag beschließen die Engländer, am noch kaum bekannten anderen Ende der Welt eine Kolonie zu errichten – als Verbannungsort. 1788 landen die ersten elf Schiffe in der Bucht des heutigen Sydney. In den folgenden 90 Jahren setzen 825 Schiffe 160 000 Sträflinge ab. Bei der Besiedlung wird Australien als »terra nullius«, leeres Land, eingestuft. Die Ureinwohner gelten als zum Aussterben verurteilte primitive Rasse.

Die deportierten Weißen und ihre Aufseher nehmen nicht die anderen Werte wahr, nicht die andere Kultur, ihre Gesänge und Malereien, nicht die verblüffenden Fähigkeiten der Ureinwohner, noch in der lebensfeindlichsten Umgebung genug Wasser und Nahrung für alle zu finden, nicht die Heilkunst. Sie sehen nackte Wilde. Nomaden ohne Metallwerkzeuge und -waffen, ohne Schrift, ohne Landwirtschaft und feste Siedlungen. Keine Frage, dass die Newcomer sich überlegen fühlen.

Von heute aus gesehen eine völlige Fehleinschätzung. Moderne Forscher, die sich mit Aborigine-Kultur beschäftigen, staunen über die Lebensqualität der australischen Stammesgesellschaften um 1800, dem Wendepunkt in ihrer Geschichte. Beim Vergleich mit den Verhältnissen in Europa kommt der australische Historiker Geoffrey Blainey zu dem Schluss: »Wenn man Nahrung, Obdach, Gesundheit und gesellschaftliche Geborgenheit als Gradmesser des Lebensstandards nimmt, dann schneiden die Aborigines bei diesem Vergleich hervorragend ab.« Die schmale Oberschicht der Europäer sei zwar wohlhabender gewesen, die große Mehrheit jedoch nicht: »Wenn ein Aborigine damals eine Reise durch Mittel- und Osteuropa unternommen hätte, dann wäre er an vielen Orten zweifellos zu dem Schluss gekommen, eine Art ›Dritte Welt‹ kennengelernt zu haben.«[4]

Die Aborigines hatten ihr Dasein als Jäger und Sammler vor der Ankunft der Europäer so perfektioniert, dass sie nur rund vier Stunden am Tag mit Nahrungssuche beschäftigt waren. Den Rest der Zeit verbrachten sie, als hätten sie postmaterialistische Utopien studiert – sie widmeten sich der Pflege und Verfeinerung kultureller Praktiken, die sie mit der Traumzeit in Verbindung hielten. Schon frühe Forschungsreisende hatten festgestellt, dass das Anhäufen von Besitztümern in dieser Lebensart keinen Platz hatte. Expeditionsreisende im Jahr 1770 merkten erstaunt, dass sie Geschenke und Kleider, die sie den Aborigines gegeben hatten, verlassen auf einem großen Haufen fanden, »zweifellos als Zeugs, das es nicht wert war, mitgeschleppt zu werden«.

Rund 200 Jahre später beschreibt der Archäologe und Aborigines-Forscher Rhys Jones beeindruckt die Vorzüge dieses uns so fremden Lebensstils: »Statt ihre überschüssige Energie dafür einzusetzen, mehr Nahrung aus dem Land zu gewinnen, verwendeten die Aborigines sie für eine gewaltige Freisetzung von intellektuellen Bestrebungen nach religiöser und künstlerischer Entwicklung. Für sie gab es einen religiösen und künstlerischen Imperativ. In diesem Sinn konnten die Aborigines, unterstützt von ihrer Technik und ihren Fähigkeiten, über den rauen Launen und den großen Belastungen schweben, die ihnen ein sich ständig verändernder Kontinent auferlegte.«

Künstlerischer Imperativ? Traumzeit-Weisheiten von »kreativen Ahnen«? Jahrhundertelang war der Reflex der Weißen auf Ureinwohner in aller Welt derselbe: Was anders ist, ist minderwertig. Mit ihrer Feuerwaffen-Kultur oder durch eingeschleppte Krankheiten dezimierten die europäischen Eroberer die indigene Bevölkerung. Sie verhöhnten und entweihten deren Heiligtümer, drängten die Ureinwohner in unfruchtbare Gegenden oder Reservate ab, zerschnitten die Wanderrouten, entzogen die Kinder der »Primitiven« den Eltern und schickten sie in entlegene Schulen – in denen dann Pfarrer die Religion der christlichen Nächstenliebe predigten.

Der 1948 geborene Journalist Galarrwuy Yunupingu, ein Kämpfer für die Aborigine-Rechte, sagt bitter: »Sehr wenige Weiße haben jemals versucht, eine unserer Sprachen zu erlernen, und die englische Sprache ist völlig ungeeignet, unser Verhältnis zu dem Land unserer Vorfahren zu beschreiben. Wir sehen die Welt anders als ihr.«[5]

Bis heute kämpfen die Aborigines um die Rückführung von Skeletten und Schädeln, die zu Tausenden in den anthropologischen und anatomischen Sammlungen westlicher Museen lagern. Es sind Beutestücke von Grabräubern oder »Naturaliensammlern« – Wissenschaftlern, die im 19. Jahrhundert gefeiert wurden, wenn sie Gebeine von Eingeborenen in die Heimat schickten, deren Leben in Australien nichts zählte.

Der zentrale Einschnitt in der Menschheitsgeschichte, der die Geisteswelten hatte auseinanderdriften lassen, fand allerdings lange vor der Ankunft der Europäer in der Neuen Welt statt: Es war die »Erfindung« von Landwirtschaft und die damit verbundene Sesshaftigkeit. Die Mentalität von Bauern und Städtern hat sich seither rasant von der Gabe fortentwickelt, sich an natürliche Bedingungen anzupassen, die Naturvölker zum Überleben brauchen. Die neue Lebensart brachte die Steigerung der Produktivität mit sich, neue Formen von Arbeitsteilung und Hierarchien, den Bau von Städten und Metropolen, technischen Erfindungsreichtum. Das bedeutet auch: andere Anforderungen an Sinnesleistungen, ein anderes Bewusstsein, eine andere Hirnstruktur. Natur »lesen« zu können, verlangt andere Fähigkeiten als online E-Mails zu lesen.

Das Leben in einer archaischen Gesellschaft zu meistern, ist für die breite Mehrheit heute fast unvorstellbar. 365 Tage im Jahr Wildnis durchzustehen, ohne Licht und Strom, ohne Lonely Planet, ohne Internet und GPS, ohne Ranger, ohne Arzt und ohne Gewehr – das erfordert die Schärfung aller Sinne, höchste Konzentration, eine extreme Schulung der Intuition, ein phänomenales Gedächtnis, hohes Vertrauen in die anderen Mitglieder der Gemeinschaft. Solche Qualitäten wären durchaus auch in einer Welt zu gebrauchen, in der technische Hilfsmittel zum schleichenden Absterben ursprünglicher »scharf-sinniger« Wahrnehmung geführt hat.

Das zu erkennen, könnte ein Grund für Zuversicht sein. Beide Arten der Welterschließung sind im Menschen angelegt; ihre Wahr- und Weisheiten könnten sich ergänzen. Im *Homo sapiens* steckt mehr als seine moderne Version. Begegnen Ethnologen und Anthropologen von heute Eingeborenen-Kulturen – oder ihren Resten – setzen sie viel daran, die unbekannten Sprachen und Denkweisen zu studieren, die Lebensgewohnheiten zu dokumentieren und Brücken zu den anderen geistigen Welten zu bauen.

Zivilisatorischer Fortschritt könnte also bedeuten, die Verbindung zu den archaischen menschlichen Talenten nicht zu kappen, sondern diese wieder in unser Leben zu integrieren. Ein Beispiel aus der Hightech-Welt ist das »Blue Brain Project« des angesehenen Neurowissenschaftlers Henry Markram. An der École Polytechnique Fédérale de Lausanne will er Zelle für Zelle ein künstliches Gehirn im Computer nachbauen – 100 Milliarden Neuronen, knapp eine Billiarde Synapsen. Seine Begeisterung für holistisches Denken hat mit dem eigenen Lebensweg zu tun; seine Jugend hat er in Südafrika verbracht und bei den Buschmännern der Kalahari deren faszinierendes Talent kennengelernt: »Sie können eine Landschaft richtiggehend lesen, von einem Punkt aus die ganze Umgebung erfassen – und daraus zum Beispiel schließen: 55 Meilen entfernt sitzt gerade ein Löwe.«[6]

Einen anderen Weg beschreitet der französische Völkerkundler Bruce Albert. Seit Jahrzehnten arbeitet er mit Yanomami im Nordosten Brasiliens zusammen, deren Lebensraum im amazonischen Regenwald nach wie vor stark durch Siedler und die Holzindustrie gefährdet ist. Wie kann man sie und ihre Kultur mit indigenem plus wissenschaftlichem Wissen bewahren? Bruce Albert agiert als Mittelsmann, der hilft, Altes und Neues zu verbinden. Neben seiner Feldforschung gibt er zweisprachige Schulbücher für die Kinder der Yanomami heraus; zugleich exportiert er die Kultur des Urwaldvolkes nach Europa. So hat der Franzose zusammen mit dem Schamanen David Kopenawa das »Amazonas-Projekt« für die Münchener »Biennale für neues Musiktheater« initiiert. Die Stimmen des Waldes betreten die Bühne; durch sie sprechen und singen die Geister und Tiere zu den Menschen. Im Stück treffen sie auf andere fiebrige Stimmen. Es sind Propheten, die vorhersehen, der Mensch werde als Maschine aus Gold enden.

Die archaische Weisheit und die Ratlosigkeit derer, die sie bewundern

Intuitiv misstrauen auch wir Neuzeitmenschen mit Smartphone und Facebook-Account der übergroßen Abhängigkeit von Maschinentyrannei und Technosphäre. Das Interesse am »anderen Sehen« nimmt zu. Viele Westler sind sensibilisiert für die animistischen Traditionen der Naturvölker, die ein Gespür dafür besitzen, auf wie vielfältige Weise der Mensch in den Kosmos eingebettet ist – durch ein unsichtbares Band zu den Ahnen, den Tieren, Pflanzen, Bergen, Steinen, Sternen.

Es geht nicht darum, die »edlen Wilden« zu idealisieren – auch in ihrer Welt gibt es Mord, Totschlag und Grausamkeiten. Doch allein die Tatsache, wie lange und geschickt die noch existierenden Naturvölker ihren Lebensstil und ihre Kultur gegen alle Widrigkeiten aufrecht erhalten konnten, verdient Aufmerksamkeit. Notgedrungen haben die

Aborigines und andere »Primitive« eine Weisheit beachtet, die fast banal simpel erscheint: Ressourcen sind nicht unendlich; Raubbau an der Natur gefährdet auch den Menschen. Robert Lawlor zitiert einen Aborigine-Älteren: »Wenn die Weißen nicht lernen, Zugang zu den Träumen des Landes, der Pflanzen und der Tiere zu finden, bevor sie sie brauchen oder essen, werden sie krank werden oder verrückt oder sich selber zerstören.«[7]

Das klingt nur mäßig übertrieben, wenn man an Regenwaldabholzung, Artenschwund, eine Ölpest à la BP oder ein Reaktorunglück wie in Fukushima denkt. Aus dem Vorbild der archaischen Völker Konsequenzen für eine gemeinsame neue Menschheitskultur zu ziehen, ist dennoch unendlich schwierig. Sicher – heute genügt ein Mausklick, um im Internet Bücher über die Weisheit der Aborigines, Azteken, Druiden, Elfen, Heiligen, Hexen, Indianer, Kelten, Schamanen, Sufis, Tuareg, Wüstenmönche zu bestellen und sich in die Texte zu vertiefen. Doch aus dem Zusammenhang gerissen, büßen sie ihre Kraft ein.

Robert Lawlor ist tief in die Geisteswelt der australischen Ureinwohner eingetaucht. Zehn Jahre lang hat er mit Aborigines auf einer Insel vor der Küste Tasmaniens gelebt, die ihnen als heiliger Wohnsitz der Ahnen gilt. Er hat gelernt und erlebt, wie die Tänze, die Gesänge, die Malereien, die Initiationen die Menschen mit ihrem Lebensraum verbinden und jene »traumwandlerische« Sicherheit erzeugen, mit der Aborigines weite weglose Regionen durchstreifen. Für Weiße sind dieselben Gebiete nichts als reale Horrorversionen des TV-«Dschungel-Camps« – glutheiße Albtraumplätze voller Giftschlangen und anderem ekligem Getier.

Lawlor schildert plastisch, welche Bedeutung seine Gastgeber jedem topographischen Detail beimessen, das Nichteingeweihten als belangloser Erdwall oder Steinhaufen erscheint. Wie die mythischen Ereignisse, die den Ort geformt haben, am Abend am Lagerfeuer besungen und getanzt werden. Wie Geschichten über die Taten, die sich in der Bildung von Hügeln, Felsen, Wasserlöchern und den dort lebenden Tierarten niederschlagen, mit wiegenden und stampfenden Bewegungen zum Leben erweckt werden.

Ein Aborigine-Freund erzählt ihm, wie ihm in tiefer Trance anlässlich einer seiner höchsten Initiationen ein Stammesälterer die Erfahrung übermittelte, »dass sein Körper sich im Raum ausdehnte, bis er das gesamte Land seines Stammes umschloss. Die Traumpfade, die das Land kreuz und quer durchziehen, flossen wie seine Arterien und Venen, die Sümpfe waren seine Drüsen, das Gras war sein Haar.« Während des Trancezustandes bemalte ihn der Ältere mit den Symbolen und der Lage von Wasserlöchern, heiligen Orten, Gegenden mit bedeutenden Tiervorkommen und den prägenden Formen der Traumzeit-Landschaft. Diese Erfahrung, so erklärte der Freund, »sei nicht symbolisch zu werten, sondern als Teil eines tiefen Identitätsgefühls«.[8]

Eine solche Verbundenheit ist nicht durch eine Art Multi-Kulti-Trance auf westliche Fans übertragbar. Die Weisheit der Naturvölker ist aufs engste mit dem Areal verknüpft, in dem sie zu Hause sind. Die Erzählungen über ihren spirituellen Umgang mit den Lebewesen darin bezaubern Leser aus dem abendländischen Kulturkreis. Sie vermitteln eine Ahnung davon, dass Leben sich nicht zwischen zentralbeheizter Wohnung, Fitness-Center und vorgebuchten Urlauben abspielen muss. Aber Gesänge von Gundui, dem Eukalyptusbaum, und Geganggië, dem Honigvogel[9], taugen nicht als Handlungsanweisungen für New York, Norwegen oder Niedersachsen.

Lassen sich die Erkenntnisse aus dem »Busch« ins 21. Jahrhundert übersetzen? Kaum, solange wir an der Natur nicht mehr ihre Magie, sondern nur noch ihren Nutzwert schätzen. Die Sucht nach Ressourcen und die Lust am Profit haben eine Eigendynamik entfaltet, die kaum zu bremsen scheint. Andererseits wächst die Skepsis gegenüber der Tyrannei von DAX und Wachstumszwang, weil sie offensichtlich Spuren der Zerstörung hinterlässt.

Ein paar Lektionen drängen sich auf:

* dass eigene künstlerische und spirituelle Anstrengungen mindestens so viel zu einem guten Leben beitragen wie Konsum und die Anhäufung von Gütern;
* dass es sowohl für die globale Gemeinschaft wie auch für das eigene Seelenheil wichtig ist, die noch erhaltene Natur zu schützen, weil technische Erzeugnisse den Kontakt zum lebendigen Wildwuchs nicht ersetzen können;
* dass zum Erbe und zum Potential der Menschheit auch ganz andere Denk- und Lebensmuster gehören als die eigenen und dass es sich lohnt, deren Geschichte, Kunst und Eigenheiten kennenzulernen.

So verstanden fördert die Auseinandersetzung mit der Weisheit der anderen ein besseres Verständnis für die Vorurteile der eigenen Kultur. Die »Wilden« halten der immer noch herrschenden Arroganz der »Zivilisierten« den Spiegel vor.

Ein Ausweg aus dem Dilemma der abendländischen Hybris – der »Polylog« der Kulturen

Franz Martin Wimmer, der an der Universität Wien lehrt, hat eine einfache Regel formuliert: »Halte keine philosophische These für gut begründet, an deren Zustandekommen nur Menschen aus einer einzigen kulturellen Tradition beteilig waren.«[10] Die Voraussetzungen, das zu beherzigen, lassen allerdings zu wünschen übrig. Wimmer, selbst Spezialist für den noch jungen Zweig der »interkulturellen Philosophie«, spottet: »Wer Philosophie studiert oder lehrt, kann dies in der Regel tun, ohne sich jemals mit der Frage konfrontiert zu sehen, was denn chinesische, indische, afrikanische oder lateinamerikanische Philosophen zu einer bestimmten Sachfrage beigetragen haben.« Die Aufgabe, die »Stimmen der anderen zu Gehör zu bringen«, bleibe bisher Spezialdisziplinen wie Ethnologie, Sinologie oder Afrikanistik überlassen.

In der Ethnologie hat Claude Levi-Strauss mit seinem 1955 veröffentlichten Buch *Traurige Tropen* die Einsicht geweckt, dass Naturvölker nicht primitiv, sondern anders denken. Franz Martin Wimmer will diese Einsicht auch für die Philosophie fruchtbar machen. Er setzt auf den »Polylog«, einen möglichst unbefangenen und vielfältigen philosophischen Austausch zwischen den Geisteskulturen der Welt. Der hat einen Nebeneffekt: Er schärft den Blick für die blinden Flecken der eigenen Geistestradition.

Denn der Eurozentrismus hat selbst angesehenste Vordenker des Westens tief geprägt. Der Philosoph Georg Wilhelm Friedrich Hegel hat sich lange mit China beschäftigt. Das hat ihn nicht davon abgehalten, die Überlegenheit Europas zu beschwören. Die Länder im fernen Osten schneiden in seinem Urteil schlecht ab, die des Südens noch schlechter. Sie seien für Philosophie ungeeignet, weil nur »eine gemäßigte Zone das Theater für das Schauspiel der Weltgeschichte« biete. Afrika sei »das Geschichtslose und Unaufgeschlossene« schlechthin.

Auch ein Denker wie Immanuel Kant, der scharfsinnig die prinzipiellen Grenzen der Erkenntnis ausgelotet hat, blieb in dieser Frage befangen. »Die Menschheit« so sah er es, sei »in ihrer größten Vollkommenheit in der Race der

158

Weißen. Die gelben Indianer haben schon ein geringeres Talent. Die Neger sind weit tiefer …« Franz Martin Wimmer und sein Kollege Heinz Kimmerle in den Niederlanden sammeln solche Zitate, um zu zeigen, wie sehr auch große Gelehrte die Vorurteile ihrer Zeit verinnerlichen.

Halt! Ist so eine Krittelei nicht arg überheblich und unangemessen? Darf man aus der Sicht der Gegenwart, in der schon Kinder fremde Kontinente bereisen, Äußerungen aus dem 18. Jahrhundert anprangern? Ja! Auch Kant hätte es besser wissen können; zu seiner Zeit, zwischen 1736 und 1746, lehrte in Halle und Wittenberg Arno Guinea-Africanus, ein schwarzer Philosoph – in lateinischer Sprache.

Der Dünkel gegenüber fremden Kulturformen hat den weltweiten Siegeszug der westlichen Denkart begleitet – und zu ihrer Krise beigetragen. Die interkulturelle Philosophie lädt nun ein, Weisheitsfreundschaft im Plural zu betrachten: Das alte Ägypten mit der auf Harmonie bedachten Göttin Ma'at könnte Gerechtigkeitsempfinden beisteuern, Griechenland die Erkenntnistiefe, China die Spannung und den Ausgleich zwischen den Polaritäten *Yin* und *Yang*, Indien die Innenschau, Palästina die Demut und Liebe. Und jene Völker, die beim Erstkontakt mit den Weißen als »Barbaren, Exoten und Heiden« verteufelt und verfolgt wurden, könnten uns die Angst vor Mehrdeutigkeit und Magie nehmen. Schauplatz: Afrika. Wie bei den Aborigines gibt es im angeblich »geschichtslosen« Kontinent alte Weisheitslehren zu entdecken.

Das neue Selbstbewusstsein der Nachkommen vergessener Geisteswelten

Dass sich so wenige westliche Philosophen in den »Polylog« einschalten, ist eine bittere Nach- und Nebenwirkung der alten kolonialen Arroganz. In vielen Gegenden des Schwarzen Kontinents ist die Bewahrung des nur mündlich überlieferten kulturellen Erbes ein Kampf gegen die Zeit. In den Worten Amadou Hampaté Bâs, eines Philosophen aus Mali: »Mit jedem Weisen, der in Afrika stirbt, verbrennt eine ganze Bibliothek.«

Beispielhaft für den Ansatz, das zu verhindern ist das »Sage Philosophy Project«, in dem Stammesälteste Auskunft über ihre Einsichten zu Gott, der Religion, der Natur, den Menschen und der Gesellschaft geben. Der Initiator Henry Odera Oruka, selbst Sohn eines Weisheitslehrers der Luo in Westkenia, hatte in Schweden und den USA studiert, bevor er das Projekt als Philosophieprofessor an der Universität Nairobi initiierte und bis zu seinem frühen Tod 1995 leitete. Wie poetisch, philosophisch und klar seine Gesprächspartner argumentieren, belegt ein Interview-Auszug. Darin spricht Arap Baliach, ein als Weiser anerkannter Bauer ohne formelle Schuldbildung:

AB: »Ursprünglich wusste mein Volk, die Kipsigis, dass Gott die Sonne ist. Später verstanden die Kipsigis unter Gott dasselbe wie in der christlichen Religion – ein allmächtiges und heiliges Wesen.«

Frage: »Aber was genau denkst du, was Gott ist?«

AB: »Das ist eine schwierige Frage. Ich würde sagen, Gott ist der Vater oder der Ersatz für den Vater des Menschen. Leute, die ihren Vater nicht kennen, fühlen sich oft hilflos oder wurzellos. So würde der Mensch sich ohne Gott hilflos und wurzellos fühlen.«

Frage: »Aber wer ist der Vater Gottes selbst?«

AB: »Ich weiß es nicht. Aber vielleicht ist Gott zu stark oder zu erwachsen, um einen Vater zu brauchen.«

Frage: »Brauchen die Starken keinen Vater?«

AB: »Doch, aber nicht so sehr wie die Schwachen. Aber es

160

kann einfach so sein, dass Gott der Anfang der Dinge ist. Und der Anfang braucht nicht noch etwas anderes vor sich. Hätte der Anfang etwas, was ihn verursacht hat, so wäre es nicht der Anfang.«

Was heißt heilig? Gibt es einen Anfang vor dem Anfang? Solche Fragen stellen sich die Menschen, seit sie über sich und die Welt nachdenken. Die Anhänger der interkulturellen Philosophie wollen den Facettenreichtum der Antworten bewahren – auch und gerade die Beiträge jener Kulturen, die von der Neuzeit überrollt worden sind. Weisheit, das »Wissen um die göttlichen und menschlichen Dinge« beinhaltet auch Träume, Bilder, Symbole, Mythen, Metaphern, Allegorien. Und sogar das, was die Moderne als Hexerei verachtet.

Hexerei? Sie gilt sowohl im Westen als auch bei den meisten gebildeten Afrikanern als Gipfel des Aberglaubens. Auch sie als Teil des Weisheitsfundus zu rehabilitieren, braucht eine mutige alte Dame wie die nigerianische Philosophin Sophie Bosede Oluwole. 1935 geboren, hat sie in Deutschland und in den USA studiert, bevor sie nach Nigeria zurückkehrte und dort als erste Frau ihres Landes an der Universität Lagos in Philosophie promovierte und schließlich Professorin wurde – und eine der originellsten akademischen Kritikerinnen anhaltender weißer Arroganz.

Oluwole spottet über die westliche Borniertheit, eine »Snob-Tradition, so alt wie das abendländische Denken selbst«. Die westliche Religion glaube an einen einzigen Gott, die westliche Philosophie seit Thales und Aristoteles an eine absolute Gewissheit, die nur durch Logik und Vernunft zugänglich sei. Die Grenzen dieses eindimensionalen Konzepts nicht zu erkennen, sondern es als weltweit verbindlich zu erklären und alle Erkenntnisse, die von anderen

Kulturen auf anderen Wegen gewonnen werden, als »pseudo-intellektuell« zu verurteilen, findet Oluwole hochgradig ignorant.[11] Sie propagiert als afrikanische Alternative eine Weltanschauung, »in der Vernunft nicht von Intuition getrennt ist«.

Deshalb beschränkt die Nigerianerin ihre Untersuchungen nicht auf Themen wie Sprichwörter, Mythen und Märchen, sondern untersucht das philosophische Tabuthema Hexerei. Neutraler ausgedrückt: Sie erforscht die Ifa-Religion des Volkes der Yoruba, zu dem sie gehört.

Für Sophie Oluwole ist diese Beschäftigung »ein Abenteuer, ganz wie Philosophie«. Beide Disziplinen werfen ähnliche Fragen auf: Was glauben wir zu wissen? Und was haben wir für Gründe zu glauben, was wir glauben? Die inzwischen emeritierte Professorin findet die Trennung zwischen Wissen, Glauben und Aberglauben verwunderlich: »Menschen glauben, dass es einen Gott gibt, aber was sind die Gründe dafür, wenn sie ihn nie gesehen haben? Ich wusste, dass die meisten Afrikaner an Hexerei glauben. Also fragte ich, ob sie irgendeinen Grund für diesen Glauben haben.«[12]

Die Ifa-Religion kennt 400 Götter und ist ein ausgefeiltes System von Glaubensinhalten, das zwischen einer sichtbaren Welt der Lebenden und einem unsichtbaren spirituellen Reich unterscheidet. Im Zentrum steht eine Lebenskraft namens *Ase*, die in Pflanzen, Tieren und Menschen gegenwärtig, in Flüssen und Felsen enthalten ist, aber auch in Gebeten und Gesängen. Ohne diese Kraft keine Existenz; sie hat die Macht, Dinge geschehen zu lassen und zu verändern.[13]

Probleme in der sichtbaren Welt löst Ifa mit Hilfe von Magie. Mittler sind die *Babalawo*, die »Väter der alten Weisheit«. Ausschließlich Männer können Ifa-Priester werden, oft folgt der Sohn eines *Babalawo* seinem Vater nach.

162

Die Lehrzeit nimmt bis zu zehn Jahre in Anspruch und beginnt meist im frühen Kindesalter. Mehr als 1000 Verse sind auswendig zu lernen; Verse, die einerseits von göttlichen und hoch esoterischen Dingen handeln und andererseits eine Sammlung des religiösen, sozialen, medizinischen, ökonomischen und politischen Wissens darstellen und Erinnerungen an erfolgreiche und gescheiterte Unternehmungen der Yoruba enthalten. Ethnologen vergleichen die Ifa-Literatur mit der *Bibel* oder dem *Koran*.

Der *Babalawo* lernt mit Ritualgegenständen umzugehen und Zeremonien durchzuführen, er mixt heilige Pulver, spricht Gebete und erwirbt umfangreiches Wissen im medizinisch-psychologischen Bereich. Er kann die Pflanzen bei den geheimen Namen nennen, die ihnen der Gott *Olodumare* gegeben hat. Damit macht er sie glücklich und bringt sie dazu, ihre Heilkraft einzusetzen.[14]

Sophie Oluwole lässt offen, ob beim Erfolg der *Babalawos* übersinnliche und wissenschaftlich unerklärbare Phänomene im Spiel sind oder eine Spielart dessen, was man im Westen »Placebo-Wirkung« nennt. Sie stellt nur Fragen: Könnte es nicht außergewöhnliche Kräfte geben, die nur wenige Menschen besitzen und die von anderen nur deshalb nicht anerkannt werden, weil sie mit ihnen nicht vertraut sind?

Der große nigerianische Schriftsteller und Literaturnobelpreisträger Wole Soyinka, der ebenfalls aus dem Volk der Yoruba stammt, rühmt Ifa als tolerant und empfindet den Kult – wie alle Religionen – »als Metapher für die Strategie des Menschen, mit dem weiten Unbekannten fertig zu werden«. Die Weisheitslehre der *Babalawo* hat sich als mächtig erwiesen. Sie hat sich trotz Christianisierung nicht nur im eigenen Land behauptet, sondern als Kultur-Export sogar in der Neuen Welt etabliert. Mit den Sklaven kam sie nach Haiti, Puerto Rico, Chile, Brasilien und Kuba und ist dort als *Santería* bekannt, eine Mischung aus Ifa und katholischem Glauben.

Schwarze Magie, Hexerei, Zauberrituale … Es ist interessant, die eigenen Reflexe zu beobachten, wenn es um solche magischen Praktiken geht: ein bisschen Neugier, aber daneben auch innerliches Kopfschütteln, Widerwillen, Mitleid, Unverständnis. Offenheit und Toleranz gegenüber Denkweisen anderer Kulturen gehört zu den schwierigeren Weisheits-Übungen. Und das, obwohl die angeblich absolute Gewissheit, das Besserwissen und die Überheblichkeit der Welt unermesslichen Schaden zugefügt haben.

Das Beispiel von Sophie Oluwole weist nebenbei auf ein anderes Versäumnis hin: Auch in Kreisen der interkulturellen Philosophie sind zumeist Männer Wortführer der Diskussion. Weise Frauen kommen darin genauso selten vor wie jene Weisheits-Apekte, die von einer patriarchalisch dominierten Welt ins Abseits gedrängt wurden: Leiblichkeit, Lust, Mütterlichkeit, Eros. Es wird Zeit, auch sie wieder zu entdecken.

9 Falsches Spiel mit Athene. Wie die Denker der Antike Weisheit frech zur Männerdomäne ernannten. Und wie moderne Ketzerinnen weibliche Quellen der Weisheit wieder zugänglich machen

Das Totschweigen der archaischen Göttinnen-Verehrung und die Entstehung der Athene als »Kopfgeburt des Zeus«

Athene, die griechische Göttin der Weisheit, hat eine einzigartige Biographie. Dass wüste sexuelle Ausschweifungen bei ihrer Zeugung eine Rolle spielen, ist nicht das Entscheidende; in der antiken Mythologie wird regelmäßig geraubt, entmannt, zerstückelt, vergewaltigt. Aber das Verhältnis zwischen Zeus und Metis, aus dem Athene entspringt, birgt einen zusätzlichen Clou. Zeus ist der Macho der Antike, kein weibliches Wesen ist vor seinen Nachstellungen sicher. Nun also hat er Metis geschwängert, die »Meistwissende unter den Göttern und Menschen«. Und erfährt bestürzt, dass die beiden Kinder, die in ihrem Leib heranwachsen, eine Bedrohung für ihn darstellen könnten: der Prophezeiung nach ist es eine Tochter, die ihm ebenbürtig sein und ein Sohn, der ihn stürzen wird. Kurzerhand verschlingt Zeus Metis. Nicht ganz straflos; er bekommt grausame Kopfschmerzen. Hephaistos, der Gott des Feuers, ist zur Stelle, um sie zu lindern. Er schlägt ihm mit der Axt auf den Kopf. Der spaltet sich – und heraus springt Athene in voller Rüstung samt Brustpanzer und Wurfspeer. Von dem verheißenen Sohn ist nicht mehr die Rede. Die Tochter wird als Göttin eine fragwürdige Doppelrolle spielen: Sie ist nicht nur für Weisheit zuständig, sondern zugleich für Krieg.

Was für eine brillante und frivole Männerphantasie! Die »Kopfgeburt« der Athene lässt sich als mytho- und psychologischer Geniestreich des heraufdämmernden Patriarchats werten. Mit ihr gelingt der – zunächst metaphorische – Versuch, Frauen die Alleinherrschaft über ihren ureigenen Bereich zu entringen, den der Geburt. Zeus maßt sich an, zu gebären und den Schöpfungsakt zugleich neu zu definieren. Er schafft es, indem er den Kopf zum Zentralorgan erhebt, das die Weisheit hervorbringt. In der Folge wird es Zeus' irdischen Geschlechtsgenossen gelingen, das Weiblich-Leibliche schleichend abzuwerten. Die kriegslüsterne Athene ist dabei Komplizin, eine Frau aufseiten der Männer. Mit einer Göttin, die auch Mütterlichkeit und Fürsorglichkeit symbolisiert, hat sie nichts mehr zu schaffen

Wer die Frühgeschichte aus Frauenperspektive betrachtet, erkennt verblüfft: Mit dem Vordringen des Vernunftbewusstseins sind der Weisheit die Heldinnen abhanden gekommen. Von »weisen Frauen« ist selten die Rede, höchstens von jenen, die im Mittelalter gelebt haben und deren Ruf irgendwo zwischen Heilerin und Hexe rangiert. Nur das grammatische Geschlecht erinnert an ältere Zeiten. Weisheit ist feminin, nicht nur im griechischen und romanischen Sprachraum oder im Deutschen, auch auf hebräisch oder russisch. Warum bloß sind Frauen weitgehend aus der Weisheitsgeschichte verschwunden?

Um zu begreifen, wie präsent sie einst waren, ist es notwendig, etwas abzuschweifen und noch weiter zurückzugehen als zu den griechischen Mythen. Der Weg führt in eine Vergangenheit, in der von Weisheit und Wissenschaft noch nicht die Rede war, in die Zeit der »magna mater«. Frühe Kulte verehren die Frau als Urmutter. Kein Wunder;

166

es liegt nah, jenem Geschlecht, in dessen Leib neues Leben heranwächst, schöpferische Urkraft zuzuschreiben. Zu den ältesten erhaltenen Skulpturen der Menschheitsgeschichte gehören denn auch die berühmten steinzeitlichen Venusfiguren mit ihren hervorgehobenen Geschlechtsmerkmalen, schweren Brüsten, breiten Hüften, einem ausgeprägten Schambereich. Eine der ältesten Darstellungen, die elf Zentimeter große »Venus von Willendorf«, wurde im Jahr 1908 bei Bauarbeiten in der Wachau in Österreich entdeckt. Sie stammt aus dem 25. Jahrtausend vor unserer Zeitrechnung. In Funden aus späterer Zeit tauchen dann in ganz Europa und im Orient Tausende ähnlicher Figurinen auf. Besonders imposant sind die sitzende Nackte auf dem Leopardenthron aus Catalhöyük in der Türkei aus dem 8. und die Statuette von Samarra im Irak aus dem 7. Jahrtausend vor Christus. Ob man aus den Figuren schließen kann, dass es ein Urmatriarchat gegeben hat, ist umstritten. Doch die Zahl der Funde deutet darauf hin, dass die Verehrung am Anfang der kulturellen Evolution eher weiblichen Wesen galt. Dann zogen die Männer nach. In vielen alten Schriften wirken Göttin und Gott als Paar; ihre Eigenschaften ergänzen sich. Doch über viele Jahrtausende blieb der weibliche Part der überlegene.

»Königin von Himmel und Erde« – Inanna, Isis & Co.

Es waren mächtige und selbstbewusste Göttinnen, die da gefeiert wurden. Ein besonders eindrucksvolles Beispiel lieferten Keilschrifttafeln aus Nippur, einer altsumerischen Stadt im heutigen Irak. Sie offenbaren den wohl poetischsten Göttinnen-Mythos der Frühgeschichte: 3700 Jahre alte Texte über Inanna, die »Königin von Himmel und Erde«.

Erzählt wird darin, wie Inanna vom Weisheitsgott Enki –
beim Bier – die Insignien der Macht empfängt: Hoheprie-
stertum, Gotteswürde und Königsthron, Handwerkskünste
und Zeugungskraft, Wahrheit und Sanftmut, aber auch
Furcht und Bestürzung, Lug und Trug. Nun ist sie die
»stolze Königin der Erdgötter« und die »Höchste unter den
Himmelsgöttern«. Sie thront auf einem Löwen, fährt auf
dem Himmelsboot und vergnügt sich mit dem Hirtengott
Dumuzi.

Die Theologin und Mythenforscherin Vera Zingsem hat
den Text als Erste ins Deutsche übertragen.[1] Für sie ist
Inanna das Urbild der als Göttin verehrten weisen, starken
und dabei erotischen Frau. Bildnisse zeigen sie entweder
kämpferisch im vollen Ornat oder nackt mit stolz präsen-
tierten Brüsten. Die Sexualität der Göttin ist nicht scham-
besetzt, sondern gehört zu den heiligen Verrichtungen.
»Mein heftiger und ungestümer Liebkoser des Nabels /
Mein Liebkoser der weichen Schenkel ...«, so rühmt Inanna
ihren Liebhaber und verrät: »Der Hirte Dumuzi füllte meinen Schoß mit Sahne und Milch / Er streichelte mein
Schamhaar / Er wässerte meinen Schoß / Er legte seine Hände auf meine heilige Vulva ...«

Gott und Göttin sind in polytheistischen Vorstellungen
oft ein Liebespaar. Dabei sind es die Frauen, »die das Leben
durch alle Widrigkeiten und Fährnisse bewahren und er-
neuern«, sagt Vera Zingsem. So wagt sich Inanna allein in
die Unterwelt und erleidet dort den Tod, bevor sie nach
drei Tagen erlöst wird.

Inanna ist nur eine unter vielen Göttinnen, die ab dem
3. Jahrtausend vor Christus im Mittelmeerraum und im
Vorderen Orient verehrt werden. Die phönizische Astarte,
die kanaanitische Aschera, die kleinasiatische Kybele, die
griechische Aphrodite – sie alle beanspruchen weibliche
Hauptrollen im Götterreich. Zu ihren Aufgaben gehört es,

lustvoll Leben hervorzubringen, doch ihre Bedeutung geht weit über die Fruchtbarkeitssymbolik hinaus.

Besonders deutlich wird das bei der ägyptischen Isis, der wohl am längsten gefeierten Göttin aller Zeiten. Schon in den Pyramidentexten 2360 vor Christus wird sie »die Große« genannt. Ihr Schoß gilt als göttlicher Thron. Und noch Kleopatra, die mehr als zwei Jahrtausende später lebt, lässt sich als Isis-Inkarnation anbeten. Nach dem Mythos ist Isis' Gatte Osiris von ihrem Bruder getötet und zerstückelt worden; doch sie schafft es, die Teile zusammenzufügen und den Leichnam für jenen kurzen Moment zum Leben zu erwecken, der ausreicht, gemeinsam den Sohn Horus zu zeugen. Der griechische Geschichtsschreiber Plutarch sieht noch im zweiten Jahrhundert nach Christus in Isis das »weibliche Prinzip der Natur« schlechthin. Er schreibt, ihre Macht erstrecke sich auf die Materie, »die alles werden kann und alles annimmt, Licht und Dunkel, Tag und Nacht, Feuer und Wasser, Leben und Tod, Anfang und Ende.«

Doch als Plutarch das notiert, ist die göttliche und irdische Macht längst nicht mehr harmonisch zwischen den Geschlechtern verteilt. Die Männerherrschaft hat sich durchgesetzt, weibliche Identifikationsfiguren verschwinden. Die Entwertung der Frauen fällt nicht ganz zufällig mit der Geburt der abendländischen Philosophie zusammen. Und ausgerechnet Platon, die Nummer 1 der großen Denker, spielt eine Schurkenrolle.

**Die Philosophen entdecken die Welt des Geistes.
Sie verkennen die Bedeutung des Leibes –
und der Frauen**

Ich kenne keine überzeugende Theorie, warum die Bedeutung der Frauen sich ab dem ersten Jahrtausend vor Christus so dramatisch verändert hat. Die Militarisierung in der damaligen Welt wird eine wichtige Rolle gespielt haben. Tatsache ist, dass die Männer Werte wie körperliche und geistige Kraft zunehmend allein für sich reklamierten. Aus der einstigen Hochachtung vor der schöpferischen Urkraft der Frauen wurde Geringschätzung.

Es ist erstaunlich, wie wenig historische Zeugnisse von weisen Frauen der Antike erhalten sind. Sicher ist: Es gab damals berühmte weibliche Gelehrte, doch überliefert sind kaum mehr als ihre Namen. Theano, Frau des Pythagoras, war Mathematikerin wie er und führte nach seinem Tod die Akademie fort.[2] Zwei Frauen tauchen außerdem in den Werken Platons als »verehrte Lehrerinnen« des Sokrates auf: Aspasia von Milet, die ihn in Rhetorik geschult hat. Und Diotima, die in Platons *Symposion* verewigt ist. Dort werden ihre Thesen zur Liebe referiert. Diotima vertritt eine andere Meinung als ihr Schüler: Eros sei nicht allein schön und gut, wie Sokrates meint, auch nicht hässlich und schlecht, sondern etwas »zwischen beiden«.[3]

Das ist eine differenzierte und bedenkenswerte Position. Doch Diotima hat keine Chance, sie selbst zu vertreten. In Platons Schrift gastiert sie nur als Statistin im Schatten ihres großen Schülers Sokrates. Weit bekannter als die geistreiche Lehrerin und intellektuelle Gegenspielerin wird dessen Ehefrau Xanthippe, als Witzfigur und Schreckgespenst, die Zeitgenossen als die »Unerträglichste« unter allen Frauen gilt.

Die Vision einer ganzheitlichen Weisheit, die Intellekt mit Erotik, Zärtlichkeit und Sinnlichkeit verbindet, bleibt dem Kreis um Platon und Sokrates fremd. Die körperliche Liebe zwischen Mann und Frau gilt dort als wenig erstrebenswert. Die Weisheitsfreunde favorisieren in Sachen Eros die Knabenliebe. Die allerdings solle nicht sexuell vollzogen werden, sondern so, »dass der Liebhaber den Geliebten küssen dürfe und mit ihm Zusammensein und ihn berühren wie einen Sohn, um der Schönheit willen, wenn er ihn dazu bewegen kann ...« Das Verhältnis dürfe »nicht weiter als bis zu dieser Grenze« gehen – eine Gratwanderung, die als »platonisch« in den Sprachgebrauch eingegangen ist.[4]

Frauenverehrung, adieu. Stattdessen setzt sich fort, was der Zeus-Metis-Athene-Mythos andeutete. Die (männlichen) Philosophen gehen völlig in ihren genialen Entdeckungen neuer geistiger Dimensionen auf. Ihre Köpfe bringen unsterbliche Ideen hervor – und machen die Schöpfer zu Wegbereitern des Patriarchats. Sie erfinden, was man »Vernunft-Kult« nennen könnte: die Lehre, dass der Geist ganz getrennt vom Körper existiert und erst dann zu voller Blüte erwacht, wenn er möglichst wenig mit dem Leib zu tun hat. Das hat Folgen für das Verhältnis der Geschlechter, denn den Männern wird die hochstehende himmlische Seele zugeschrieben, Frauen der entwertete irdische Leib. Die Einsicht, dass Körper und Geist, Frau und Mann, sich erst gemeinsam und ergänzend voll entfalten können, gerät aus dem Blickfeld. Stattdessen kommen Machtverhältnisse ins Spiel, Über- und Unterordnung.

Die Spaltung hat Folgen, die sich in der Arbeitsteilung spiegelt. Männer sind die Macher, die Helden, die Krieger, die Kopf- und Muskelarbeiter. Ehefrauen, Schwestern, Mütter sind Gefährtinnen und Dulderinnen, spenden Spaß, Wärme, Trost und Mitgefühl. Auch die Weisheitswelt teilt sich in zwei Hälften. Im Männerterrain finden sich jene Facetten, die mit Denken und Reflexion zu tun haben. Aus dem Blick gerät dabei die Weisheit, mit dem zufrieden zu sein und das zu genießen, was schon da ist; der Geist befiehlt, nach Höherem zu streben. Die Domäne der Frauen bleibt dagegen für Bodenhaftung und Gefühle zuständig und ist im Privaten angesiedelt.

Die These, dass der Mythos der Kopfgeburt der Athene mit dem historischen Zurückdrängen weiblicher Weisheit zu tun hat, ist keine gängige Deutung, weder in der klassischen Philosophiegeschichte, noch unter Feministinnen. Ich bin ihr zuerst in Annegret Stopczyks Buch *Sophias Leib* begegnet.[5] Nicht nur die Weisheitsgöttin Athene, sondern außerdem Platon und Sokrates, die Superhelden der Geistes-Branche, in Frage zu stellen, ist frech, aber schlüssig. Stopczyk ist eine Außenseiterin in ihrer Disziplin, die versucht hat, vergessene weibliche Spuren der Sophia-Tradition aufzuspüren. Vom akademischen Philosophiebetrieb hat sie sich bald nach dem Examen losgesagt. Sie schreibt als freie Philosophin und betreibt eine philosophische Praxis in Stuttgart. Ihr Anliegen ist eine »Leibphilosophie«, die der leiblichen Seite des Menschen auch in der Philosophie den Wert zurückgibt, den sie verdient. Dem *Logos*-Kult der Vernunft will sie die »Weisheit des Herzens« entgegensetzen.[6]

Wie Annegret Stopczyk spekuliert die Philosophin Ingrid Straube, dass der Paradigmenwechsel in der Antike mit der historischen Situation Griechenlands in jener Zeit zu tun hat. Es ist die Epoche der großen Kämpfe zwischen Athen und Sparta. Den Männerkörper zu stählen und den Tod nicht zu fürchten, ist Gebot der Stunde. Einige Schriften in Platons einflussreicher Ideenlehre haben denn auch eine beunruhigend heroisierende Tendenz: Sie sind geeignet, Kriegsethos zu begünstigen.

Statt der Verehrung von Lust und Leben steht die Verherrlichung von Leid und Tod im Vordergrund. Sokrates' Haltung seinem Todesurteil gegenüber wird seit zweieinhalb Jahrtausenden bewundert. Doch aus ihr spricht nicht nur eine beeindruckende Konsequenz, sondern auch eine etwas befremdliche Verachtung des Lebens. Band 3 der *Politeia*, in dem Platon über den idealen Staat schreibt, liefert das theoretische Fundament dafür. Mit heutigen Augen gelesen erscheint er als Zeugnis extremer Gefühlskälte. Platon plädiert für eine Erziehung frei von Todesfurcht und setzt dazu auf eigenwillige pädagogische Maßnahmen. In seinem Idealstaat will er Erzählungen unterbinden, die von den Schrecken und Höllenqualen in der Unterwelt berichten und »beim Anhören schaudern machen«. Der Grund: Sie könnten die Zuhörer verängstigen und dazu führen, dass sie »weichlich« würden. Die Dichter sollten die Unterwelt lieber in hohen Tönen loben, damit die Männer in Gefechten »lieber den Tod als Niederlage und Knechtschaft wählen«.

Auch das »Wehklagen und Jammern um angesehene Männer« möchte Platon abschaffen, beziehungsweise den »Weibern zuteilen«. Der kriegerische Mann sei fähig, seine Emotionen zu unterdrücken, für ihn sei es »am wenigsten schrecklich, Söhne und Brüder zu verlieren oder Besitztümer oder dergleichen«. Herbe Kritik des Philosophen erntet explizit der Dichter Homer, bei dem ein Held wie Achill Gefühle zeigt und weinen darf.

Kurz gefasst: Platons Ideal stempelt Gefühle wie Trauer, Mitleid und Sensibilität als weinerlich ab. Für die Facetten der Weisheit, die alle Dimensionen körperlicher Lust und liebevoller Fürsorge umfassen, gibt es in seinen Schriften keinen Platz mehr. Frauen haben die Wahl, Männern nachzueifern wie Athene. Oder unter ihresgleichen zu bleiben und eigene Kulte zu pflegen. Von Platons Versuch, seinen Idealstaat in Syrakus auf Sizilien zu verwirklichen, wird im Kapitel über die »Grenzen der Weisheit« die Rede sein. Eines vorweg: Er scheiterte.

Andere Philosophen der Antike waren weniger eng und streng. Der Kreis um Epikur, der Glückseligkeit im Diesseits erprobte, hatte wie erwähnt Frauen und Sklaven in seine Gemeinschaft aufgenommen. Doch die Teilung der

Lebenswelten haben vereinzelte Abtrünnige nicht verhindern können. Das öffentliche Leben und das Reich des Geistigen beherrschen im Folgenden die Männer. Die Geschichtsschreibung auch – weise Frauen finden nur noch selten Erwähnung, geschweige denn Zuspruch.

Dass es Frauenzirkel gibt, die den Kult um die Göttin Isis mit eigenen Ritualen weiter betreiben, berichten Chronisten eher in abfälligen Randnotizen. So beschwert sich Cicero, dass Frauen eigene Tempel und Kultstätten besuchen und dort »unanständige Bräuche« pflegen. Er fordert die Abschaffung der nächtlichen Opferfeiern. Caesars Frau Pompeia verursacht bei einem solchen Anlass einen Skandal. Sie hat zum Fest der »bona dea« geladen, der »guten Göttin« Kybele, zu dem ebenfalls nur Frauen zugelassen sind. Ein Mann erschleicht sich in Frauenkleidern Zutritt, wohl Pompeias Geliebter. Caesar, als »Pontifex maximus« verantwortlich für religiöse Reinheit, lässt sich scheiden.

Wir wissen nicht, wie ihre Anhängerinnen das »weibliche Prinzip« der Isis und anderer Göttinnen tatsächlich gefeiert haben. Es wäre zu einfach, weibliche Weisheit auf Lust, Sex, Gefühl, Verständnis, Geduld, Empathie zu reduzieren. Eine derartige Einengung ist vielmehr die Folge der beschriebenen Entwicklung: Das Erwachen eines Bewusstseins, das den menschlichen Geist entdeckt und in den Mittelpunkt gestellt hat, hat die *magna mater* vom Thron gestoßen. Mit der Lehre der Dualität von Körper und Geist verschwindet die Hochachtung vor leiblichen, gefühls- und lustbetonten Werten. Das ist eine Tragödie für beide Geschlechter, aber besonders für die Frauen, die damit ihren Platz in der Weisheitsgeschichte verlieren. Die Folgen sind ähnlich wie beim Ignorieren der intuitiven Weisheits-Zugänge der Naturvölker: Der Weisheitsbegriff verarmt.

Und das nicht nur im antiken Griechenland. Das Zurückdrängen der Frauen ist nicht nur ein Thema der Philosophie. Eine parallele Entwicklung vollzieht sich in der Religionsgeschichte auf dem Weg zum Monotheismus.

Biblische Geschichte(n): Warum Aschera, die Gemahlin von Jahwe, dem Gott der Juden und Christen, in der Theologie ein Schattendasein führt

Die Weltreligionen sind zerstritten, doch sie haben eine große Gemeinsamkeit: Frauen spielen darin die Nebenrolle. Der jüdische Gott wird (allerdings, wie wir sehen werden, nicht von Anfang an) als männliches Wesen verehrt. Jesus und Mohammed waren Männer, und bis heute kennt der Islam keinen weiblichen Imam und der römische Katholizismus keine weiblichen Priester. Buddha war ein Mann, und obwohl es im Westen inzwischen viele buddhistische Lehrerinnen gibt, sind sie in den asiatischen Heimatländern des Buddhismus eher die Ausnahme. Unter den 300 Millionen Gottheiten des Hinduismus finden sich zwar reichlich weibliche, doch die Gurus sind in der Regel männlich. Nicht anders die Lehrer der Sufis. Und der Daoismus steht zwar der Sexualität offener gegenüber als andere spirituelle Richtungen, doch von Meisterinnen ist auch hier selten die Rede.

Diese Tatsache ist, wenn man so sagen will, nicht gottgegeben. Wie in der Philosophie hat die Entwicklung zu Religionen, die Gott als HERRN preisen, historische Ursachen, die bis heute nachwirken. Und wie dort zeigt es sich, wie weisheitsfeindlich es ist, der weiblichen Hälfte der Menschheit Gleichberechtigung zu verwehren. Am Beispiel der Bibel und ihrer Interpretationen lässt sich nachzeichnen, wie sich der männliche Anspruch auf Himmel und Hölle durchgesetzt hat.

Für Gläubige ist die *Bibel* die Heilige Schrift; für männliche und weibliche Religionsforscher, Historiker und Archäologen ist sie darüber hinaus ein einzigartiges Geschichtsdokument und ein Schatz voller Rätsel, denen sie mit detektivischem Scharfsinn zu Leibe rücken. Sie setzen Mosaiksteine zusammen, um Fragen zu beantworten: Wie hat die Welt zu jener Zeit ausgesehen, von der das Alte und Neue Testament handelt? Und wie haben die Autoren und diejenigen, die den Kanon zusammengestellt haben, das tatsächliche Geschehen redigiert, ausgeschmückt und im eigenen Interesse verändert?

Um 1200 vor unserer Zeit entwickelt sich in Palästina jene Lehre, auf der das *Alte Testament* fußt, die Lehre vom Einen Wahren Gott. Bevor der Gott der Juden triumphiert, ist die himmlische Sphäre bunt, polytheistisch und keineswegs männerdominiert. Doch der Monotheismus erweist sich als Idee mit ungeheurer Kraft. Der allmächtige Gott der *Bibel* stellt harte Forderungen. Doch wer ihm folgt, wird belohnt mit exklusiver Wahrheit und Orientierung. Der Preis allerdings ist hoch, wie der Ägyptologe und Monotheismusforscher Jan Assmann hervorhebt. Es ist die Ausgrenzung »aller anderen traditionellen oder konkurrierenden Wahrheiten«.[7]

Und die Ausgrenzung der Frauen. Zwar weisen Theologen heute darauf hin, dass Gott bei genauer Auslegung der Bibel ursprünglich nicht männlich ist, da Gott den Menschen nach seinem Ebenbild als Mann *und* Frau schuf: »Und Gott schuf den Menschen ihm zum Bilde … und schuf sie als einen Mann und ein Weib«, heißt es im ersten Kapitel der *Genesis*. Im zweiten allerdings wird schon die Nachrangigkeit der aus der Rippe Adams gefertigten »Männin« und »Gefährtin« klargestellt.

Im kollektiven monotheistischen Unbewussten wird aus JHW, dem überirdischen Wesen, dessen Namen man eigentlich nicht aussprechen darf und von dem man sich kein Bildnis machen soll, der HERR. Im Alten Testament 6800mal.[8] Pech für die Frauen, die an ihn glauben sollen; eine Gottesebenbildlichkeit wird ihnen verweigert. Schlimmer noch: Eva, die zentrale Frauenfigur im Alten Testament, ist mit der Sünde und der Vertreibung aus dem Paradies verknüpft. Außer in den Geschichten von Salomo fehlen Frauenvorbilder mit positiver erotischer Ausstrahlung.

Die Durchsetzung dieses rein männlichen Gottesbildes verlief allerdings nicht so reibungslos, wie es heute erscheint. Es gab eine Zeit, in der die nackte Fruchtbarkeitsgöttin Aschera gemeinsam mit Jahwe verehrt und als seine »Gemahlin« angerufen wurde. Das ist heute eher unbekannt, doch als die Anhänger Jahwes in Kanaan sesshaft wurden, hielt sich der dortige Aschera-Kult – und wurde zunächst toleriert und in das jüdische Glaubenssystem integriert. Bei Ausgrabungen entdeckten Archäologen ungezählte Hinweise auf Aschera aus der Zeit zwischen dem Ende des achten und dem Anfang des sechsten vorchristlichen Jahrhunderts.[9] Fast in jedem Haus, sowohl in Jerusalem als auch in kleineren Orten fanden sie die Frauenfigur mit den stark ausgeprägten Brüsten einer Liebes- und Fruchtbarkeitsgöttin. Aus Kuntillet Adschrut, einem Ort zwischen Gaza und Eilat stammt der endgültige Beleg für die gemeinsame Anbetung. 1975 entdeckte ein israelischer Archäologe dort Tonscherben aus der Zeit um 750 vor Christus mit Segenssprüchen von »Jahwe und seiner Aschera«.

Wie hätte eine Religion aussehen können, in der diese weiblichen Züge überlebt hätten? Es ist schwer vorstellbar. In der Bibel wird Aschera erwähnt, aber erst in der Phase, in der sie nicht mehr Gattin und Göttin sein darf, sondern als Götzin verfolgt wird. Im zweiten *Buch der Könige* wird geschildert, wie gründlich die Erinnerung an sie aus dem

Tempel getilgt wird. Der Hohepriester »ließ das Bild der Aschera aus dem Hause des HERRN bringen hinaus vor Jerusalem an den Bach Kidron und verbrennen am Bach Kidron und zu Staub mahlen und den Staub auf die Gräber des einfachen Volks werfen«. Anderswo hieb man »die Ascherabilder um und füllte ihre Stätte mit Menschenknochen«. Danach gerät die erotische Gottesgemahlin in der Religionsgeschichte in Vergessenheit wie Sokrates' Lehrerinnen Aspasia und Diotima in der Philosophiegeschichte.

Verpasste Gelegenheit: Das Christentum und die Verehrung der ewigen Jungfrau

Im *Neuen Testament* hätten die Frauen eine neue Chance bekommen können. Gesellschaftlich wertet das Christentum ihre Rolle zunächst auf: Zu Jesu Lebzeiten befinden sich in seiner Anhängerschaft viele Frauen, allen voran Maria Magdalena. In den frühchristlichen Gemeinden nach seinem Tod verbreiten Apostolinnen, Prophetinnen, Lehrerinnen den neuen Glauben. Aber auch hier sichern die Männer wieder schnell ihre Vorherrschaft. »Einem Weibe gestatte ich nicht, dass sie lehre. Auch nicht, dass sie des Mannes Herr sei, sondern stille sei«, heißt es bei Paulus.

Die weibliche Hauptrolle im Christentum geht nach und nach auf Maria über. Sie soll zugleich Jungfrau und Mutter sein, gehorsame Gläubige und starke Frau, Madonna des Mitleids und Himmelskönigin. Historisch ist über die Mutter Jesu fast nichts bekannt. Ihr Bild haben zuerst die Evangelisten und später die Kirchenoberen ausgeschmückt. Im Lauf der Jahrhunderte schrieben sie Maria all die göttinnengleichen Funktionen zu, um das Vakuum zu füllen, das mit dem Fehlen einer weiblichen Gottesgestalt entstanden ist. Die positiv besetzte Sexualität einer Aschera allerdings passte den römischen Dogmatikern nicht ins Bild. So zementieren sie das Dogma der »reinen Magd« und der »immerwährenden Jungfrau«, Leibfeindlichkeit bleibt ein zentrales Motiv bei der Marienverehrung.

Christinnen im Mittelalter haben Wege gefunden, den männlichen Klerus zu überlisten und Zugänge zur Weisheit in die Kirchengeschichte einzuschmuggeln, die Leib und Seele versöhnen. Sie agieren als Heilerinnen und Hebammen, die sich der Kräuterkunde widmen, und medizinisches Wissen studieren und anwenden. Oder als Mystikerinnen, die eine direkte Verbindung zu einer höheren Wahrheit finden – ohne Umweg über die Kirchenmänner, die sich als Gottes Stellvertreter stilisieren.

Als »Weib, unerfahren in jeglicher Lehrweisheit«, das nicht verstehe, »Schriften zu lesen wie gelehrte Männer«, stellt sich gewitzt die Benediktinerin Hildegard von Bingen dar. Die Visionärin, Heilerin, Künstlerin und spätere Äbtissin, gibt sich bescheiden, und macht zugleich klar, dass Gott sie gerade wegen dieser Demut auserwählt hat, berührt von seinem Lichte, das ihr »Innerstes durchglüht wie eine brennende Sonne«. Er befiehlt ihr: »Rufe und künde und schreibe diese meine Geheimnisse, die du siehst und hörst in geheimnisvoller Schau …«[10]

Mechthild von Magdeburg ist Dichterin und Mystikerin und schreibt Texte voller Erotik: »Das übersüße Verlangen, wonnig, hungrig, minnevoll, fließt überschwänglich von Gott immer tiefer in die Seele.« Sie lässt Gott, den Geliebten, sagen: »Du bist meiner Sehnsucht Liebesfühlen / Du bist meiner Brust ein süßes Kühlen / Du bist ein inniger Kuß meines Mundes / Du bist eine selige Freude meines Fundes / Ich bin in dir, du bist in Mir / Wir können einander nicht näher sein …«

Und Teresa von Ávila empört sich offen gegen die kirchlich vorgesehene Unterordnung der Frauen: »Es ist kein kleines Kreuz, seinen Verstand dem zu unterwerfen, der keinen hat. Ich wenigstens habe dies nie über mich vermocht, und es scheint mir auch nicht gut zu sein. ... Ich sehe die Zeit kommen, da man starke und zu allem Guten begabte Geister nicht mehr zurückstößt, nur weil es sich um Frauen handelt.« Eine ihrer Empfehlungen ist die bereits zitierte Hochachtung vor dem Körperlichen. »Tu deinem Leib Gutes, damit deine Seele Lust hat, darin zu wohnen!«

Hildegard von Bingen hat im 12. Jahrhundert gelebt, Mechthild von Magdeburg im 13., Teresa von Ávila im 16. Jahrhundert. Dass ihre Schriften viele hundert Jahre lebendig geblieben sind, zeugt vom großen Einfluss dieser Ordensfrauen, die eigene Wege jenseits von Papsttreue und blindem Glauben gesucht und gefunden haben. Ihre männlichen Gegenspieler in der Kirche haben sie gewähren lassen.

In anderen Fällen haben sie brutal reagiert. So wurde die in Frankreich bekannte Mystikerin Marguerite Porète im Jahr 1310 wegen ihrer einflussreichen Schrift *Spiegel der einfachen Seelen* in Paris als Ketzerin verbrannt. Sie zählte zur Bewegung der Beginen, in der sich im Mittelalter weltliche Frauengemeinschaften sammelten, meist handelte es sich um junge Frauen, die nicht heiraten wollten, oder um Witwen. Allein in Köln, das im 13. Jahrhundert nur etwa 30 000 Einwohner hatte, gab es 169 Beginenkonvente mit insgesamt etwa 2000 Mitgliedern. Da die als Beginen lebenden Frauen keine Keuschheitsgelübde ablegten, galten sie bald als zügellos. 1311, ein Jahr nach dem Todesurteil von Marguerite Porète, entzog Papst Clemens V. ihnen den Status einer »laienreligiösen Gemeinschaft«.

Den Tiefpunkt christlicher Frauenverachtung stellen die Hexenprozesse zwischen dem 15. und 17. Jahrhundert dar. Feuertod bei lebendigem Leib war auch hier die gängige Strafe. Der Vorwurf der »Buhlerei mit dem Teufel« war für weibliche Angeklagte schwer zu entkräften. Wenn sie ihre Unschuld noch unter Folter beteuerten, werteten die Richter das erst recht als Signal für intime Beziehungen zu Dämonen. Intellektuelle Legitimation und einen Freibrief für Denunziationen aller Art bot der um 1487 auf lateinisch verfasste *Hexenhammer, Malleus Maleficarum,* der Frauen generell sexuelle Unersättlichkeit vorwarf. Als eine besonders verdächtige Gruppe galten die »Hexen-Hebammen« weil sie, »die Empfängnis im Mutterleibe auf verschiedene Weise verhindern, auch Fehlgeburten bewirken, und, wenn sie es nicht tun, die Neugeborenen den Dämonen opfern«.

Gesellschaftliche Fortschritte beanspruchen oft quälend lange Zeit. Im 21. Jahrhundert gibt es in einigen christlichen Gemeinschaften Bischöfinnen. Feministische Theologinnen klagen Gleichberechtigung ein, Männer unterstützen sie darin. Eine religiöse Renaissance, die sich von allen Facetten der Weisheit samt Eros, Sexualität und Mütterlichkeit inspirieren lässt, ist dennoch nicht in Sicht. Ähnlich ist die Situation in der Philosophie. Seit der Aufklärung haben die Frauen Terrain gewonnen. Sie studieren, promovieren, habilitieren sich. Der Preis dafür ist allerdings oft genug, die Rolle der Athene zu spielen: Bitte, männliche Normen übernehmen, Rüstung anziehen und Ellenbogen ausfahren! Der Kopf darf und soll benutzt werden, das Herz ist nicht systemrelevant.

In einer Gesellschaft, die nach wie vor stark vom Monotheismus und der Verehrung des *Logos* geprägt ist, bleibt eine Hoffnung: Abschaffen konnten weder Jahwe noch Platon die als weiblich angesehenen Weisheits-Facetten. Sie haben überdauert – im kollektiven Unbewussten, in ungezählten künstlerischen Werken von Frauen *und* Männern, im Privatbereich. Die Chancen stehen nicht schlecht, sie auch in die übrigen Lebenssphären einzuschmuggeln: in die Philosophie und in die Religion, in Wissenschaft, Wirtschaft und Gesellschaft.

Schützenhilfe dafür liefern die Erkenntnisse der Neuroforschung. Der Mensch ist nur zum geringen Teil ein *zoon logikon*, ein Vernunfttier. Sein Denken hat ein Fundament: das Fühlen, das Platon & Co. einst am liebsten abschaffen wollten.

10 Mit Leib und Seele und Sinnen.
Wie Neurologen und Psychologen das »Bauchhirn«
erforschen und zu einem ganzheitlichen Bild
der Weisheit zurückfinden

Ich fühle, also bin ich – die revolutionären Einsichten von Antonio Damasio

Der Patient schien auf den ersten Blick nicht ins Labor eines Neurologen zu gehören. Er war gesund, intelligent, freundlich, politisch interessiert. Seiner Familie und seinen Ärzten begegnete er mit Gelassenheit, feiner Ironie und Charme. Nur eine wesentliche Tatsache verstörte die anderen an ihm: Er war nicht mehr in der Lage, seinen Alltag zu organisieren oder zu arbeiten. Sobald er irgendetwas anfing, verzettelte er sich in Nebensächlichkeiten. Wie sollte er Dokumente sortieren? Nach Größe, nach Datum, nach Bedeutung? Er konnte keine vernünftigen Entscheidungen mehr treffen, erst recht keine weisen Entscheidungen.

Unter dem Pseudonym Elliot hat der seltsame Patient Eingang in die Geschichte der Medizin gefunden. Dass er zugleich die Fundamente der abendländischen Philosophie erschüttert hat, liegt an einem seiner Ärzte, Antonio Damasio. Der portugiesisch-stämmige Professor, damals Dekan für Neurologie an der University of Iowa, hatte schon früh die gängigen Lehrmeinungen angezweifelt, nach denen Gefühle und Vernunft sich »wie Feuer und Wasser« verhalten und völlig getrennt betrachtet werden sollten.[1] Die Begegnung mit Elliot wurde für ihn zum Lehrstück darüber, welche Rolle das Fühlen für das Denken spielt.

Die Theorie, die Damasio entwickelt hat, ist revolutionär und für das Weisheitsthema wichtig. Sie läuft auf eine völlige Neubewertung der Gefühle und ihrer Bedeutung hinaus. Damit gewinnen die in den vorangegangenen Kapiteln beschriebenen Weisheitsaspekte Terrain zurück, die bisher als irrational oder nebensächlich galten: die künstlerischen Zugänge, die Phasen des Nicht-Handelns, die Intuitionen der Naturvölker oder die weibliche Weisheit, die Leib und Emotionen einbezieht.

Es wird noch ein paar Jahre oder Jahrzehnte dauern, bis alle Skeptiker begreifen, dass Damasios Forschung einen tiefen Sinneswandel erfordert. Und wie viel zu lernen ist von jenem Mann, dem die Gefühle verlorengingen. Aber wer die Folgerungen ernst nimmt, dessen Menschenbild muss sich verändern.

Elliots Persönlichkeitsveränderung hatte eine Vorgeschichte. Bei dem Familienvater und Juristen mit einem guten Posten in der Wirtschaft war ein Gehirntumor diagnostiziert worden, gutartig, aber dennoch gefährlich, weil sein Wachstum das darunterliegende Hirngewebe zu zerstören drohte. Die Operation, bei der der Tumor und ein Teil des Gewebes im Stirnlappen des Hirns entfernt wurden, verlief erfolgreich, ebenso die körperliche Rekonvaleszenz. Der Patient gesundete scheinbar völlig, konnte wieder denken, sprechen, rechnen. Nur war er nicht mehr derselbe.

Jede einzelne Tätigkeit, die von ihm verlangt wurde, beherrschte Elliot nach wie vor, aber es gelang ihm nicht mehr, Prioritäten zu setzen, den Gesamtzusammenhang zu sehen, zügig banale Alltagsentscheidungen zu treffen. Er nahm dieses Missverhältnis durchaus wahr, es schien ihn aber nicht zu kümmern, obwohl die Folgen gravierende Einschnitte für sein Leben hatten. Er verlor seinen Job, ließ sich auf Finanzgeschäfte ein, deren Risiko ihm mit seinem

Wissen hätten absurd erscheinen müssen, entfremdete sich von seiner Familie und wurde geschieden.

Hirnuntersuchungen mit bildgebenden Verfahren zeigten, dass der Eingriff Schädigungen an den Stirnlappen verursacht hatte, besonders im rechten. Um zu verstehen, wie und warum sie die beschriebenen Folgen hatten, begann eine detektivische Untersuchung. Damasios Team konfrontierte den Patienten mit Tests zur Intelligenz, zum Sprachverstehen, zur visuellen Wahrnehmungs- und Vorstellungsfähigkeit, mit Aufgaben zur Gesichtserkennung und dreidimensionalen Würfeltests. Es folgten Gedächtnistests mit »Störinterferenzen«: eine Telefonnummer wiederholen, dabei aber die ungeraden Ziffern weglassen! Sich nach 18 Sekunden an drei Konsonanten erinnern, dabei gleichzeitig rückwärts zählen! Elliot meisterte alles mit Bravour.

Die nächste Stufe bestand in Übungen, bei denen Patienten mit Stirnhirnschädigungen in der Regel versagen. Dabei geht es beispielsweise darum, eine lange Reihe von Karten nach Farben, Formen oder Zahlen zu ordnen, wobei der Versuchsleiter die Kriterien dauernd ändert. Wieder verblüffte der Kandidat mit guten Ergebnissen. Auch als er aufgefordert wurde, Folgen fiktiver unmoralischer Handlungen auszumalen oder soziale Konsequenzen bestimmter Ereignisse vorherzusagen, hatte er keine Schwierigkeiten, obwohl er im wirklichen Leben seit der Operation regelmäßig an genau diesen Situationen scheiterte.

Warum hatte dieser Mann seine Karriere verspielt? Warum konnte er nicht einmal mehr Akten ordnen? Elliots Geist schien völlig normal zu arbeiten – bis zu dem Punkt, wo das Gehirn gefordert war, vernünftige praktische Konsequenzen aus den gewonnenen Informationen zu ziehen. Antonio Damasio fand keine Erklärung für dieses Versagen. Eigentlich war ihm nur eine ungewöhnliche Tatsache an seinem Patienten aufgefallen: dessen Eigenheit, »die Tragödie seines Lebens mit einer Distanz zu erzählen, die in keinem Verhältnis zur Bedeutung der Ereignisse stand« – so, als sei er nicht Protagonist seines Daseins, sondern unbeteiligter Zuschauer.

Hatte die Operation seine Gefühle dauerhaft auf Eis gelegt? Der Eindruck bestätigte sich, als man Elliot aufwühlende Bilder zeigte, Aufnahmen von brennenden Häusern, übel zugerichteten Unfallopfern oder Menschen, die zu ertrinken drohten. Wo andere Entsetzen empfunden hätten, gab es bei Elliot keinerlei emotionale Reaktion. »Wissen ohne zu fühlen«, nennt Damasio das Phänomen.[2] Anscheinend war bei seinem Patienten genau die Schaltstelle im Stirnhirn zerstört worden, die Intellekt und Gefühl zusammenführt. Und anscheinend hinderte diese Schädigung ihn nicht nur, Emotionen zu spüren, sondern auch daran, vernünftige Entscheidungen zu treffen.

Die gängige Empfehlung, einen kühlen Kopf zu bewahren und Gefühle beiseite zu lassen, hatte in seinem Fall offenbar direkt ins Unglück geführt. Diese Entdeckung brachte Antonio Damasio dazu, die Theorien über die Trennung von Geist und Gefühl systematisch in Frage zu stellen – und damit Grundsätze, die das moderne Denken und die moderne Wissenschaft geprägt haben. Der Leitspruch des französischen Philosophen René Descartes »Ich denke, also bin ich« führe in die Irre, sagt Damasio. Richtig sei: »Ich fühle, also bin ich«.

Emotionen sind Grundlage des Überlebens

Worin besteht »Descartes' Irrtum«? In der Sonderrolle, die er dem Menschen zuschreibt. Der Mensch ist nicht vom Himmel gefallen, er ist Produkt der Evolution. Die hat schon die winzigsten Lebewesen mit »emotionalen« Reaktionen versorgt. Selbst Einzeller kennen Mechanismen, sich vor Gefahren zu schützen, sie bewegen sich von Orten fort, an denen Temperaturschwankungen oder Gifte ihre Zellmembran zerstören würden. Und sie suchen und finden Orte mit Nährstoffen, die sie brauchen. Diese spontanen Flucht- oder Hinwendungs-Reaktionen sind überlebensnotwendig. Sie mit einem Gefühl zu verbinden, das »schlecht« oder »gut« signalisiert, ist ein Trick der Evolution; er sorgt dafür, dass die Reaktionen schnell und automatisch richtig ablaufen.

Was positiv oder negativ für die Selbsterhaltung ist, äußert sich in Wohl- und Missbehagen, beim Pantoffeltier wie auch bei höheren Lebewesen. Um den Dalai Lama zu zitieren: »Wir alle streben von Natur aus nach Glück und suchen Leid zu vermeiden.«[3] Im Fall des Menschen hat das Wahrnehmen der Gefühle zu einer weiteren Entwicklungsstufe geführt: dem Bewusstsein. Damasio nennt es das »Gefühl des Erkennens, dass wir Gefühle haben«.[4] Statt stereotyper Flucht-Hinwendungs-Reaktionen ist die Bühne damit frei für zielgerichtetes geplantes Handeln.

Wenn es kalt ist, bekommt der frierende Bär einen Winterpelz und zieht sich in seine Höhle zurück. Der frierende Mensch stellt die Heizung an. Er hat gelernt, sein Bewusstsein für das unangenehme Gefühl Kälte in Gegenmaßnahmen wie Feuermachen und Kraftwerkbau zu übersetzen. Diese grandiose Weiterentwicklung hat einen Haken: Der denkende menschliche Geist registriert in der Regel als besonders wichtig nur das, was er absichtlich initiiert hat. Deshalb empfinden wir den bewussten Geist *jederzeit* als Herrn über das Geschehen.

Darin allerdings liegt ein Trugschluss. Unendlich viele Prozesse im Organismus, die von neuronalen Schaltkreisen gesteuert und überwacht werden, laufen routinemäßig nach wie vor ab wie beim Einzeller, unterhalb der Bewusstseins-schwelle. Das gilt nicht nur für interne körperliche Regel-kreise wie Blutzirkulation, Verdauung oder Herzschlag. Das Glas findet den Mund, wenn wir trinken wollen. Beim Sehen stellen wir automatisch die Entfernung scharf, die uns ge-rade interessiert. Wenn wir zu stolpern drohen, setzen wir den zweiten Fuß so, dass die Balance erhalten bleibt.

Auch wer Rad oder Auto fährt, Ski läuft, eine Sportart oder ein Instrument beherrscht, braucht den wachen Geist dabei nur selten. Solange der Körper eine Tätigkeit wieder-holt, die er »im Schlaf« beherrscht, die ihm »in Fleisch und Blut« übergegangen ist, stört das Bewusstsein sogar. Ein-geschaltet – ebenfalls ein treffender Ausdruck – wird es nur dann, wenn eine Störung den automatisierten Ablauf be-hindert. Nicht viel anders ist es, wenn das Gehirn vor Alltags-Entscheidungen steht. Soll man bei einer Verabre-dung lieber Blumen, Schokolade, Wein oder ein gutes Buch mitbringen? Welche Hose ist vom Preis-Leistungs-Mode-Bequemlichkeits-Verhältnis ideal: die blaue mit Bundfalten, die braune im Sonderangebot, die schwarze aus Biobaum-wolle oder eine der hundert anderen, die in der richtigen Größe im Kaufhaus um Kundenaufmerksamkeit ringen?

Wollte der Geist ständig jedes Für und Wider rein ratio-nal abwägen, müsste er in einer Entscheidungskaskade Erfahrungen, Statistiken und Wahrscheinlichkeiten zu Rate ziehen und am Ende frustriert aufgeben oder – wie Elliot – irgendeine beliebige, vielleicht sehr dumme Wahl treffen. Stattdessen kommt das Ich normalerweise in Sekunden- oder Minutenschnelle zu sinnvollen Lösungen. Denn der Geist kann schon zu Beginn eines Denkprozesses auf un-gezählte Vorerfahrungen samt der damit verbundenen Ge-fühle und Vorlieben zurückgreifen. Bewusst macht er sich das nicht.

Antonio Damasio war natürlich nicht der erste, der die

Gefühlsanteile des Geistes würdigt. Sigmund Freud widmete sein Leben dem Unterbewussten und der Frage, dass das Ich »nicht Herr im eigenen Haus« ist. Und Ratio-Skeptiker Albert Einstein war, wie so oft, seiner Zeit voraus, als er sagte: »Der intuitive Geist ist ein heiliges Geschenk und der rationale Geist ein treuer Diener.«

Damasios neurobiologisches Bild vom Unbewussten gibt beiden recht und geht über die Lehren der Psychologie hinaus. Gespeichert sind im Unbewussten nicht nur verdrängte Sexualität und Kindheitstraumen, sondern alle Erfahrungen des bisherigen Lebens. Und mehr als das: Dieses Unbewusste umfasst im ältesten Teil unseres Gehirns, dem limbischen System, auch das Erbe der Evolution samt Facetten des Pantoffeltier-Daseins.

Es geht bei dieser Theorie nicht darum, dass der moderne Mensch von Steinzeitinstinkten und -genen getrieben ist, wie manche Soziobiologen spekulieren. Es geht um subtile Entscheidungen. Die könnte man als Verhandlungen zwischen dem unbewussten Gesamt-Vorwissen und den Anforderungen einer neuen Situation ansehen. Weisheit könnte bedeuten, das Bewusstsein im richtigen Moment »einzuschalten« und die Konflikte zwischen Intellekt und Emotion, zwischen Geist und Gefühl klug auszutarieren. Das setzt eine Einsicht voraus, die Descartes' Irrtum überwindet: Das Fühlen spielt die Schlüsselrolle im Leben. Es macht uns handlungsfähig.

Aber gibt es nicht oft genug Situationen, wo uns Gefühle in die Irre führen? Wo sie den Verstand geradezu terrorisieren und in eine völlig falsche Richtung lenken? Der Einwand ist berechtigt. Gefühlen eine Hauptrolle zuzusprechen, heißt nicht, dass man sich ihnen ausliefern soll. Aber es ist wichtig, sie ernstzunehmen. Denn der Herrschaftsbereich der *Ratio* reicht nicht so weit, wie es sich die Philosophen lange ausgemalt haben.

Das Universum des Unbewussten wird neu definiert

Inzwischen ist das Reich des Unbewussten tiefer ausgelotet. Es gibt Berechnungen, wie winzig der Bereich der bewussten Wahrnehmung im Vergleich zur gesamten »Datenverarbeitung« im Körper ist. Bewusst aufnehmen kann der Mensch 10 bis 60 Bits pro Sekunde; beim Lesen schaffen Sie zum Beispiel gerade rund 50. Ihr gesamter Organismus jongliert im selben Zeitraum mit 11 Millionen solcher Informationseinheiten.[5] Der Hirnforscher Gerhard Roth hat die Situation schön zugespitzt. Er vergleicht das bewusste Ich mit einem Regierungssprecher, »der Entscheidungen interpretieren und legitimieren muss, deren Gründe und Hintergründe er gar nicht kennt und an deren Zustandekommen er zudem nicht beteiligt war«.[6]

An dieser Stelle entzündet sich in der Regel die Diskussion um den freien Willen. Bedeuten die neuen Erkenntnisse über das Unbewusste, dass man die Idee von der menschlichen Willensfreiheit zu den Akten legen muss? Die Debatte ist müßig. Wenn es so wäre, dass sich jeder Mensch in jeder Situation blind und auf Autopilot durch seine Tage bewegt, hätte niemand je eine Wahl: Ihr bisheriges Leben wäre zwingend darauf hinausgelaufen, dass Sie jetzt diese Zeilen lesen. Meines, dass ich sie geschrieben habe. Ob Sie das Buch jetzt zuschlagen oder nicht, wäre keine Frage Ihrer freien Entscheidung, sondern etwas, das die Neuronenkonfiguration in Ihrem Gehirn quasi unabhängig von Ihrem bewussten Ich trifft.

Es gibt in der Neurologie tatsächlich Fälle, bei denen Gehirnschaltungen von Patienten Aktionen provozieren, die das Bewusstsein erst im Nachhinein zur Kenntnis nimmt. Ärzte können diese Zustände verfolgen und analysieren. Sie treten bei Epileptikern auf, bei denen die Hirnregion, in der die Anfälle ausgelöst werden, operativ entfernt werden soll. Um die entscheidenden Stellen genau zu lokalisieren und nicht zu viel wegzuschneiden, wird vor dem Eingriff am offenen Hirn die unmittelbare Umgebung des Anfallzentrums mit Strom stimuliert. Dabei kommt das Phänomen »elektrischer Depression« vor: Antonio Damasio beschreibt eine Patientin, die bei der Reizung eines Areals von plötzlicher Traurigkeit überfallen wird, zu schluchzen beginnt und in eine lange Klage ausbricht: »Ich habe das Leben satt, ich habe genug ... Alles ist sinnlos ich fühle mich wertlos«. Der behandelnde Arzt erkennt, dass der elektrische Strom etwas mit dieser Reaktion zu tun hat und stellt ihn ab. 90 Sekunden später ist die Patientin wieder wie ausgewechselt, sie entspannt sich und lächelt. Nach der Episode befragt, antwortet sie, sie habe sich schrecklich gefühlt, ohne zu wissen warum.

Weniger erschreckend und fast noch interessanter ist der Fall einer anderen Epileptikerin, die bei der elektrischen Stimulierung einer kleinen Hirnregion jedes Mal in unmotiviertes, aber vollkommen natürlich wirkendes Gelächter ausbrach. Nach der Ursache befragt, zeigte sie sich nicht ratlos oder überrascht. Sie fand stattdessen immer neue Gründe für die Heiterkeit – oder besser: Sie erfand diese Gründe. Als Erklärung musste ein Bild im Raum herhalten, auf das sie gerade geschaut hatte, es sei so witzig. Oder die Ärzte selbst waren verantwortlich: »Oh, Leute, ihr seid einfach zu komisch.«[7]

Die Beispiele zeigen: Das Bewusstsein tut viel, um sich als Herr der Lage zu fühlen. In Situationen, in denen es die vom Hirn ausgelösten Handlungen des Ich nicht versteht, ist es zu kreativen Rationalisierungen fähig. Allerdings betreffen die geschilderten Fälle extreme Ausnahmesituationen. Eine unmittelbare Stimulierung lokaler Gehirnareale, in denen alle übrigen Kontrollinstanzen des Organismus ausgeschaltet sind, kommt bei Gesunden allenfalls im Drogenrausch vor. Und auch bei den beschriebenen Patienten zeigt sich, dass der Kontrollverlust nach der direkten Hirnstimulation schnell wieder vorbei ist.

Für das normale Leben stellen sich deshalb die Fragen nach dem Radius der Willensfreiheit anders – und sie hängen direkt mit dem Weisheitsthema zusammen: Was können wir daraus lernen, dass das Unbewusste eine größere Rolle im Leben spielt, als das Bewusstsein zugeben will? Lässt sich diese Erkenntnis konstruktiv nutzen? Wenn ja, wie können wir das Zusammenspiel zwischen bewusstem und unbewussten Sein in eine befriedigende Balance bringen?

Was tun bei Kollisionsgefahr zwischen Geist und Gefühl?

Unendlich viele Erfahrungen lassen ahnen, wie oft Geist und Gefühl im Alltag auf Kollisionskurs sind und wir uns nicht so verhalten, wie es vernünftig oder gar weise wäre. Die Werbewirtschaft lebt von dem, was in ihrem Jargon »Emotionales Boosting« heißt: Kunden geben mehr Geld aus als nötig, weil man in ihnen Gefühle wecken kann, die zum Haben-Wollen führen. Und die Erfinder von Schlankheitsdiäten profitieren davon, dass die Evolution die Frühmenschen vor Millionen Jahren konditioniert hat, Fett und Zucker zu lieben, um Reserven für schlechte Zeiten zu speichern.

Darüber hinaus gibt es schwerer erklärbare Situationen, in denen selbst gutwillige Menschen ihre besten Vorsätze vergessen. Der folgende Versuch ist nicht ganz so drastisch wie das berühmte Milgram-Experiment, bei dem Probanden andere Personen mit vermeintlichen Stromstößen traktierten, weil die Versuchsleiter sie dazu aufforderten. Doch auch das Experiment »Von Jerusalem nach Jericho«, das die amerikanischen Psychologen John Darley und Daniel Batson schon in den 1970er Jahren durchführten, hat es in sich. Die Teilnehmer gehörten einer besonderen Personengruppe an. Es waren 40 Studenten im Theologischen Seminar der Princeton University.

Die angehenden Theologen wurden in zwei Gruppen aufgeteilt und einzeln in ihre Aufgaben eingewiesen: Die einen sollen einen drei- bis fünfminütigen Vortrag über ihr zukünftiges Berufsleben vorbereiten. Die anderen sollen ebenfalls einen Vortrag vorbereiten, und zwar über das Gleichnis vom »Barmherzigen Samariter«. Die Geschichte haben sie zuvor rekapituliert: Auf dem Weg von Jerusalem nach Jericho wird ein Mann von Räubern überfallen und liegt halbtot auf der Straße. Ein Priester geht vorbei, sieht ihn und wechselt die Straßenseite. Ein Levite, der zu den Reichen der damaligen Gesellschaft gehört, tut das Gleiche. Nur ein Samariter aus einem niedrigen Stand kümmert sich um das Opfer, verbindet seine Wunden, bringt ihn zu einer Herberge und bezahlt sie. Jesus spricht: »Geht und tut dasselbe!«

In das eigentliche Experiment werden die Teilnehmer nicht eingeweiht. Sie erfahren nur, dass ihre Vorträge in einem anderen Raum ein paar Straßen weiter auf Tonband aufgenommen würden und erhalten eine Skizze, wohin sie gehen sollen. Die Anweisungen unterscheiden sich in einem Punkt. Probanden der »Hohe-Eile«-Variante bekommen zu hören, dass sie schon zu spät dran seien; der Labor-Assistent warte bereits. In der »Mittleren-Eile-Variante« heißt es: »Der Assistent ist so weit, gehen Sie los!« Und in der »Trödel-Variante« hören sie, dass es wohl noch etwas dauere, bis alles bereit sei, aber sie könnten sich ruhig schon auf den Weg machen.

Auf dem Weg wartet auf jeden einzelnen ein inszenierter

Zwischenfall: eine reale Samariter-Situation. Ein augenscheinlich hilfsbedürftiger Mann kauert bewegungslos mit geschlossenen Augen in einem Torgang, atmet schwer, hustet und stöhnt. Wird er angesprochen, sagt er, es sei schon okay; er habe Pillen gegen seine Atemnot und müsse nur ein Weilchen sitzen bleiben.

Nur 16 der angehenden Theologen (40 Prozent) sprechen ihn überhaupt an, die anderen 24 tun es nicht; sie nehmen den Mann entweder gar nicht zur Kenntnis oder registrieren seine Not, ohne zu reagieren. Der Clou: Die Hilfsbereitschaft hat nichts damit zu tun, ob der Einzelne sich gerade intensiv mit der Samariter-Geschichte beschäftigt hat oder nicht; entscheidend ist einzig, ob er sich im Glauben wähnt, es eilig zu haben. Von den Versuchspersonen im Trödelmodus bieten 63 Prozent dem Mann Hilfe an, einige laden ihn ins Café ein, um sich zu vergewissern, dass es ihm wieder besser geht. Von denen im Hohe-Eile-Modus kümmern sich nur zehn Prozent um ihn. »In einigen Fällen stiegen die Seminaristen buchstäblich über das Opfer hinweg, als sie zu ihrem Ziel eilten«, schreiben die Autoren der Studie.[8]

Gehorsam erwies sich bei den meisten eiligen Probanden (aber eben auch nicht bei allen) stärker als das Mitleid – auch bei diesen angehenden Theologen, bei denen Empathie zum Berufsbild gehört. Und das, obwohl das Mitleids-Thema zuvor extra ins Bewusstsein gehoben worden war und die vermeintliche Eile auf Einbildung beruhte. Die Kandidaten hatten keinerlei Sanktionen zu befürchten. Sie erfüllten keine Seminaraufgabe, sondern nahmen nur einem Versuch teil, für den sie 2 Dollar 50 bekamen.

Die Lehre aus solchen Erkenntnissen ist Vorsicht und Wachsamkeit sich selbst gegenüber. Harmonieren das bewusste und das gefühlte Ich? Stimmen Selbstbild und eigenes Verhalten noch überein?

Die neue Balance zwischen Kopf, Herz, Bauch:
Das »Bauchhirn« scheint so wesentlich
wie die grauen Zellen

Es gibt die schöne Anekdote von dem Mann, der sich in jungen Jahren in zwei Frauen verliebt hatte und sich für eine von ihnen entscheiden musste. Er beschloss, ganz rational vorzugehen und alle Vorzüge und Mängel der beiden Kandidatinnen anhand einer Strichliste zu bewerten. Er machte seine Kreuzchen, das Ergebnis war eindeutig. Aber sein Bauch wusste: Es war falsch. Er entschied sich für die Frau, die nach Aktenlage schlechter abgeschnitten hatte und bereute es nie.

Den Bauch entscheiden zu lassen, riecht nach Irrationalität. Aber wie so oft, hat die Sprache mit dem Begriff »Bauchgefühl« im Deutschen oder »gut feeling« im Englischen ein Bild gefunden, das der Wahrheit verblüffend nahe kommt. Forscher reden heute tatsächlich vom »Bauchhirn«. Sie haben im Bauch – genauer gesagt, im Darm – eine Unzahl von Nervenzellen und -verbindungen entdeckt, die über das Rückenmark im direkten Kontakt zu den Hirnzellen stehen.

Eigentlich kein Wunder. Der Darm braucht eine Art »Intelligenz«. Die große Verdauungsmaschinerie ist zugleich das größte Immunorgan im Körper, in dem sich 70 Prozent der Abwehrzellen befinden. Der Darm steuert 24 Stunden am Tag den Durchlauf von ungezählten chemischen Substanzen, er produziert und reguliert dabei wie das Gehirn die Ausschüttung von Nervenbotenstoffen. Und er steuert »Stress-Kreisläufe«: Anspannung oder Angst beeinflussen nicht nur die Hirn-, sondern auch die Darmaktivitäten. Auch wenn längst noch nicht alle Details entschlüsselt sind – es scheint sicher, dass das Nervensystem im Unterleib kontinuierlich mit dem Gehirn über die Zustände im

Körper kommuniziert und die Bauchgefühle sich als »verkörperte Informationen« deuten lassen.

Meine Kollegin, die GEO-Redakteurin Hania Luczak, hat als eine der ersten die wissenschaftlichen Erkenntnisse aus dem »Reich der Mitte« recherchiert und zusammengetragen. Sie schreibt: »Als Resultat postulieren Forscher eine ›Emotions-Gedächtnis-Bank‹ im Kopfhirn, die alle hoch gesendeten Reaktionen und Daten des Bauches sammelt. Etwa jene unangenehmen Sensationen bei stark beängstigenden Situationen. Aber auch biologische Chiffren der Vorfreude wie die harmlosen Schmetterlinge im Bauch oder irritierende Ablehnung beim Augenkontakt mit bestimmten Zeitgenossen.«[9]

Die Forschungsergebnisse über »Verhandlungen« zwischen Kopf- und Bauchhirn sind noch längst nicht im Allgemeinwissen angekommen. Was bedeuten sie für das eigene Leben? Zunächst einen Aha-Effekt: Es ist schwierig, starke Gefühle mit dem Kopf »überstimmen« zu wollen. Das Bauchhirn verkörpert eine eigene Intelligenz. Manchmal ist seine Sprache einfach zu verstehen, wenn wir merken, dass wir schlapp, überdreht oder verkrampft sind, wenn die Nase tropft und wir Schmerzen oder Fieber haben. Der Körper will Erholung, und es ist gefährlich, sie ihm nicht zu gönnen. In anderen Fällen sind die Hinweise schwerer zu interpretieren und zu akzeptieren. Wenn der Leib den Geist auch an der Verwirklichung guter Ideen hindern will: Wer vorhat, sich das Rauchen abzugewöhnen oder täglich eine halbe Stunde früher aufzustehen, kann mit Widerstand von unten rechnen – der Körper kennt die Vorzüge der alten Gewohnheiten; Nikotin entspannt, Schlafen auch.

Auch wenn das Bewusstsein darum kämpft, Vorurteile zu überwinden, ist mit Protest zu rechnen. Fremdenhass gehört zu den Konstanten der Menschheitsgeschichte. Dass man Andersfarbigen, -sprachigen, -gläubigen trauen soll, ist ein mühsamer Lernprozess. (Um ihn zu erleichtern, empfehlen Psychologen, nicht nur *über* die Fremden zu reden, sondern *mit* ihnen. Eigene gute Erfahrungen beeinflussen die Gefühle schneller.)

Die zweite Erkenntnis lautet: Der Körper hat weit mehr Achtung und Fürsorge verdient, als er in der Regel im 21. Jahrhundert bekommt. Egal, ob Manager, Ärztin, Lehrer, Sachbearbeiterin am PC, Industriearbeiter oder Kassiererin – gemeinsam sind fast allen Berufen Stress, Erschöpfung, Bewegungsmangel oder eintönige Bewegungen. Die Ausgleichsaktivitäten passen sich an überfüllte Stundenpläne an: Coffee to go, Termine im Fitnessstudio, Kurzurlaube. Hilfreicher wäre eine Orientierung am Ideal der Daoisten. Die sind nicht nur Experten für die Faultierqualität des Nicht-Handelns (siehe Kapitel 7). Sie haben auch eigene Theorien, was Körper und Geist zu einem ausgeglichenen Leben brauchen: Musik, Bücher, Malerei und Schachspiel, dazu bewusste und gesunde Ernährung, Bewegung, Meditation.

Wie das Unbewusste arbeitet:
Die geniale Erfindung der Inkubation

Wer sich an die Empfehlungen aus dem alten China hält, sollte das Verhältnis zwischen Kopf und Bauch verbessern können. Eine Unsicherheit allerdings bleibt: Wie lässt sich unterscheiden, ob man sich auf die Gefühlssignale im Ich verlassen kann oder ob das limbische System im Hirn plumpe Vorurteile reproduziert?

Der folgende Versuch dazu stammt schon aus den Anfängen der experimentellen Gefühlsforschung Anfang der 1990er Jahre. Aber sein Ergebnis ist so frappierend, dass er hier nicht fehlen darf. Nalini Ambady und Robert Rosen-

thal, Psychologen an der Harvard University, wussten aus
früheren Experimenten (und aus der eigenen Lebenserfahrung), dass Menschen oft schon nach einer extrem kurzen
Zeitspanne ein Urteil über Fremde fällen. Nun interessierte
sie, welchen Wert solche Spontanurteile besitzen. Sind es
reine Vorurteile? Oder decken sie sich mit Eindrücken von
Personen, die mit den Betroffenen über lange Zeit zu tun
haben?[10]

Um das zu prüfen, ließen sie jeweils eine Unterrichts-
stunde von 13 College-Dozenten filmen. Die Kamera war
dabei nur auf die Aktionen der Lehrer gerichtet, Studenten
kamen nicht ins Bild. Anschließend wurden aus dem Mate-
rial pro Dozent je drei Zehn-Sekunden-Episoden heraus-
geschnitten, je einer aus der Anfangsphase, der Mitte und
der Endphase des Unterrichts.

Versuchspersonen waren neun Studentinnen, die mit
den Unterrichtenden nie zu tun gehabt hatten. Frauen
deshalb, weil die Versuchsleiter ihnen bessere Deutung des
nonverbalen Verhaltens zutrauten, denn sie bekamen die
Mini-Video-Clips ohne Ton zu sehen. Am Ende sollten sie
jeweils 15 Persönlichkeitsmerkmale der Dozenten bewerten: Aufmerksamkeit, Empathie, Enthusiasmus, Hilfsbereitschaft, Optimismus ... Verglichen wurde ihr Urteil mit der
Bewertung von Studenten, die weit mehr Erfahrung mit
den Dozenten gesammelt hatten. Sie hatten das ganze Semester über bei ihnen gelernt.

Das Erstaunliche geschah: Die Video-Clips von einer
halben Minute reichten den Versuchsteilnehmerinnen für
eine verlässliche Einschätzung aus. Ihre Urteile stimmten
signifikant mit denen aus der Langzeit-Perspektive überein.

Das Experiment zeigt, dass intuitive Einschätzungen keine Einbildung sind. Die Probandinnen kamen nach 30 Sekunden unabhängig voneinander zu erstaunlich ähnlichen
Urteilen, und die wurden von den »Zweit-Gutachtern« be-

198

stätigt. Die Beurteilungen waren auch nicht auf das Aussehen der beobachteten Dozenten zurückzuführen. Deren Attraktivität wurde von einem anderen Probandinnen-Team bewertet, um diesen Einfluss auszuschließen.

Inzwischen zeigen viele experimentelle Studien, wann Intuition besonders gut funktioniert. Der niederländische Psychologe Ap Dijksterhuis von der Universität Amsterdam hat dazu eine »Theorie des unbewussten Denkens« vorgelegt. Er vertritt die These, dass das Unbewusste umso besser zu einer Lösung beiträgt, je komplexer die Probleme sind, vor denen der Mensch steht. Für Rechenaufgaben mit eindeutiger Antwort ist das »Bauchhirn« ungeeignet. Doch wenn es um komplexe Entscheidungen geht, in denen eine unüberschaubare Zahl von Variablen eine Rolle spielen, tut das Ich gut daran, lieber die unbewussten Kanäle anzuzapfen als den Intellekt zu bemühen.

Dijksterhuis gehört heute zu den angesehensten Gefühlsforschern. In seinen eigenen Experimenten konfrontiert er Versuchspersonen mit Entscheidungssituationen, und »zwingt« ihr Gehirn dann zu unterschiedlichen Verarbeitungsprozessen. Erhellende Einsichten hat er aus dem sogenannten »Poster-Experiment« gewonnen. Dabei stehen fünf Plakate zur Auswahl, die den Probanden gezeigt werden, drei mit Abbildungen abstrakter Kunst, eines mit dem Foto einer Blume, eines mit dem Foto eines Vogelschwarms. Wie schön finden die Teilnehmer die Motive? Welches Bild ist das schönste?

Nach der Vorführung der Bilder erhalten die Teilnehmer unterschiedliche Anweisungen. Die Probanden von Gruppe A müssen die Motive sofort im Anschluss bewerten und sind fertig. Sie entscheiden also aus dem spontanen Gefühl heraus. Die aus Gruppe B werden zur Vernunft-Entscheidung gedrängt. Sie bekommen jedes Bild einzeln noch einmal 90 Sekunden lang zu sehen und müssen anschließend Begründungen mit Pro und Contra aufschreiben, welches Bild ihnen warum ge- oder missfällt. Bei Teilnehmern in Gruppe C werden Bewusstsein und Unbewusstes quasi mit Gewalt getrennt: Sofort nach dem Kontakt mit den Plakatmotiven wird ihr Intellekt mit Rechenaufgaben traktiert; das Unbewusste soll derweil eigene Wege gehen. Nach ein paar Minuten wird dann die Bewertung der Poster verlangt.

Am Ende wartet eine Überraschung. Allen Teilnehmern wird das Poster, das ihm am besten gefallen hat, als Geschenk überreicht.

Die Probanden denken, der Versuch ist zu Ende, doch das eigentlich interessante Stadium steht noch bevor. Drei bis fünf Wochen später erhalten die Teilnehmer einen Anruf: Sind Sie mit der ursprünglichen Wahl »Ihres« Posters noch zufrieden? Wenn Sie es verkaufen würden, wie viel Geld würden Sie verlangen? Die Antworten bestätigen Dijksterhuis' Hypothese: Am zufriedensten sind die Mitglieder der Gruppe C, deren Gefühl Zeit hatte, die Entscheidung reifen zu lassen, während der Geist durch die Rechenaufgabe abgelenkt war. Diese »unbewussten Entscheider« sind mit ihrem Urteil nicht nur glücklicher als die anderen (auf einer Zufriedenheits-Skala von 1 bis 10 erreichen sie den Wert 7,3; die beiden anderen Gruppen je 6,7). Sie würden von potentiellen Käufern auch wesentlich mehr Geld verlangen: 9,56 Euro. Die Spontan-Entscheider wollen dagegen nur 6,39 Euro, die Rationalen geben sich mit 5,03 Euro zufrieden.

Die Zeitspanne, in der das Bewusstsein von Gruppe C abgelenkt war, war kurz: 450 Sekunden. Aber sie war anscheinend wichtig, um ihr Unterbewusstsein ein für das Ich stimmiges Urteil fällen zu lassen. Am unzufriedensten waren ausgerechnet jene Probanden, die sich besonders viele Gedanken gemacht und ihre Entscheidung rational begründet hatten.

Inkubation heißt der psychologische Begriff für dieses Phänomen. Wird das Unbewusste mit einer Aufgabe konfrontiert und dabei sich selbst überlassen, kann es zu Hochform auflaufen. Jene paradox anmutende passive Aktivität setzt ein, die auch bei kreativen Prozessen eine wichtige Rolle spielt. Im nächsten Kapitel wird klar werden, dass diese Erkenntnis nicht nur für Labor-Experimente gilt, sondern auf Weisheit im Alltag zu übertragen ist. Auf wundersame Weise scheinen Probleme wie von allein zu einer Lösung zu finden, wenn man sie eine Weile in Ruhe lässt, wenn man darüber schläft, die Gedanken in andere Richtungen schweifen lässt oder sich mit einer völlig anderen Aktivität ablenkt.

Eine erste kleine Anleitung für weise Entscheidungen ist aus den Intuitionsexperimenten zu ziehen. Wer zwischen zwei Alternativen wählen muss und unsicher ist, sollte getrost eine Münze werfen. Und dann nicht tun, was die Münze sagt, sondern das, was der Bauch empfiehlt, wenn er das Ergebnis erfährt.

Der Weg

11 Ein Test mit 39 Fragen. Wie die Psychologin Monika Ardelt versucht, den persönlichen Weisheitsgrad zu messen. Und warum es so schwierig es ist, Weisheitsmerkmale zu lernen

Der Weg zu einem Weisheitsbild, das neben Kognition und Reflexion auch Affekte einschließt

Der Sprung von den Einsichten der Gefühlsforscher zu einem »Weisheitstest« zum Ankreuzen ist auf den ersten Blick groß. Doch es gibt Zusammenhänge. Hier zunächst einige Testfragen.

Wie sehr sind Sie mit jeder dieser Aussagen einverstanden? Antworten Sie jeweils auf einer Skala von 1 (stimme gar nicht zu) bis 5 (stimme sehr zu)

* In unserer komplizierten Welt muss man sich auf vertrauenswürdige Autoritäten oder Experten verlassen, um herauszufinden, was los ist.
* Was ich nicht weiß, macht mich nicht heiß.
* Menschen nehmen die Gefühle und das Empfinden von Tieren zu ernst.
* Ich weiß, dass es Menschen gibt, die ich niemals mögen werde.

Und wie stark identifizieren Sie sich mit diesen Aussagen? Antworten bitte von 1 (trifft gar nicht zu) bis 5 (trifft sehr zu)

* Ich nehme Dinge lieber hin als zu verstehen, warum sie so gekommen sind.
* Ich werde entweder sehr ärgerlich oder sehr niedergeschlagen, wenn Dinge schief gehen.
* Ich habe oft einen anderen Menschen nicht getröstet, wenn er oder sie es gebraucht hätte.
* Ich fühle mich betrogen, wenn ich darauf zurückblicke, was mir alles widerfahren ist.

Die Beispiele gehören zu einem Test mit 39 Fragen, mit dem Monika Ardelt von der Universität Florida die Szene der Weisheitsforscher provoziert hat. Die Soziologieprofessorin hatte die Arbeiten ihrer Vorgänger gründlich studiert – und es dann gewagt, einen Ankreuz-Test zu entwickeln, um einen persönlichen »Weisheits-Score« zu ermitteln. Ein freches Vorgehen: Sollte sich die Blüte menschlicher Entwicklung und Reife tatsächlich im Kästchen-Raster einfangen lassen? In Kooperation mit dem Magazin GEO hat Monika Ardelt eine deutsche Online-Version ihres Tests veröffentlicht (www.geo.de / Weisheitstest).[1] Wer im Internet einen Selbstversuch machen will, sollte das am besten vor dem Weiterlesen tun – zu viel über die Hintergründe des Konzepts zu wissen, kann das Ergebnis beeinträchtigen.

Grundlage für Monika Ardelts Ansatz ist die Hypothese, dass sich der Kern der Weisheit aus drei Dimensionen zusammensetzt, die sich abfragen lassen:[2]

(1) Weise Menschen suchen nach der Wahrheit und treffen ihre Entscheidungen im Wissen über die Unsicherheiten und die Unvorhersehbarkeit des Lebens. Ein Teil des Tests muss also *kognitive* Facetten wie Intelligenz, Erfahrung und Beobachtungsgabe beinhalten.
(2) Weise Menschen besitzen die Fähigkeit, Probleme aus verschiedenen Blickwinkeln zu betrachten und Vorur-

teile beiseite zu lassen. Sie neigen nicht dazu, die Umstände oder andere Menschen für die eigene Situation und die eigenen Gefühle verantwortlich zu machen. Der Test muss also solche *reflektiven* Qualitäten abdecken.

(3) Weise stehen anderen Menschen nicht gleichgültig oder negativ gegenüber, sondern offen und hilfsbereit. Für diese dritte, *affektive* Dimension muss der Test Aspekte wie Verständnis, Empathie, Fürsorge und Freundlichkeit berücksichtigen.

Aufmerksamkeit auch auf diesen letzten Bereich zu richten, ist eine Stärke des Konzepts. So wie Antonio Damasio die Bedeutung der Gefühle in der Hirnforschung hervorgehoben hat, so tut es Monika Ardelt in der Weisheitsforschung. Ihr Weisheitsbegriff umfasst damit nicht nur Denker mit weitem Horizont, sondern auch Menschen mit großem Herzen. Das passt zum allgemeinen Verständnis: Laien, die Merkmale weiser Menschen aufzählen sollen, nennen häufig Eigenschaften, die nicht mit Intellekt, sondern mit Gefühl zu tun haben, also eher aus dem »weiblichen« Spektrum stammen. Wissenschaftler, die den Weisheitsgrad unterschiedlicher Personen vergleichen wollten, haben Weisheit dennoch bisher, wie in Kapitel 4 am Beispiel der Berliner Gruppe um Paul Baltes erläutert, einseitig auf Experten*wissen* reduziert. Dass Monika Ardelt diese Einengung überwindet, macht ihre Studien richtungweisend.

Ihr Vorhaben hat dennoch vorhersehbare Tücken. Wie kann man sich ausgerechnet beim Thema Weisheit auf Selbsteinschätzung verlassen? Darauf, dass die Antworten ehrlich sind? Und selbst, wenn sie nach bestem Wissen gegeben werden und ehrlich *gemeint* sind – wird nicht eine gehörige Portion Selbstbetrug im Spiel sein? Schließlich klingen einige Aussagen, zu denen man Stellung beziehen soll, als ob nur Engel die 5 auf der Skala ankreuzen dürften.

Etwa: »Ich komme mit jeder Art von Menschen gut aus.« Andere »trifft voll zu«-Antworten signalisieren eine gewisse Härte, zu der sich wohl nicht jeder, der sie empfindet, auch offensiv mit seinem Kreuz bekennt: »Es ist eigentlich nicht mein Problem, wenn andere in Schwierigkeiten sind und Hilfe brauchen.« Oder: »Ich finde es manchmal schwierig, die Dinge aus Sicht einer anderen Person zu sehen.«

Monika Ardelt hat die ersten Daten zu ihrer »dreidimensionalen Weisheitsskala« in den Jahren 1997 und 1998 erhoben und viel Mühe darauf verwendet, die Fallen zu umschiffen, die im Selbsteinschätzungs-Verfahren lauern. Fünf Gutachter haben entschieden, in welche der drei Kategorien die einzelnen vorgeschlagenen Sätze am besten passen und nach möglichst unverfänglichen Formulierungen gesucht. Aus einem Pool von ursprünglich 158 Aussagen sind nach einer rigorosen Auslese-Prozedur 39 als geeignet übrig geblieben; sie stellen die endgültige Version des heute verwendeten Tests dar. Gestrichen wurden all jene Sätze, die den Finessen statistischer Validierung nicht standhielten, zum Beispiel Aussagen, bei denen die gegebenen Antworten nicht stark genug variierten oder die bei einer »sozialen Erwünschtheits-Prüfung« durchfielen, also zu Antworten verführten, die eher politisch korrekt als der Wahrheit verpflichtet waren.

Die Urstudie, mit der Monika Ardelt ihren Test etablierte, fand im Rahmen eines Projekts zur Erforschung des Älterwerdens statt. Die Soziologin rekrutierte dafür 180 Probandinnen und Probanden im Alter zwischen 52 und 87 Jahren aus Florida. Sie verschwieg ihnen, dass es ihr um das Thema Weisheit ging und kündigte den Test als Umfrage zu »Persönlichkeit und gutem Altern« an – auch das eine Vorsichtsmaßnahme, um Antworten nicht im Voraus in eine Richtung zu drängen.

Die Auswertungen haben Ardelts Hypothesen bestätigt.

Sie zeigen, dass der im Test ermittelte Weisheitsgrad unabhängig von Einkommen, Rasse, Status und Geschlecht ist, wie man das beim Thema Weisheit erwartet. Positive Korrelationen bestehen zur Bildung der Befragten und zu psychologischen Indikatoren, die ein gelingendes Leben und allgemeines Wohlbefinden kennzeichnen. Negative Korrelationen betreffen Depression, Angst vor ökonomischer Unsicherheit und Todesfurcht – auch das entspricht den Vorstellungen, die man von weisen Menschen hat.

Wird man sich also in Zukunft mit seinem »WQ« schmücken können wie mit dem IQ? Mit Sicherheit nicht. Dazu ist der Test zu leicht zu durchschauen und zu einfach manipulierbar. Wer gute Punktzahlen erzielen will, statt wahrhaftig zu bleiben, wird das nach ein paar Probe-Runden schaffen. Monika Ardelt hat andere Ansprüche. Sie hat die Messergebnisse der Urstudie genutzt, um sich eingehender denjenigen Probanden zuzuwenden, die besonders gut oder besonders schlecht abgeschnitten haben. Mit ihnen haben Interviewer nach der Auswertung längere strukturierte Gespräche geführt, in denen die Teilnehmer von ihrem Leben, seinen Höhen und Tiefen erzählt haben. Mit dieser Tiefenanalyse nähert sich die Forschung der reizvollen praktischen Frage: Welche Lebenseinstellungen und welche Lebensumstände führen dazu, die im Test abgefragte Form der Weisheit zu erlangen? Was haben die einen besser gemacht als die anderen? Kann man sich etwas abschauen von den Strategien der »relativ Weisen«?

Beim Hurrikan ruhig schlafen. Bei Frust zur Bowlingkugel greifen. Nicht heulen, wenn verliehenes Geld nicht zurückkommt – kleine Weisheiten mit großer Wirkung

Die gute Nachricht: Probanden, die in der Studie überdurchschnittliche Werte erzielt haben, haben in manchem Detail herausragende Persönlichkeitsmerkmale, aber in vieler Hinsicht sind sie beruhigend normal. Edna, James und Claire heißen die Pseudonyme der drei genauer untersuchten Teilnehmer aus der Spitzengruppe. Aus den Interviews mit ihnen hat Monika Ardelt Thesen entwickelt, die beleuchten, wie Personen mit besonders gutem Testergebnis Krisen bewältigen.[3]

Edna ist zum Zeitpunkt der Untersuchung 85 Jahre alt und Witwe. Über ihre Persönlichkeit meint sie, auch in ihr stecke »Angst, Wut und all so etwas«, aber sie könne diese Gefühle recht gut kontrollieren. Ein besonderer Zug, den andere an ihr bestaunen, fällt ihr darüber hinaus ein: »Ich kann nicht leugnen, dass ich einen gewissen Grad an Ruhe besitze.«

Als Beispiel dafür erzählt sie den Interviewern, wie sie mit ihren schon erwachsenen Kindern einmal in einen Hurrikan geraten und auf der Flucht vor dem Sturm statt in Sicherheit im Albtraum gelandet ist. Die Familie kann sich in eine kleine Kirche retten. Um sie herum wütet der Sturm, als wolle er das Gebäude auseinandernehmen. Während die anderen panisch sind vor Todesangst, legt Edna sich hin und schläft. Ihre Kinder fassen es nicht. »Sie haben gefragt: ›Mutter, wie kannst du schlafen auf der Kirchenbank mitten im Tornado?‹ Ich habe gesagt: ›Naja, ich glaube, ich war ziemlich müde.‹« Ednas Fazit: »Jemand muss ruhig bleiben in solchen Situationen. In diesem Fall ich.«

Edna ist die Älteste aus der »relativ weisen« Gruppe der

Studie. Sie hat eine offensive Gelassenheit entwickelt, mit der sie Schicksalsschlägen trotzt. Dem Tod des Mannes, mit dem sie 59 Jahre verheiratet war. Dem körperlichen Verfall. Den Schmerzen nach Knieoperation. Sie nimmt es als Tatsache, dass »solche Sachen passieren und man so gut wie möglich damit fertig werden muss. Ich habe lange genug gelebt, um zu wissen, dass ich nicht der einzige Mensch auf der Welt bin«. Selbstmitleid verbietet sie sich. Sie trauert nicht über das schmerzende Knie, sondern freut sich über die Physiotherapie, die ihr hilft, wieder auf die Beine zu kommen. »Ich akzeptiere die schlimmen Seiten, und mache von da aus weiter.«

Mit ihrer Selbstdisziplin kann man Edna als die Stoikerin unter den drei Befragten bezeichnen. Ihre Leitlinie ist, »den Geist und den Willen zu trainieren, das zu tun, was getan werden muss – egal, ob man es will oder nicht«.

James, der zweite Kandidat, über den die Studie ausführlich berichtet, ist Afroamerikaner und war bis zur Pensionierung Lehrer und Abteilungsleiter an einer Schule. In seinen 77 Lebensjahren hat er »genauso viele schlechte wie gute Zeiten erlebt«. Er sagt von sich selbst, dass er ein »Geheimnis« besitze: Es gelinge ihm normalerweise, in allen Dingen die »leichte und fröhliche Seite« zu entdecken. Wenn ihn doch etwas unglücklich macht oder ärgert, lässt er das Problem eine Weile ruhen und überlistet den Ärger, indem er etwas Banales, aber »Heilsames« für sich selbst tut: Bowling. Tennis. Aus der Strategie ergibt sich ein Gefühl der Handlungsfähigkeit. James lässt »nicht zu, dass schlimme Dinge mich völlig überwältigen«. Er hat die Erfahrung gemacht, dass sich auf diese Weise und nach einigem Nachdenken noch für jedes Problem eine Lösung findet. Oder wie er selbst es ausdrückt: dass die Lösung »zu ihm kommt«.

Wie Edna setzt James intuitiv die Faultierqualitäten ein,

von denen in Kapitel 7 die Rede war. Die eine sammelt Kräfte im Schlaf, der andere greift zur Bowlingkugel und verlässt sich darauf, dass etwas in seinem Inneren ihm einen Weg zur Überwindung von Schwierigkeiten weist.

James ist Baptist, zur Zeit der Umfrage lehrt er noch an einer Sunday School und versucht, seinen Schülern beizubringen, für ihre Probleme nicht andere verantwortlich zu machen und sie nicht mit Gewalt zu lösen, sondern auf ihre Gefühle zu achten und sie im Zaum zu halten. »Gefühle kommen von innen«, sagt er. »Ich kann dich nicht wütend machen. Du wirst wütend …« Jungen Menschen die Fähigkeit beizubringen, Gefühle wahrnehmen und kontrollieren zu lernen, sieht er als entscheidend an.

Die dritte Versuchsperson aus der Spitzengruppe der Weisheitsstudie ist die 59-jährige Claire. Sieben Kinder hat sie großgezogen. Der mittlere Sohn ist mit einem Hirnschaden geboren. Sie lehnt es ab, ihn ins Heim zu geben und sagt den Ärzten: »Dieses Kind braucht Liebe und jemand, der es umsorgt. Da würde ich lieber meine gesunden Kinder weggeben als ein Baby, das nicht für sich selbst sprechen kann!« Sie kümmert sich 13 Jahre um das Kind, bis es stirbt. Ein anderer von Claires Söhnen wird Soldat im ersten Golfkrieg. Nach der Rückkehr bricht er mit den Eltern und verlässt Frau und Kinder. Claire unterstützt ihre Schwiegertochter und tröstet den Enkel.

Die Farmerstochter aus Kentucky ohne Schulabschluss ist die typische Vertreterin einer Weisen, deren Stärke auf der emotionalen Seite liegt. Trotz mancher Enttäuschung bleibt sie ihrem Grundsatz treu, zu helfen, wo immer sie kann. Zusammen mit ihrem Mann leiht sie einer Schwägerin eine größere Geldsumme. Als sie hört, dass sie das Geld nie zurückbekommen werden, bucht sie den Verlust als »Erfahrung« ab. Sie sagt, sie empfinde keinen Hass, sondern eher Mitleid: »So ist das Leben. Ich werde nicht herumsitzen und darüber brüten. Dafür habe ich keine Zeit. Es gibt so viel Gutes, was man tun kann.« Claire zieht ihre Zufriedenheit daraus, anderen zu helfen – seit dem Umzug nach Florida nicht nur ihrer großen Familie, sondern auch Älteren und alleinerziehenden Müttern im Umfeld.

Aus dem, was diese Versuchspersonen zu Protokoll gegeben haben, kristallisieren sich für Monika Ardelt drei weise »Metastrategien« für Krisen heraus:

★ Tritt eine kritische Situation ein, ist es sinnvoll, sich zunächst mental zu distanzieren, einen Schritt zurückzutreten und sich zu beruhigen
★ Es folgt die Phase, aktiv das zu tun, was in dieser Lage notwendig ist
★ Zum Schluss gilt es, aus dem Ereignis Lehren für das spätere Leben zu ziehen

Ein fast bilderbuchmäßiges Zitat zur letzten Aussage steuert Edna bei, die sagt: »Klar habe ich Fehler gemacht, aber nachdem sie einmal passiert sind, versuche ich, sie nie zu wiederholen. Ich lerne daraus, ich lerne …«

Wie wenig selbstverständlich ein derartiger Umgang mit Krisen ist, zeigen die Beispiele von Test-Teilnehmern am unteren Ende der Weisheitsskala. Anders als bei den drei Probanden mit hohen Weisheitswerten ziehen sich durch deren Berichte Resignation und Fatalismus. Sie fühlen sich den Widrigkeiten des Lebens ausgeliefert, verfluchen die Umstände und bleiben passiv. »Scherben zusammensammeln und weitermachen«, fasst die Probandin mit dem Pseudonym Wilma ihr 82-jähriges Leben zusammen; wieder und wieder hatte ihr Mann die Familie ins finanzielle Desaster gestürzt und ihr nach dem Tod einen Schuldenhaufen hinterlassen. Marcella, 61, vertraut auf »Beten und Abwarten, dass Gott es richtet« – auch wenn sie die Erfahrung gemacht hat, dass die Chancen dafür nicht allzu gut stehen, um als Fürsorge-Empfängerin einen Job zu finden. Highlight ihrer Woche ist der Altenclub.

Ein gutes Testergebnis scheint also tatsächlich mit mehr Einsicht und größerer Meisterschaft im Umgang mit Krisen verbunden. Doch ein Geheimnis bleibt unbeantwortet. Wie und wann haben die relativ Weisen ihre Fähigkeiten gewonnen? Die Ruhe, die Edna auszeichnet. Die Gelassenheit, sich mit Bowling abzulenken statt seiner Wut freien Lauf zu lassen. Die Stärke, sechs gesunde und ein behindertes Kind großzuziehen und trotz schlechter Erfahrungen nicht bitter zu werden. Wie lassen sich Weichen stellen, um die Hemmnisse zu überwinden, die zum Fatalismus führen und die beneidenswerten Eigenschaften fördern, die zur Weisheit beitragen?

Monika Ardelts Test ist kein Zauberschlüssel, mit dem sich das erschließen lässt. Doch er kann lehren, wie ganz unterschiedliche Charaktere Schwierigkeiten mit ganz persönlicher Note lösen. Nicht jedem ist es gegeben, sich beim Hurrikan zur Ruhe zu legen. Aber eine »mentale Distanz« zu Problemen zu schaffen, indem man abschaltet und sich mit einer Lieblingsbeschäftigung ablenkt, ist eine Strategie, die viele Nachahmungsmöglichkeiten offen lässt.

Als Hilfsmittel zur weiteren Erforschung des Themas taugt der Test allemal. So hat er zum Beispiel bestätigt, dass Frauen in der affektiven Dimension der Weisheit tatsächlich signifikant höhere Werte als Männer besitzen, während die Männer bei den kognitiven Teilen leicht vorn liegen. Diese Geschlechtsunterschiede zeigten sich nicht nur bei amerikanischen Test-Absolventen, sondern auch bei einer Studie mit jungen Studierenden aus der Slowakei.

Falls Sie den Online-Test gemacht haben – fühlen Sie sich bestätigt? Ein Grund sich zurückzulehnen, sind auch Spitzenwerte nicht. Wer sie erzielt, bekommt bei der Auswertung neben einem Lob den Ansporn mit auf den Weg, sich weiter zu vervollkommnen: »Sie können stolz auf sich sein – und bleiben sicher trotzdem bescheiden«, heißt es da. Der erreichte Wert zeuge von Selbsterkenntnis und dem Talent, aus Fehlern zu lernen und Verantwortung nicht auf andere abzuschieben. Doch zum Glück seien auch die Einsichtigsten und Umsichtigsten beim Thema Weisheit nie endgültig am Ziel: »Denn sie wissen, dass es ›selbst im Hirn des weisesten Mannes einen törichten Winkel‹ gibt, wie Aristoteles es formulierte.«

Intelligenz allein kann mehr Unheil als Glück bringen. Lässt sich der IQ mit Weisheit aufladen?

Eine Idee drängt sich auf. Wenn man versteht, aus welchen Quellen sich persönliche Weisheit speist und wenn ihr Vorhandensein sowohl die eigene Zufriedenheit als auch das gute Zusammenleben mit anderen fördert, müsste man eigentlich die Lehrpläne der Schulen in den Müll werfen und Erziehung neu denken. Der amerikanische Wissenschaftler Robert Sternberg wünscht sich genau das. Der Psychologe, der über die Zusammenhänge zwischen Intelligenz, Kreativität und Weisheit forscht, war Präsident der American Psychological Association und ist heute Leiter der University of Oklahoma. Er schildert das Dilemma, dass die schulischen Ziele Intelligenzförderung und Wissen allein nicht hilfreich sind, um Weichen in Richtung auf Weisheit zu stellen – im Gegenteil: Intellektuelle und akademische Fertigkeiten böten »wenig Schutz gegen Bösartigkeit« – und auch nicht »gegen reine Dummheit«.

Sternberg glaubt, dass Menschen mit hohem IQ für vier Trugschlüsse anfällig sind, die sich als Fallen entpuppen können: für die Egoismus-Falle, weil sie denken, die Welt drehe sich um sie. Für die Allwissenheits-Falle, weil sie meinen, keinen Rat von anderen zu brauchen. Für die Omnipotenz-Falle, weil sie glauben, dass ihre Gehirne sie allmächtig machen. Und für die Unverletztlichkeits-Falle, weil sie glauben, sie dürften tun, was sie wollen, weil andere nie und nimmer so clever seien, sie im Zweifelsfall zu erwischen.[4]

Die Öffentlichkeit nimmt all das erst dann wahr, wenn die zuvor gefeierten Helden allzu hoch pokern, wenn auf Hochmut tiefer Fall folgt. Wenn ein Richard Nixon Opfer seiner Watergate-Affäre wird. Wenn prominente Steuerhinterzieher vor laufender Kamera abgeführt werden oder Verteidigungsminister in ihrer Doktorarbeit abschreiben. Wenn überdrehte Bankmanager das globale Finanzsystem an den Rand des Abgrunds treiben. Die Schlagzeilen liefern ständig Nachschub an Beispielen superkluger Dummheit von Personen, bei denen sich Narzissmus und Zynismus paaren. Tückisch nur: Solange sie Erfolg haben, werden sie bewundert und gelten als Vorbilder.

Für Robert Sternberg ist die logische Konsequenz daraus, den Wert der reinen Intelligenz in Frage zu stellen. Der Intelligenzquotient der Menschheit sei in den letzten 100 Jahren spürbar gestiegen, merkt er an, doch dieser Fortschritt mache sich gesellschaftlich nicht positiv bemerkbar. Hass und Gewalt, Massaker und Völkermord jedenfalls seien noch immer »in historischem Ausmaß« an der Tagesordnung.

Sternbergs Meinung nach braucht Intelligenz eine »Balance«: den Gebrauch des gewonnenen Wissens für das Allgemeinwohl. Weise sei es, die eigenen Interessen mit denen von anderen auszubalancieren und an höheren Idealen zu orientieren, so dass alle mit dem Ergebnis leben können. Diese Idee will er in den Unterricht einfließen lassen. Ergebnis soll kein isolierter Kurs sein, vielmehr sollen die

Ideen alle Fächer als »Infusion« beeinflussen und bereichern. Statt Wissen von oben herab zu vermitteln, sollen die (zuvor speziell geschulten) Lehrer mit Methoden arbeiten, die Perspektivwechsel, das Verständnis für andere Kulturen und die umsichtige Entscheidung in Dilemma-Situationen einüben. Die Schüler sollen lernen, über ihr Leben und ihre eigenen Interessen nachzudenken, um sich gegen Selbstsucht zu immunisieren.

Über den Ausgang einer Studie, in der Robert Sternberg, damals Professor an der Yale University, dieses System mit Versuchs- und Kontrollgruppen in drei Dutzend sechsten Klassen mit 600 Schülern erproben wollte, fehlt eine Veröffentlichung. Der Initiator wechselte die Universität und setzte in der eigenen Arbeit neue Prioritäten.

Bleibt die Frage, wie gut seine Idee funktionieren würde. Die von Sternberg vorgeschlagenen Methoden klingen zweifellos sinnvoll. Mit ihrer Hilfe könnten Schüler lernen, sich in andere hineinzuversetzen und damit die reflektive Dimension im Weisheitsspektrum zu stärken. Überraschend bleibt aber: Zwar erkennt und benennt Robert Sternberg scharfsichtig die Schwächen des Bildungssystems, das die kognitive Intelligenz und den Wissenserwerb zum alleinigen Maßstab erhoben hat. Doch beim Versuch, dieses System zu revolutionieren, spart auch ein Psychologe wie er die Gefühlsseite aus. Seinem Ansatz fehlt das, was Monika Ardelts Versuchsperson James bei seinen Sunday-School-Schülern wichtig war: die Auseinandersetzung mit den eigenen Emotionen.

Im Fokus der von Sternberg vorgeschlagenen Veränderungen stehen die Wissensfächer und ihre Vermittlung. Das ist enttäuschend kurz gedacht. Denn beim Unterricht in Französisch, Chemie oder Sozialkunde sind Situationen, in denen Schüler Toleranz und Hilfsbereitschaft üben oder es lernen, mit eigenen Stärken und Schwächen konstruktiv umzugehen, eher die Ausnahme. Ganz anders im sportlichen und musischen Bereich. Wer Fußball, Basketball, Volleyball spielt, wird – guten Unterricht vorausgesetzt – nebenbei Körpergefühl, Selbstvertrauen, Teamgeist und Fairness einüben. Wer im Chor singt oder Gelegenheit bekommt, ein Instrument zu lernen und dann in der Schul-Band oder dem Schul-Orchester spielt, wer an gemeinsamen Theateraufführungen oder Kunstprojekten teilnimmt, erfährt eine tiefere als die rein intellektuelle Freude. Gemeinschaftserlebnisse samt Ängsten und Konflikten und Pannen sind Erinnerungen fürs Leben. Trotzdem kommen diese Fächer in Sternbergs Vorschlägen nicht vor.

Der Grund dürfte im Zurückschrecken des Wissenschaftlers vor dem schwer Messbaren liegen. Anders als bei Diktat, Mathematiktest oder Aufsatz entziehen sich Fortschritte in Selbstvertrauen oder Teamfähigkeit einer einfachen Bewertung. Und so bleiben diese Facetten, die mit Weisheit in Verbindung stehen, dem Zufall und dem Freizeitprogramm überlassen. In einmütiger Kurzsichtigkeit halten Bildungspolitiker, Lehrer, Eltern und selbst ein siebenfacher Dr. h. c. wie Robert Sternberg an der Überbetonung des Intellekts fest. Der Intelligenzquotient bleibt Idol in einer von PISA dominierten Bildungslandschaft. Die Cleveren bleiben die Helden.

Dass ein hoher IQ in zentralen Fragen des Lebens nicht immer weiterhilft, merken die Schüler spätestens, wenn sie als Erwachsene vor einer der Krisen stehen, von denen Monika Ardelts Probanden erzählt haben. Dann sind Helden anderer Art gefragt: Menschen, die zuhören, trösten und raten können. Und die ihre Intelligenz dafür nutzen, die Grenzen des Konzepts IQ zu transzendieren.

12 Achtsamkeit statt Reflex-Handeln.
Warum der »innere Dalai Lama« so schwer zu
kultivieren ist. Und wie Menschen mit west-östlichen
Weisheitslehren eine Revolution anzetteln

Entspannung erfahren, auf den Körper hören –
die Erste-Hilfe-Kur gegen Stress

Die Übungen, die der berühmte amerikanische Mediziner
und Molekularbiologe empfiehlt, beanspruchen den Geist
in anderer Weise als die Aufgaben eines Intelligenztests. Sie
sind ein paar Jahrtausende alt und bestechend einfach. Die
beiden wichtigsten lassen sich ohne jede Vorkenntnis aus-
führen.

Anleitung für Übung 1, die Achtsamkeitsmeditation: Einen ruhigen Platz finden, sich hinsetzen, tief durchatmen,
sich entspannen, sitzen bleiben, nichts tun. Außer vielleicht
den Atem zu beobachten. Einatmen, Ausatmen, Einatmen,
Ausatmen. Gedanken kommen und gehen lassen …

Anleitung für Übung 2, den sogenannten Body-Scan:
Sich auf den Rücken legen, eine bequeme ausgestreckte
Haltung einnehmen, die Augen schließen. Dann die Aufmerksamkeit nacheinander auf alle Körperteile richten und
die Empfindungen im eigenen Leib registrieren: Ist Druck
zu spüren? Schmerz, Anspannung, Schwere oder Leichtig-
keit, Kribbeln, Nervosität?

Als er diese Übungen 1979 in seiner Klinik einführte,
dachte Jon Kabat-Zinn nicht an Weisheit. Er suchte nach
einem Weg, Patienten zu helfen, bei denen die Selbstver-
ständlichkeiten des Normallebens weggefegt waren: durch

eine Krebs- oder Aids-Diagnose, durch einen schweren Unfall, durch Herz-Rhythmus-Störungen, chronische Schmerzen oder Panikattacken mit Todesangst. Kranke mit solchen Schicksalen brauchen nicht nur Fachärzte. Sie brauchen darüber hinaus Erste Hilfe für die Seele, denn sie müssen die Beziehung zu ihrem Körper und ihrer Gefühlswelt auf eine neue Grundlage stellen.

Als Kur erfand Kabat-Zinn die Kombination aus der Meditationspraxis des Buddhismus und dem Körperbewusstsein des Yoga. Damit brachte er zusammen, was die westliche Medizin gern getrennt betrachtet – Körper und Geist. Mit der Anleitung zur Selbstbeobachtung und Selbstbehandlung animierte er die Patienten, vor ihrem Schicksal nicht zu kapitulieren und mit dem ihnen fremd gewordenen Körper auch im leidenden und elenden Zustand befreundet zu bleiben. Eine segensreiche Idee. Eine Fülle von Studien belegt inzwischen, dass der neue Ansatz nicht nur die psychischen Leiden lindert, sondern auch positiven Einfluss auf die körperlichen Beschwerden hat. Das Immunsystem wird gestärkt; heftige psychosomatische Begleiterscheinungen der seelischen Belastung lassen nach.

Das Schlüsselwort heißt »mindfulness«, Achtsamkeit. Unter dem Namen »Mindfulness Based Stress Reduction«, kurz MBSR, ist aus der Nothilfe für Kranke in der Universitätsklinik in Massachusetts eine weltweit angewandte Methode zur Stressbewältigung geworden. Ideal auch für Gesunde, die nur am ganz normalen Wahnsinn der Moderne leiden. Jon Kabat-Zinn und seine Schüler haben Ärzte geschult, aber auch Juristen, Manager, Sportler, Sozialarbeiter, Häftlinge und ihre Betreuer. MBSR gehört heute zum Instrumentarium vieler Psychotherapeuten.

Achtsamkeit ist nicht Weisheit, aber sie ist ein Ausgangspunkt dafür. Ein Schlüssel, um Gefühle im Zaum zu halten. Mit ihr öffnet sich ein Wahrnehmungskanal für die eigenen

Empfindungen, den jeder besitzt, der jedoch ungenutzt bleibt, solange wir nicht das Bewusstsein auf ihn lenken. Tun wir es, schmuggelt sich eine winzige heilsame Pause zwischen die Wahrnehmung eines Unbehagens und die Erwiderung darauf, zwischen Reiz und Reaktion.

Beispiel aus dem unachtsamen Alltag eines Kranken: Patient X. spürt heftige Schmerzen, empfindet Angst und Wut, verkrampft sich. Folge: Die Schmerzen werden stärker; Angst steigert sich zu Panik, Wut zu ohnmächtiger Resignation. Ein in Achtsamkeit geschulter X. spürt die Schmerzen ebenso. Aber er stellt sich der Situation, indem er versucht, sie interessiert zu betrachten wie ein nüchterner Forscher sein Objekt. In welcher Situation nehmen sie zu oder ab? Lassen sie sich durch Atmung, Massage, Ablenkung beeinflussen? Die Schmerzen bleiben ein brutaler Faktor, aber es kann gelingen, ihre Tyrannei zu durchbrechen und eine gewisse Kontrolle zurückzugewinnen.

Das gilt auch für Beispiele aus dem unachtsamen Alltag von Gesunden: A. beschimpft B.; B. schimpft zurück. Ein Schlagabtausch, der fast rituell funktioniert; Eskalation ist vorprogrammiert. Ein in Achtsamkeit geschulter B. hat die Chance, sich aus diesem Automatismus zu lösen und gewinnt neue Verhaltensspielräume. Die Ausgangssituation bleibt: A beschimpft B. Aber nun erliegt B. nicht dem Reflex, gleich zurückzupoltern, sondern erlaubt sich einen Augenblick der Innenschau, um seinen Ärger zu spüren und zu beobachten. Damit ergeben sich verschiedene neue Reaktionsmöglichkeiten: weggehen, sachlich auf den Vorwurf eingehen, sich entschuldigen, dem anderen die eigene Verletzung signalisieren, die Sache ins Komische ziehen, vermeintlich nachgeben und heimlich auf Rache sinnen …

Ob eine dieser Varianten weiser ist als der ursprüngliche spontane Reflex, ist erst einmal nicht wichtig. Entscheidend ist, dass die Achtsamkeit zu jener mentalen Distanz verhilft, die auch Monika Ardelt und ihre »relativ weisen« Versuchspersonen hevorheben, wenn es um Krisenbewältigung geht. Der kurze Moment, in der sich der Geist über die eigenen Gefühle klar wird, macht einen Unterschied aus. Wer die mentale Distanz zu nutzen weiß, lebt bewusster, ist den Umständen weniger ausgeliefert, verstrickt sich seltener in unsinnige Konflikte. Statt »blind« zu reagieren, bleibt Entscheidungsfähigkeit erhalten. Nach Jon Kabat-Zinns Erfahrung liegt der Schlüssel dabei weniger im Objekt als in der Qualität der Aufmerksamkeit. Im Prozess der Innenschau lernen Achtsamkeits-Anwärter drei Ebenen zu unterscheiden: die der eigenen Gedanken; die der Gefühle, die diese Gedanken begleiten; und die der eigenen Reaktionen auf diese Gefühle.

Die Begegnung mit dem ganz persönlichen Gedanken- und Gefühls-Chaos erlaubt einen Blick ins eigene Ich. Zum Vorschein kommen, wie Kabat-Zinn anmerkt, »Absichten, Verhaftungen, Vorlieben, Abneigungen und Unstimmigkeiten«. Diese Merkmale aufmerksam, aber ohne Wertung zu betrachten, fördere die Selbsterkenntnis, das Gespür dafür, »was uns antreibt, wie wir die Welt sehen, was wir denken und wer wir sind – Einsichten somit in unsere Ängste und Wünsche«.[1]

Interessanterweise decken Achtsamkeitsmeditation und Body-Scan genau das Spektrum ab, das auch für die Weisheitsbetrachtung eine Rolle spielt: die kognitive Dimension, weil der Geist die Selbstwahrnehmung organisiert; die reflektive, weil er sich selbst dabei analysiert; und die affektive, weil es die subtilen, oft ignorierten Gefühle sind, die ans Licht kommen. Man kann Jon Kabat-Zinns Programm zur Stressbewältigung damit als Vorbereitung zum persönlichen Weisheitswachstum begreifen, aber auch als lebenspraktische Ergänzung von Antonio Damasios Theorien zur Verschränkung zwischen Geist und Gefühl. Wenn die Glei-

222

chung »Ich fühle, also bin ich« gilt, dann bedeutet das Interesse für die eigenen Gefühlsreaktionen und die Auseinandersetzung mit ihnen ein tiefes Eintauchen in dieses Sein. Die Antenne der Achtsamkeit öffnet einen Kanal ins Unbewusste, aber auf anderem Weg als traditionelle psychotherapeutische Methoden.

Das Copyright stammt aus den Lehren des Buddha.

Meditation – eine Wissenschaft der Innenschau

Viele westliche Wissenschaftler sind vom Buddhismus fasziniert, dessen Prinzip nicht größtmögliche Objektivität, sondern radikale Subjektivität ist. Jon Kabat-Zinn engagiert sich mit Kollegen aus anderen Disziplinen im »Mind and Life-Institute«, das regelmäßig internationale Konferenzen zum Dialog zwischen Buddhismus und Naturwissenschaft organisiert. Auf diesen Tagungen diskutieren der Dalai Lama und hochrangige Mönche aus seinem Umfeld mit führenden westlichen Kognitionsforschern, Quantenphysikern, Medizinern, Psycho- und Neurologen über eine ganzheitliche Sicht auf die Welt. Zur Debatte steht nichts Geringeres als eine eine »neue Ethik für unsere Zeit« und eine »geistige Revolution«; diese Begriffe zumindest verwendet der Dalai Lama.[2]

Der West-Ost-Austausch hat eine Vorgeschichte. Unbehagen an der eigenen Kultur und Religion hat viele Sinnsuchende aus dem Westen in den letzten Jahrzehnten nach Asien pilgern lassen. In Thailand, Burma, Sri Lanka, Nordindien und Japan haben sie auf dem Meditationskissen Versenkung geübt und sich in die buddhistischen Urschriften in Sanskrit und Pali vertieft. Einige sind in der Fremde geblieben, andere sind nach Jahren der Schulung zurückgekehrt, um die Lehren zu Hause weiterzugeben. Parallel dazu sind vermehrt Buddhisten aus den Ursprungsländern nach Europa und in die USA gekommen; Exiltibeter, aber auch Mönche anderer buddhistischer Länder und Schulen, die mit westlichen Anhängern in Kontakt standen.

Buddhisten, die den Dialog mit Naturwissenschaftlern suchen, bezeichnen ihre eigene Praxis selbstbewusst als »kontemplative Wissenschaft«. Ein Beispiel ist Matthieu Ricard, auch er wie Kabat-Zinn Mitorganisator der »Mind and Life«-Konferenzen. Der Franzose hatte als Molekularbiologe am Institut Pasteur in Paris gearbeitet, bevor er im Jahr 1973 Richtung Himalaya aufbrach und buddhistischer Mönch und Schüler und Freund des Dalai Lama wurde. Der Buddhismus, so sagt er, strebe nicht im selben Maß wie die westlichen Zivilisationen nach einer Vermehrung des Wissens über die physische Welt und die belebte Natur. Stattdessen hätten seine Anhänger 25 Jahrhunderte lang eine andere und nicht minder wichtige Art der Forschung betrieben: Introspektion, die Erforschung des Geistes durch Meditation.[3]

Damit widmen sich die Anhänger Buddhas einer Disziplin, die im Westen heute von der Hirnforschung besetzt wird und zuvor Domäne der Psychologie war. Ricard glaubt, dass die von Meditierenden geübte Introspektion der westlichen Psychologie einiges voraus habe. Die ist seiner Ansicht nach ein »intellektuelles Abenteuer«, das oft auf Grübelei und ein »Wiederkäuen« vergangener Konflikte hinauslaufe. Er argumentiert, dass beim Grübeln das Geplapper im Kopf nicht aufhöre: »Es lässt dich endlos über die Zukunft rätseln, nährt Ängste und Hoffnungen und sorgt dafür, dass du stets zerstreut durch die Gegenwart läufst. Es führt dazu, dass du immer unruhiger wirst und dich nur noch mit dir selbst und mit deinen Hirngespinsten beschäftigst.«

Im Buddhismus dagegen steht das Zähmen des Geistes

obenan. Der Dalai Lama formuliert es so: »Der undisziplinierte Geist ist wie ein Elefant. Wenn man ihn unkontrolliert herumtollen lässt, wird er Verwüstungen anrichten.«[4] Meditierende können den Geist besänftigen, weil sie unter der Oberfläche der nervösen Gedanken und unkontrollierten Gefühle eine tiefere, unerschütterliche Bewusstseinsebene entdecken. Im Zustand dieser reinen Bewusstheit, so erklärt es die buddhistische Lehre, werden Gedanken, Gefühle, Stimmungen und Wesenszüge als »mentale Konstrukte« durchschaut. Tiefe Einsicht in diese »Natur des Geistes« mache es möglich, unangenehme Emotionen zu kontrollieren und zu transformieren.

Matthieu Ricard verdeutlicht das am Beispiel der Wut und argumentiert dabei ganz ähnlich wie James, der amerikanische Proband aus Monika Ardelts Weisheits-Studie: »Statt zuzulassen, dass wir selbst zu Wut werden, sollten wir verstehen, dass wir nicht ›Wut sind‹, ebenso wenig wie die Wolken Himmel sind.« Um die Wut zu überwinden, sei die erste Aufgabe, zu verhindern, dass sich unser Geist immer und immer wieder der Person zuwende, die die Wut auslöst. Anschließend gehe es darum, die Wut selbst zu betrachten und die Aufmerksamkeit ganz allein auf sie zu richten. »Was passiert? Wenn wir aufhören Holz ins Feuer zu legen, und nichts weiter tun, als zusehen, dann wird das Feuer schon bald verlöschen.« Der »Elefant« ist gezähmt. Der Meditierende beobachtet, wie seine Wut verraucht. Und kann nun, wo die negativen Emotionen gebändigt sind, bewusst positive Geisteszustände an ihre Stelle setzen: Liebe und Güte, innere Freiheit, inneren Frieden und innere Stärke.

Soweit die Theorie. Ricard verschweigt nicht die gewaltigen Anstrengungen, die nötig sind, um solche emotionale Kontrolle dauerhaft zu erreichen. Im Gespräch mit dem Hirnforscher Wolf Singer schildert er die Methode, mit der

Mönche sie erringen, als »Umprogrammierung des Gehirns«. Sie zu verwirklichen bedeute, Dutzende Jahre lang zu trainieren und dabei acht oder zwölf Stunden am Tag darauf zu verwenden, »bestimmte Geisteszustände zu kultivieren, die du kultivieren willst und die du zu kultivieren gelernt hast«.[5] Wer durchhält, hat gute Chancen, zugleich jene Merkmale zu entwickeln, die man mit Weisheit verbindet: Wohlbefinden, innere Ruhe, Humor und Herzenswärme. Selbst nach langer Übung verschwinden heftige Gefühlsregungen allerdings nicht völlig. Nach Matthieu Ricards Erfahrung tauchen sie dann aber nur noch am Rand der Bildfläche auf, »sie dringen nicht mehr in den Geist ein, sondern verklingen wie ein leises Flüstern«.[6]

Für Menschen mit familiären, gesellschaftlichen und finanziellen Verpflichtungen ist der traditionelle asiatische Weg zur Weisheit so faszinierend wie weltfremd: Idealerweise ist er in einer Mönchszelle in einem abgeschiedenen Kloster zu realisieren, vor einer weißen Wand ohne jede Anregung, Aufregung und Ablenkung von außen. Ein Dasein mit Lohnsteuerkarte, Dispokredit, Mietwohnung, Verkehrschaos und Kindergartenplatzsuche ist nicht vorgesehen. Die westlichen Freunde der geistigen Revolution müssen eigene Lösungen finden.

West-östliche Weisheitssuche
auf dem Meditationskissen – Klausur auf Zeit

Der Kompromiss für Menschen, die sich hierzulande intensiver auf Meditation einlassen wollen als bei Jon Kabat-Zinns Antistress-Übungen, besteht meist in einer Art Kneippkur, die »Retreat« heißt und klösterlichen Rückzug auf Zeit möglich macht. Für ein Wochenende, eine Woche oder zehn Tage lang begeben sich Gäste in Meditations-

Klausur, danach werden sie wieder in den Alltag entlassen – in der Hoffnung, dass die gewonnene Ruhe fortwirkt. Das Angebot an Stätten für solche Aufenthalte ist kaum mehr überschaubar und reicht vom Einsiedlerdorf bis zu Vielsterne-Wellness-Hotels. Die für den eigenen Typ passende Variante zu finden, ist ein Abenteuer für sich, gespeist aus Zufall, Empfehlungen, Versuch und Irrtum.

Ein Beispiel unter vielen ist der Benediktushof, ein altehrwürdiges, modern restauriertes ehemaliges Kloster in Holzkirchen bei Würzburg. Gründer ist Willigis Jäger. Der 1926 geborene Meditationslehrer kennt die christlichen wie die asiatischen Traditionen. 1955 zum Benediktinermönch ordiniert, wurde er von seinem Orden nach Japan geschickt und kehrte als Meister der buddhistischen Zen-Tradition zurück. Heute lehrt er, was er als »west-östliche Weisheit« bezeichnet, einen Weg, der alle spirituellen Traditionen würdigt, aber die Dogmen beiseite lässt.

Es herrscht Stille im Benediktushof – und das nicht nur im Meditationssaal. Kein Wort beim Essen. Kein Geplauder beim Putzen, beim Unkrautjäten, beim Tischdecken, bei all der Arbeit, die man als Kursteilnehmer zugewiesen bekommt. Die Gäste lernen das Schweigen genießen. Endlich Schluss mit überflüssigem Gerede. Das Ohr öffnet sich für neue Laute. Für die Hölzer, die mit lautem Klacken gegeneinander schlagen, bevor sich alle vor dem eigenen Teller verbeugen. Für das Klappern des Geschirrs, das Klimpern des Bestecks, das Plätschern, mit dem der Tee in die Tasse fließt, die hastigen Schritte der Nachzügler.

In den Meditationssitzungen dann die komplette Stille. Die erste Sitzperiode findet morgens um 6 Uhr statt, die letzte abends um 20 Uhr 30. Und dort zeigt das Schweigen seine bedrohliche Seite. Die Anweisungen sind klar: Aufrecht sitzen. Den Atem beobachten. Die Gedanken nicht steuern, sondern vorüberziehen lassen. Alles Wollen vergessen. Alle Störungen liebevoll betrachten: Langeweile, Schmerzen, Träumereien, die Rastlosigkeit. Wenn alles gut geht, verstummt der innere Monolog und Ruhe kehrt ein. Wenn alles weniger gut geht, läuft das Gedankengeratter zur Hochform auf. Das Gehirn hasst sich selbst dafür, weil doch die Voraussetzungen gerade jetzt, ganz ohne Ablenkung von außen, so günstig zum Nicht-Denken wären. Stattdessen nimmt es Knieschmerzen wahr und grübelt, ob nicht ein anderer Übungsweg geeigneter wäre: vielleicht die »Liebende-Güte-Meditation« der buddhistischen Theravada-Schule? Oder die Niederwerfungen der tibetischen Tradition, bei denen es gilt, sich mit Hingabe im Zeitraum von drei Monaten 100 000-mal zu verbeugen? Oder Kundalini-Yoga? Oder Tai Chi? Vielleicht einfach ein ganz normaler richtiger Urlaub? Wann endlich ertönt der Gong für das Ende der Sitzung?

Die Lehrer begleiten Selbsterfahrung und Selbstzweifel als geduldige Ratgeber. »Loslassen, alles loslassen«, heißt ihr Mantra, beim ersten, beim zehnten, beim 25. Aufenthalt der Gäste. Eine, wie alle Beteiligten wissen, paradoxe Empfehlung. Umsetzen soll sie ja jener Geist, der die angesammelten Meinungen, Urteile und Konzepte jahrzehntelang gepflegt und zum Persönlichkeitsgerüst geformt hat. Einatmen, Ausatmen. Schweigen. Alles loslassen, auch den Gedanken ans Loslassen. Wann und ob das gelingt, ist nicht steuerbar. Vorhersehbar sind Durststrecken mit der Selbstdiagnose, dass man ein zur Meditation unfähiges Nervenbündel ist. An solch einem Punkt kann innere Heiterkeit entstehen, ein stummes Gelächter über das absurde Theater im eigenen Kopf. Oder Verbissenheit.

Willigis Jäger sagt: »Die Menschen wollen zu früh ein Ergebnis, aber es braucht Geduld. Es ist wie im Fitnessstudio – wenn ich nicht übe, wachsen die Muskeln nicht.« Die schönsten Momente bestehen für ihn darin, Schüler zu erleben, die Erfahrungen machen, die sich nicht erzwingen lassen, aber so eindringlich sind, dass die Betroffenen nicht mehr daran zweifeln, dass der Weg für sie richtig ist: ein Empfinden von Weite. Die unmittelbare Einsicht, als Einzelner unmittelbar zum großen Ganzen zu gehören und beizutragen so wie jede Welle zum Meer, wie jede Note zu einer Sinfonie.

So eine Erfahrung mag lange auf sich warten lassen – doch selbst, wer nur ein Wochenende oder eine Woche mit anderen schweigt, wird am Ende belohnt. Da keimt nicht nur Befriedigung darüber auf, durchgehalten zu haben. Es hat sich außerdem fast unmerklich eine geschärfte Aufmerksamkeit eingestellt, eine neue Sensibilität sich selbst gegenüber. »Die Stille macht etwas mit den Menschen«, ist Willigis Jägers Überzeugung. Dass das stimmt, merkt man, wenn sie endet.

Beim letzten Mittagessen, wenn das Reden wieder erlaubt ist, erscheinen Kursteilnehmer, mit denen man kein Wort gewechselt hat, vertraut wie alte Bekannte. Denn auch die Art, wie jemand die Gabel zum Mund führt, den Tee umrührt, beim Putzdienst den Staub zusammenkehrt, im Garten Unkraut zupft, niest, mit seinen Haaren spielt, sagt etwas aus über die Persönlichkeit. Meditierende in Schweigeseminaren geben sich unfreiwillig gegenseitig Einblicke in ihre Eigenheiten und Marotten. Es gehört zum Übungsweg, die eigenen und die fremden großzügiger hinzunehmen.

Die wahre Bewährungsprobe folgt nach der Rückkehr. Einen achtsamer gewordenen Geist peinigen Lärm, Hektik, Unfreundlichkeit und Ungerechtigkeit doppelt. Was nützt die Erkenntnis, »unverzichtbare Note einer Sinfonie« zu sein, wenn die Musik insgesamt ein kreischendes Chaos ist, dessen Refrain von Macht, Gier, Konkurrenz, Leid handelt? Und wo, bitte sehr, lässt sich Zeit für die Fortführung der

Meditations-Praxis finden, wenn Familie, Freunde, Berufs-anforderungen und Hobbys an einem zerren?

Vorsicht!
Achtsamkeit heißt auch: sich nicht zu überfordern

Der Idee, fortan Mitgefühl, Gelassenheit und inneren Frie-den zu kultivieren, gehört zu den tückischsten Vorsätzen im Leben. Das Ziel klingt extrem einleuchtend. Wer würde nicht Dale Carnegie zustimmen, der in seinem berühm-ten Buch be- und empfiehlt: »Sorge dich nicht, lebe!«? Wer würde nicht nicken, wenn der Dalai Lama, Matthieu Ricard und Willigis Jäger im Chor zum »Loslassen« raten? Bücher, die von der Achtsamkeit und dem Glück des Hier und Jetzt handeln, die »Erleuchtung in sieben Tagen« versprechen, sind Dauerbrenner der Ratgeberliteratur. Doch das intellek-tuelle Verständnis kollidiert regelmäßig mit den eigenen Erfahrungen. Das Ich hat die Neigung, extreme Widerstän-de zu produzieren, wenn es in Frage gestellt und attackiert wird. Es ist schließlich die Summe des Lebens bis zu jenem Tag X., an dem ein Mensch beschließt, sich zu ändern. Wobei erschwerend hinzukommt, dass ein durchschnitt-liches abendländisches Ego nicht Produkt einer asiatischen Tradition ist, die Bescheidenheit und Harmonie hochhält, sondern aus einer Kultur stammt, in der Individualismus und Konkurrenz eine Hauptrolle spielen.

Und so tritt der erhoffte und erwartete innere Frieden trotz ernsthaftester Bemühungen nur in kurzen Augen-blicken ein, und das dummerweise eher auf dem Meditia-tionskissen als bei den realen Konflikten, wo er gebraucht würde. Stattdessen lernen Meditierende Seiten von sich kennen, die ihnen lieber verborgen geblieben wären. Hören die innere Stimme oder Freunde im Umkreis spotten:

»Ziemlich heftig, dein Ausbruch eben. Ich denke, du meditierst seit Jahren?« Vergessen ist die liebevolle Achtsamkeit sich selbst gegenüber. Der frustrierte Geist spult die Meditations-Übung irgendwann ab wie andere lästige Routinen.

Der amerikanische Autor Clark Strand erzählt in seinem Buch *Einfach meditieren* von seiner Karriere als Zen-Meister. Als junger Mann auf Sinnsuche hat er seine Frau verlassen, um sich in Japan ordinieren zu lassen. Er bleibt dort und wird Mönch mit Leib und Seele. Kahl geschoren und im Besitz einer »eindrucksvollen Auswahl an Mönchsgewändern« schickt ihn sein Orden viele Jahre später in die USA zurück, wo er jahrelang Meditationen anleitet. Als stellvertretender Leiter eines Tempels in New York ist er zum Nachfolger seines Abts ausersehen, als ihn eine tiefe Krise überfällt: Hat er den Sinn gefunden, den er einst gesucht hat? Oder hat er nur eine neue philosophische Ideologie mit anderen Ritualen übernommen?

Er verlässt den Orden, weil er sich in einer Falle fühlt. Er sieht bei sich selbst wie bei anderen: Die Sehnsucht, in der Meditation die Lösungen aller Probleme zu finden, nährt unrealistische Erwartungen und endet in einer Wiederholung alter Fehler. Statt auf dem Sitzkissen Frieden zu erleben, schleichen sich unbemerkt jene Werte der Leistungsgesellschaft ein, die man überwinden wollte: endlich voranzukommen, mehr zu bringen als andere. Erst als er aus dem Orden austritt, gewinnt die Meditation ihren ursprünglichen Reiz zurück: die beruhigende Gewissheit, »sich einen von Hetze freien Raum in seinem Leben zu bewahren«.

Nach diesen Erfahrungen plädiert Clark Strand dafür, Meditation nicht zu überhöhen, sondern sie wie ein Hobby zu betrachten, dem man sich zuwendet, weil es einem Spaß macht oder man sich dabei entspannt: »Bei einem Hobby geht es um nichts anderes, als dass man mal alles vergisst und irgendetwas um seiner selbst willen tut – und die Befriedigung genießt, die darin liegt.«[7] Der Kern liegt in der Einfachheit. Dazu braucht man keine Robe, keinen Gong, keinen Meditationssaal. Es genügt, wie bei Jon Kabat-Zinn, der Wohnzimmerstuhl: tief durchatmen, sich entspannen, sitzen bleiben, nichts tun, den Atem beobachten.

Eine ähnlich schlichte Weisheitsübung stammt von dem finnischen Priester Lars Karlsson. Er schlägt vor, ein Jahr lang einen kleinen Stein bei sich zu tragen, ihn ab und zu aus der Tasche zu holen, zu betrachten, zu befühlen. In den ersten Wochen ist das eher überraschungsfrei; der Stein bleibt ein Fremdkörper. Doch irgendwann ändert sich etwas. Das Auge nimmt zuvor übersehene Einzelheiten wahr. Das Gefühl in der Hand wird anders. Es entsteht eine Beziehung, die Temperatur des Steins, die Art, wie er sich anfühlt, verrät etwas über das eigene Befinden. »Der Stein hat mich mehr gelehrt als viele meiner Lehrer«, sagt Karlsson.[8]

Es ist kein Zufall, dass sich Menschen aus dem Westen statt solcher trivial anmutenden Aufmerksamkeitsanstöße eher zu Meditationszugängen hingezogen fühlen, bei denen harte Disziplin im Vordergrund steht. Anstrengung ist etwas, das wir kennen und wofür wir Belohnung erwarten. Viele Sinnsucher, auch und gerade Manager und Führungskräfte, schwören auf das strenge japanische Zen, den »Weg der Samurai«. Auf den ersten Blick passt er besonders gut in eine Welt, in der Erfolg sich an Ehrgeiz und Härte misst. Zu begreifen, dass genau diese Werte dem Loslassen im Weg stehen, ist eine interessante – und gründliche – Desillusionierung. Ein Witz aus dem Zen-Buddhismus veranschaulicht das: »Ein Schüler fragt: »Meister, wie lange wird es dauern, bis ich Erleuchtung erlangt habe?« Der Meister antwortet: »Vielleicht zehn Jahre.« »Und wenn ich mich besonders anstrenge?« »Dann 20 Jahre.«

Loslassen! Es braucht viel Übung und Geduld, den Rat wirklich annehmen zu können. Die Berliner Meditationslehrerin Sylvia Wetzel, die lange bei Lehrern in Asien meditiert hat und Ehrenvorsitzende der Deutschen Buddhistischen Union ist, erzählt gern, wie sehr das Leistungsdenken sie und die anderen Schüler in ihren Anfangsjahren geprägt hat. Einer der Meister fand einen Weg, den Überehrgeiz seiner Schüler aus dem Westen zu bremsen. Seine Meditationsübung an sie lautete, wie ein Mantra zu wiederholen: »You're good enough.«

Sich als gut genug zu empfinden und großzügig mit sich selbst zu sein, ist eine Grundvoraussetzung für Weisheit. Die Patienten von Jon Kabat-Zinn lernen es, sich mit ihrem kranken Körper zu versöhnen. Die Psyche braucht eine ähnliche Behandlung: Ziel ist es, die ungeliebten Seiten an sich selbst zunächst zu akzeptieren und dann freundlich-beharrlich zu versuchen, die eigenen Schwächen zu schwächen. Die vielleicht hilfreichste Anleitung bei diesem Vorhaben stammt von Ayya Khema, einer 1997 verstorbenen deutschen buddhistischen Nonne, die nach Aufenthalten in Sri Lanka dort einen Frauenorden aufgebaut hat und als Kursleiterin in der ganzen Welt gewirkt hat. Ihre Formel lautet: »Erkennen, nicht tadeln, ändern!«

Schritt 1, das Erkennen, ist Folge der Achtsamkeit. Man merkt rasch, wo die eigenen Ansprüche und die Wirklichkeit auseinanderklaffen und ertappt sich oft genug bei einem Verhalten, das man eigentlich längst hätte loswerden wollen. Gegen alle Vorsätze ist man aus der Haut gefahren oder hat altklug geredet, man war unduldsam oder konnte dem letzten Glas Wein nicht widerstehen. Auf dieses Erkennen folgen in der Regel Selbstkritik und Zerknirschung. Vorsicht!, warnt Ayya Khema. Schuldgefühle sind eher störend als hilfreich. Sie können so stark werden, dass der Prozess an dieser Stelle stockt und der Wandel zur Besserung ausbleibt. Man kann das als Finte des Ego interpretieren, jede Veränderung zu torpedieren. Um diese Blockade zu unterlaufen, hilft Schritt 2: Nicht tadeln! Man nützt weder sich noch anderen, wenn man sich für einen begangenen Fehler hasst. Selbstzerfleischung ist kontraproduktiv, solange sie nicht Schritt 3 auslöst: Ändern! Konsequenzen aus den eigenen Fehlern ziehen! Ayya Khema schlägt vor, vor allem auf diesen dritten Schritt zu achten.

Auch wenn es frustrierende Rückschläge geben mag – sanfte Entschlossenheit hilft. Es ist nie zu spät, den »Elefanten« zu zähmen, sich immer wieder von Neuem an schwierige Vorsätze zu wagen und ungeliebte Angewohnheiten irgendwann tatsächlich abzulegen. Das schönste Sprichwort dazu stammt aus Afrika: »Der beste Zeitpunkt, einen Baum zu pflanzen, war vor 20 Jahren. Der zweitbeste ist jetzt.«

Trost bei Weisheitswachstumsschmerzen

Wer an einer »geistigen Revolution« teilnehmen will, wie sie der Dalai Lama sich wünscht, muss sich auf einen Zickzack Kurs der Fort- und Rückschritte einstellen. Das Vorhaben, asiatische Weisheit ins westliche Umfeld zu exportieren, ist ein Experiment, das zur Überforderung geradezu einlädt. Ein kleiner Trost: Selbst prominente »Weise« sind nicht davor gefeit, an den entstehenden Komplikationen zu verzweifeln. Der Meditationslehrer Jack Kornfield hat Meister aus verschiedenen spirituellen Traditionen danach gefragt, mit welchen Alltagsproblemen sie zu kämpfen haben. Ein Lama aus dem Westen erzählte ihm: »Als ich zurückkam, erschienen mir meine zwölf Jahre in Indien und Tibet wie ein Traum. Meine Erinnerungen an jene wertvollen transzendenten Erfahrungen verblassten durch den westlichen Kulturschock, der sich familiär und beruflich einstellte. Alte Verhaltensmuster waren erstaunlich schnell wieder zur Hand. Ich war gereizt und durcheinander. Ich achtete nicht mehr auf meinen Körper, sorgte mich um Geld und Beziehungen.«[9]

Und der inzwischen verstorbene Sufi-Lehrer Pir Vilayat Khan sagte über die vielen großen Meister, denen er in Indien und Asien begegnet ist: »Bring sie nach Amerika, gib ihnen ein Haus, zwei Autos, eine Ehefrau, drei Kinder, einen Beruf, lass sie mit Versicherungen und Steuerzahlungen zu tun haben … sie hätten es allesamt schwer.«[10]

Die Botschaft ist deutlich: Auch exotische Gurus mit mildem Lächeln und wohlklingenden Belehrungen bleiben Menschen. Es liegt Dummheit und Gefahr darin, bei der Begegnung mit ihnen den kritischen Verstand auszuschalten. Ergebnis ist nicht nur eine persönliche Enttäuschung, wenn das Idol sich als Zerrbild eigener Projektionen entpuppt. Fast noch tragischer ist der psychologische Effekt: Die eigenen Bemühungen lassen nach, wenn man einen Meister so sehr vergöttlicht, dass die Distanz zu ihm unüberbrückbar erscheint.

Welche menschlichen, sprich garstigen Seiten selbst die verehrtesten »Heiligen« haben, erweist sich spätestens nach ihrem Tod. Wer ungeschönte Biographien von Mahatma Gandhi liest, wird erfahren, dass er nicht nur der über alle Kritik erhabene indische Freiheitskämpfer war, sondern (auch) ein recht störrischer Besserwisser, der seine Meinungen häufig änderte. Die heilig gesprochene Friedensnobelpreisträgerin Mutter Teresa war, wie man inzwischen weiß, keineswegs nur der »Engel von Kalkutta«. Sie enthielt ihren Patienten Schmerzmittel vor und pflegte einen dubiosen Umgang mit Spendengeldern. Und Krishnamurti, der charismatische spirituelle Star Indiens, war ein Frauenheld, der diverse geheime Liebesverhältnisse unterhielt, unter anderem eines mit der Frau eines seiner besten Freunde.

Eine gewisse westliche Respektlosigkeit ist als Gegenmittel gegen allzu bereitwillige Idealisierung nützlich. Jack Kornfield rät, die Ehrfurcht vor den Gurus zu drosseln und Weisheit auch jenseits von Aura und Heiligenschein zu suchen. Sie begegne einem vielleicht »in Gestalt einer großherzigen, liebenswürdigen Kinderbetreuerin, als der belesene Mitarbeiter im örtlichen Buchladen oder als die mitfühlende Großmutter, die in der ganzen Gemeinde beliebt ist«.[11]

Es sind Menschen wie Edna, James und Claire aus der Weisheitsstudie im vorigen Kapitel. Oder solche, die es schaffen, andere zum Lachen zu bringen, wenn es eigentlich wenig zu lachen gibt. Ihre Gabe ist der ideale Begleiter auf dem Weg der geistigen Revolution. Sie hilft, die Launen der Welt zu ertragen und Weisheit zu beflügeln: der Humor.

13 Die Lage? Letztlich hoffnungslos, aber nicht ernst. Humor als Geheimwaffe der Schwachen und als Weisheits-Elixier bei den Sufis, Don Quijote, Loriot & Co.

»Und eine Stimme aus dem Chaos
sprach zu mir ...« – die menschliche Tragödie
komödiantisch verpackt

Ein schöner, wahrer, tragischer und komischer Spruch hing in den Anfängen des Computerzeitalters oft bei denen an der Wand, die mit den Tücken des »Systems« zu kämpfen hatten, womit in diesem Fall die undurchschaubare und oft zum Absturz neigende Elektronik gemeint war:

> »Und eine Stimme aus dem Chaos sprach zu mir:
> ›Lächle und sei froh, es könnte noch schlimmer
>   kommen!‹
> Und ich lächelte und war froh.
> Und es kam schlimmer.«

Warum kann so ein Spruch Heiterkeit erzeugen? Warum tröstet er, wenn das heraufbeschworene Unheil tatsächlich eintrifft? Der Sinn für Humor ist als Produkt der Evolution genauso rätselhaft wie die Entstehung von Religion, Philosophie oder Kunst. Für das Überleben samt Fortpflanzungserfolg ist er unnötig. Sogar unpraktisch, weil es ziemlich viel Hirnenergie kostet, eine Pointe zu verstehen oder sich selbst einen guten Witz auszudenken. Trotzdem gehören Humor und Ironie zu den raffiniertesten Methoden, die sich Menschen haben einfallen lassen, um noch in den tragischsten Momenten ihrer Existenz Atem zu schöpfen.

Sigmund Freud führt in seinem Essay *Der Humor* als Beispiel den Delinquenten an, der an einem Montag zum Galgen geführt wird und sagt: »Na, die Woche fängt ja gut an!« Freud empfindet diese Art von Humor als etwas »Großartiges und Erhebendes«. Der Verurteilte denkt nicht daran zu resignieren; sein Leben mag ein baldiges schlimmes Ende finden, aber sein Geist sieht keinerlei Anlass, sich zu unterwerfen. In Freuds Worten offenbart der Humor damit »nicht nur den Triumph des Ichs, sondern auch den des Lustprinzips, das sich hier gegen die Ungunst der realen Verhältnisse zu behaupten weiß«.[1]

Aus diesem Grund hat der Sinn für Humor direkt mit Weisheit zu tun. Er ist eine trotzige und unbezwingbare Rüstung gegen die grauen Seiten des Daseins. Der Geist feiert sich selbst für das Talent, etwas Lustiges im Schrecklichen entdecken zu können. Schon ein guter Witz, der den Verstand zunächst narrt und in die Irre lenkt, bevor die Pointe eine überraschende Wendung bietet, führt zu diesem Aha-Effekt mit sofortiger aufhellender Wirkung. Im besten Fall wird dabei Existentielles verhandelt wie die Kluft zwischen Wünschen und Wirklichkeit im berühmten Dialog zwischen dem Masochisten und dem Sadisten, der zu den kürzestmöglichen Witzen gehört:

Der Masochist bittet: »Quäl mich!«

Der Sadist antwortet: »Nein!«

Auch im Kalauer, mit dem der biblische König Ahab Gottes Zorn trotzt, geht es (eigentlich) um ein ähnlich schwerwiegendes Thema, die Frage von Strafe und Belohnung.

Gott droht: »Wenn du nicht ablässt von deinen Sünden, dann schicke ich dir eine große Dürre.« Darauf Ahab: »Eine kleine Dicke wäre mir lieber.«

Das ist Blasphemie plus Sexismus, aber im Reich der Komik herrscht eine andere Werteskala als im gewöhnlichen Leben. Schlagfertigkeit und Respektlosigkeit sind Trümpfe und Joker; wer sie ausspielt, auf den wird auch Gott nicht dauerhaft zornig sein können.

Humor zu besitzen bedeutet mehr als Witze zu machen und zu schätzen. Es ist die geistige Größe, den Ernst der Lage noch im unmöglichsten Moment auszuhebeln und nicht zu heulen, sondern sich zu amüsieren. Mal erheben wir uns über die eigenen Fehler und Schwächen und verspotten uns selbst und unsere Hilflosigkeit. Mal lachen wir schadenfroh über peinliche Situationen, in die andere geraten. Doch auch dieses Gelächter drückt eher Erleichterung als Häme aus. Wer Tränen lacht über die Missgeschicke eines Charlie Chaplin oder Buster Keaton, tut das nicht aus Bösartigkeit. Jeder ahnt, dass es beim nächsten Mal ihn selbst treffen kann. Aber diesmal sind wir noch davongekommen.

Es gibt Situationen, die fast alle Menschen zum Lachen bringen. Wenn den Helden in Slapstick-Filmen die Sahnetorten um die Ohren fliegen. Wenn Loriot als Chef seiner Sekretärin beim gemeinsamen Essen mit der Nudel im Gesicht einen Antrag macht: »Bitte sagen Sie jetzt nichts …« Wenn der greise Butler bei »Dinner for one« wieder und wieder über den Tigerkopf stolpert. Oder wenn Woody Allen erklärt: »Ich habe keine Angst vor dem Tod, ich will bloß nicht dabei sein, wenn es passiert.«

Humorforscher schreiben der psychischen Entladung, die sich in einer Lach*salve* äußert, diverse positive Nebenwirkungen zu: Muskelentspannung, Reduzierung von Stresshormonen, Stärkung des Immunsystems, Schmerzlinderung. Das ist erfreulich, hat aber mit Weisheit zunächst noch nicht allzu viel zu tun. Doch ein Aspekt stellt die Verbindung her: Lachen ist ein Kurzschluss, ein Phänomen, das Körper und Geist gemeinsam überwältigt und durchschüttelt. Mit hoher Intensität. Im Hier und Jetzt. Das heißt: Wer lacht, befreit sich für einen Augenblick von aktuellen Sorgen und gewinnt die mentale Distanz, die für Weisheit so zentral ist.

Langfristig fördert das Talent, sich selbst und andere nicht jederzeit völlig ernst zu nehmen, Souveränität. Humor lässt Widersacher ins Leere laufen. Er kann anarchisch und subversiv, entwaffnend, ansteckend und befreiend sein. Er ist die Waffe der Schwachen und schafft nebenbei mitunter ein Stück weit ausgleichende Gerechtigkeit zwischen Ohnmächtigen und Mächtigen.

Wie weise Narren die Machtverhältnisse auf den Kopf stellen

Der Prototyp des komischen Helden und weisen Narren ist der Clown. Mit heiligem Ernst, kindlicher Unbekümmertheit und weltfremder Naivität rennt er gegen Widerstände an. Das Publikum weiß, er wird scheitern, sich eine blutige Nase holen, aber gerade deshalb identifiziert es sich mit dem armen Tropf, der nicht wahrhaben will, wie die grausame, ernste Welt wirklich funktioniert. Und der es am Ende gerade deshalb schafft, die Übermacht zu überlisten oder zumindest als moralischer Sieger dazustehen.

Der Narr agiert in drei Rollen:
- ★ Als Stehaufmännchen, dem es nichts ausmacht, wieder und wieder geprügelt zu werden
- ★ Als dreister Untertan, der den Mächtigen den Spiegel vorhält
- ★ Als gewitzter Held, der in der Maske des Trottels die Obrigkeit überlistet

In seiner ersten Rolle als dummer August mit der roten Nase tritt der Clown schon früh ins Leben. Kinder lieben ihn dafür, dass er ständig Fehler macht, über seine eigenen Füße stolpert, sich unentwirrbar in Jackenärmeln verheddert, mit untrüglicher Tollpatschigkeit in alle Fallen rennt, die ihm gestellt werden.

Es gibt einen großen Pädagogen, der am Anfang seiner Karriere Zirkusclown war und diese Erfahrungen in die Arbeit mit behinderten und nichtbehinderten Kindern hat einfließen lassen. Ernst (»Jonny«) Kiphard (1923 bis 2010) ist in der Erzieherszene als Begründer der Psychomotorik bekannt, einer Verbindung von Körper- und Wahrnehmungsübungen, die kindliches Selbstbewusstsein auf raffiniert-einfache Art fördert. Am stärksten begeisterte er die Kinder, wenn er ihnen als Clown begegnete, die rote Nase im weiß geschminkten Gesicht, dazu überzeichnete schwarze Augenbrauenbögen mit dem Ausdruck ewiger Verwunderung. Sogar psychisch und körperlich schwerstbehinderte Kinder setzten alles daran, dem Pechvogel beizustehen, der sich noch dümmer anstellte als sie selbst. Sie kletterten auf Kästen und Leitern, sie wagten sich sogar auf das tückisch schwingende Trampolin. Sie verloren ihre Hemmungen und ihre Versagensangst, weil sie im Clown einen Komplizen und Seelenverwandten gefunden hatten.

Kiphard hat ein Buch über seine Erfahrungen als Clown-Pädagoge geschrieben.[2] Er sieht eine grundlegende Wesensverwandtschaft zwischen Kind und Clown. Beide, so sagt er, leiden an den zahllosen Schwächen und Unzulänglichkeiten, die das »Nicht-Erwachsen-Sein« mit sich bringt. Sie fühlen sich unverstanden und ohnmächtig in der Erwachsenenwelt, die so ganz anders ist als die eigene. Beide tragen das Herz auf der Zunge. Bei beiden wird das Handeln vom Gefühl und nicht vom Verstand bestimmt. Und beide geraten in ihrer »unlogischen Wundergläubigkeit immer wieder an die Grenzen einer unnachgiebig zweckhaften Verstandeswelt«.

Aus der Ohnmacht heraus entsteht beim Kind der sehnliche Wunsch, den der Clown stellvertretend erfüllt: Bei aller Tölpelhaftigkeit schafft er es, sich den Autoritäten zu entziehen und sich über sie lustig zu machen, ihnen ein Schnippchen zu schlagen, Chaos zu veranstalten und den Großen zu zeigen, dass ihre Macht längst nicht so weit reicht, wie sie selber denken. Er ist ja längst nicht so dumm wie er tut. Im rechten Moment zeigt er seine verborgene Seite. »Ein Narr, ein Clown, vermag jemandem die Wahrheit zu sagen, ohne den Betroffenen dabei zu verletzen, weil dieser zunächst gar nicht erkennt, dass er persönlich gemeint ist«, schreibt Kiphard. Das liege vor allem daran, dass der Clown seine oft gefährlich spitzen Worte in einer »gefälligen, mit allerhand ablenkenden Schnörkeln verzierten Verpackung überreicht«. Das Reden in Gleichnissen mache ihn unerreichbar.

Diese Interpretation erklärt das Weisheitspotential der Figur des Narren. Die Erfahrung, am falschen Ende eines Machtgefüges zu stehen, ist ja nicht auf die Kindheit beschränkt, sie bleibt lebenslänglich gegenwärtig. Im Erwachsenenalter sind es nicht mehr Eltern und Lehrer, die als überlegen auftrumpfen, aber es gibt genügend Stellvertreter, die gern in diese Rolle schlüpfen: Ehepartner, Chefs, Bürokraten, Politiker, besserwisserische Kollegen, Nachbarn, Verwandte.

Die Lektion eines Clowns heißt, dass die gefühlt Übermächtigen nicht unbesiegbar sind; alle besitzen ihre wunden Punkte. Mit einer treffenden witzigen Bemerkung lässt sich die schärfste Beleidigung an den Mann bringen. Ein großartiges Beispiel ist der Reim des Satirikers F. W. Bernstein: »Die größten Kritiker der Elche waren früher selber welche«.[3] Wer ihn in Anwesenheit derer ausspricht, auf die er gemünzt ist, hat die Lacher auf seiner Seite. Die Be- und Getroffenen müssen gute Miene zum bösen Spiel machen. Lachen sie nicht mit, wird das Gelächter aller anderen noch lauter.

Systemübergreifend gewitzt – von den Hofnarren bis zum Sufi Mulla Nasreddin

Herrscher aller Zeiten haben die Zersetzungskraft des Humors erkannt und versucht, die Weisheit der Narren zu konterkarieren und sich selbst zunutze zu machen. Vor allem im Mittelalter gab es in Kreisen der Ritter und im Hofstaat von Fürsten institutionalisierte Hofnarren. Sie sollten und durften als geduldete und geachtete Kritiker scharfzüngige Frechheiten von sich geben. Narrenfreiheit, also Straflosigkeit, war ihnen garantiert. Das hatte Vorteile für beide Seiten. Die Hofnarren waren Seismographen für die Stimmung im Reich, lebendige Frühwarnsysteme für revolutionäre Strömungen. Zugleich war ihre Unbotmäßigkeit Ventil für das Volk. Ganz ähnlich wie der Karneval, wo die Maskerade allen Untertanen für eine kurze Weile jede Tollheit und Dreistigkeit gestattete.

Gewonnen haben letztlich die Narren. Die Herrscher, die vor 400 oder 700 Jahren regiert haben, sind weitgehend vergessen, doch die berühmtesten weisen Narrenfiguren jener Epoche haben Literatur- und Kulturgeschichte geschrieben. Erzählungen über diese etwas anderen Helden sind aus ganz unterschiedlichen Weltregionen überliefert. Drei Beispiele demonstrieren die verschiedenen Arten ihres Humors – weisen und naseweisen. Typ 1 ist Till Eulenspiegel. Das Buch mit seinen Streichen ist im 15. Jahrhundert in Niedersachsen entstanden. Der Held, angeblich im Jahr 1300 in Kneitlingen bei Braunschweig geboren, ist ein

Clown im Kiphardschen Sinn; er hat etwas für derbe Späße übrig und lehrt, wie man noch in den unmöglichsten Situationen den Kopf aus der Schlinge zieht. Typ 2 ist Don Quijote. Mit diesem fiktiven »Ritter von der traurigen Gestalt« hat der spanische Autor Miguel de Cervantes eine Art frühen spanischen Woody Allen erschaffen. Er weiß nie so recht, warum das, was er treibt, ihn ins Pech stürzt und komisch sein soll. Typ 3 ist der Mulla (Meister) Nasreddin. Die Erzählungen, die um ihn kreisen, stammen aus dem 13. Jahrhundert aus der Türkei und liefern eine orientalische Variante der Narrenweisheit. Ihr Held kommentiert Alltagssituationen mit fein- und tiefsinnigem Humor.

Die Urheberschaft des *Till Eulenspiegel* ist umstritten, als wahrscheinlichster Verfasser gilt der Brauschweiger Autor Hermann Bote. 96 »Historien« zeichnen einen nicht unbedingt liebenswerten Narren, der sich auf abenteuerlichen Fahrten zwischen Niedersachsen und Böhmen durchschlägt, als Zechpreller, Betrüger – und Vorreiter des Nonsens-Humor. Als Seiltänzer bittet er zum Beispiel bei einem seiner Streiche alle Zuschauer, ihm für ein Kunststück den linken Schuh zu überlassen. 120 Schuhe kommen zusammen. Er fädelt sie gemeinsam auf eine Schnur auf, die er dann hoch oben auf dem Seil zerschneidet, worauf alle in die Menge fallen und die Besitzer wütend über- und durcheinanderstürzen, um den eigenen Schuh wieder zu erobern. Eulenspiegel freut sich diebisch über das Chaos, das er angerichtet hat, und sucht das Weite.

Sein ganzes Leben ist ein Wechsel aus Flucht und kurzen Versuchen, sich irgendwo niederzulassen. Doch wer ihm hilft, wird übertölpelt. Ein Kaufmann, der Eulenspiegel bei sich aufgenommen hat, will ihn wieder loswerden und sagt in einem Anfall von Großzügigkeit: »Iss und trink, so viel du willst, aber dann räume mir das Haus!« Eulenspiegel nimmt es wörtlich und räumt während der Abwesenheit des Gastgebers das gesamte Haus aus. Bei einem anderen Streich »heilt« er im Spital alle Kranken, indem er abends jedem Einzelnen sagt, er werde am nächsten Morgen den Kränksten von allen zu Pulver zermahlen lassen und es den anderen als Medikament geben; prompt sind am Morgen selbst die Siechsten verschwunden.

Eulenspiegels Streiche sind drastisch und oft mit Fäkalhumor garniert, wenn er zum Beispiel in den Senf seines Arbeitgebers macht, um ihn zu »verlängern«. Er verkörpert den anarchischen Clown, den Trickser und Außenseiter, der rücksichtslos zu Notwehrmaßnahmen greift, um Widerstände zu überwinden. Das hat ihm trotz seines antiautoritären Auftretens Anhänger aus den unterschiedlichsten Kreisen beschert. Völkische Interpreten haben aus Eulenspiegel einen »schollenverwurzelten Niedersachsen« und »lachenden Lebensüberwinder« mit nordischen Ariermerkmalen gemacht. In intellektuelleren Charakterisierungen wurde er zum »räsonierenden Weltweisen« oder zum »gerissenen Repräsentanten der Tauschwirtschaft« (v)erklärt.[4]

Während die Eulenspiegelbücher heute eher in Kinderbuchregalen stehen, ist Don Quijote ein Clown für Erwachsene geblieben, der weise Narr der Weltliteratur. Vom Anfang des 17. Jahrhunderts an macht er Karriere; mehr als 2000 Ausgaben und Übersetzungen in über 50 Sprachen zeugen von seinem Ruhm.[5] Der klapperdürre Ritter auf seiner Mähre Rosinante steht als Symbol für eine Phantasie, die sich mit dem Gegebenen nicht abfindet. Das Leben ist ein aufregendes Abenteuer, und wenn nicht, dann kann man es dazu machen. Don Quijote sieht hinter den Dingen Wahrheiten, von denen andere nichts ahnen. Sein Kampf gegen die Windmühlen ist legendär. Und wenn er todesmutig Mönche attackiert, die er für Räuber hält, und am Ende jeder Episode als ziemlicher Trottel dasteht, sind ihm

Gelächter, aber auch Mitgefühl und Respekt sicher. Cervantes' Buch wurde bald nach Erscheinen ein Bestseller. Sein Protagonist avancierte zum Helden der Philosophie und der romantischen Dichtung, interpretiert von Denkern wie Kant, Fichte, Hegel und Schopenhauer, bewundert von Novalis, Eichendorff, Kleist bis zu Heinrich Heine. Don Quijote bietet mehr als die Satire auf Ritterromane, als die der Autor sein Buch ursprünglich verstanden wissen wollte. Er ist in seinem Scheitern das Ebenbild und in seinem verrückten Mut das Vorbild für seine Leser.

Eine andere, eher philosophische Rolle spielt der Mulla Nasreddin, der als Derwisch mit Turban auftritt und Weisheiten in Witze kleidet. In den Geschichten wird entweder die eigene Dummheit aufs Korn genommen oder die Arroganz von Pseudo-Autoritäten. Ein Beispiel: Nasreddin setzt einen Pedanten über ein stürmisches Wasser über. Als er etwas sagt, das grammatikalisch nicht ganz korrekt ist, fragt ihn der Gelehrte: »Haben Sie denn nie Grammatik studiert?« »Nein«, lautet Nasreddins Antwort. »Dann war ja die Hälfte Ihres Lebens verschwendet!« Wenige Minuten später dreht sich Nasreddin zu seinem Passagier um: »Haben Sie jemals schwimmen gelernt?« »Nein, warum?« »Dann war Ihr ganzes Leben verschwendet – wir sinken nämlich.«[6]

In der vielleicht bekanntesten Anekdote sieht ein Nachbar Nasreddin unter einer Laterne auf den Knien herumrutschen; er sucht nach seinem heruntergefallenen Schlüssel. Eine Weile suchen sie gemeinsam weiter, bis der Nachbar fragt, ob Nasredddin sicher sei, den Schlüssel dort fallengelassen zu haben. Nein, im Gegenteil, antwortet er, heruntergefallen sei er zu Hause. »Und warum sucht Ihr dann hier?« »Hier ist mehr Licht!«[7]

Im Fall von Nasreddin wird besonders deutlich, wie spielend Narrengeschichten kulturelle und ideologische Grenzen überschreiten. Die Anekdoten über den Derwisch stammen aus der Tradition der Sufis, dem im Westen bis heute wenig bekannten Zweig islamischer Mystik. Ihrer Verbreitung im christlichen wie im unchristlichen Abendland hat diese exotische Herkunft keinen Abbruch getan. So hat die »Britische Gesellschaft zur Förderung Christlichen Gedankenguts« die Geschichtensammlung veröffentlicht. Und mitten im Zweiten Weltkrieg, 1943, drehten die Sowjets den Film »Nasreddin in Buchara«. Im sozialistischen Osten Deutschlands waren die Anekdoten genauso präsent wie in esoterischen Kreisen des Westens. Eine DDR-Ausgabe von 1966 rühmt Nasreddin als weisen Tor, der »hinter alles selbstverständlich Geltende ein sinnendes, oft verblüffendes Fragezeichen setzt«. Er sei ein »das Diesseits bejahender Materialist«, ein Freigeist, ein Ketzer mit Kritik an den »religiösen Dunkelmännern und Heuchlern«.[8] Im Buch »Die Sufis. Botschaft der Derwische, Weisheit der Magier« aus dem westdeutschen Diederichs Verlag gilt derselbe Nasreddin als metaphysischer Mystiker.[9]

Weise Narren stehen über solchen Kategorisierungen. Sie lösen auf ihre subversive Art Erkenntnis- und Selbsterkenntnis-Reflexe aus. Wir lieben sie, weil wir schmunzeln, kichern, lachen, losprusten wollen statt zu weinen, wenn uns jemand mit dem menschlichen Drama konfrontiert und uns den Spiegel vorhält. Ja, die Welt ist tückisch. Ja, wir kämpfen oft genug gegen Windmühlen. Ja, wir suchen etwas (einen Schlüssel oder Anerkennung oder Liebe) dort, wo wir es auf keinen Fall finden können. Ja, wir täten gut daran, uns nicht mit unseren Errungenschaften (Grammatik, Titel, Status) zu brüsten und darüber die wesentlichen Dinge gering zu schätzen.

Von gutem und schlechtem, weisem und unweisem Humor

Trotz des Ruhms, den der Humor als Weisheitskatalysator verdient, gibt es Einwände gegen das Lachen. Der eine hat mit der beschriebenen Instrumentalisierung der Narren zu tun. Wer Witze über die Herrschaftsverhältnisse macht, erhebt sich zwar über sie, doch zugleich zementiert er sie. Denn Gelächter über die Obrigkeit nimmt der Empörung die Spitze. Wer sich – innerlich resigniert – lustig macht, hat sich mit der eigenen Lage abgefunden. Dieses Argument ist schwer zu entkräften. Lachen kann seine Fröhlichkeit verlieren und bitter, sarkastisch und zynisch werden. Tatsächlich ist wohl noch keine Diktatur mit einer Spaßguerilla hinweggefegt worden. Trotzdem kann Humor als Weisheitselixier helfen, sich vor Verzweiflung zu schützen, wenn man die Gefahr der Kapitulation im Auge behält.

Der zweite Einwand betrifft das Motiv des Lachens. Denn seine »gute«, herzliche, entwaffnende Form ist nicht ohne weiteres abzugrenzen gegen bösartiges Gelächter, das Schwächere zur Zielscheibe nimmt. Zu den gemeinsten Formen des Mobbing gehört es, wehrlose Opfer zu Witzfiguren zu machen. Und dumpfer Humor nutzt Klischees, um Gruppen, Minderheiten, Außenseiter zu verspotten. In der harmloseren Variante richtet er sich gegen Blondinen, Mantafahrer oder Ostfriesen, in der bösartigen gegen Juden oder Türken.

Weil es dieses hinterhältige Lachen gibt, hat zum Beispiel Aristoteles grundsätzliche Skepsis geäußert; er verbindet Lachen generell mit Hässlichkeit. Doch soll man das menschliche Talent für Komik und Heiterkeit verurteilen, weil es in die falsche Richtung gehen kann? Sinnvoller scheint es, eine Messlatte für »guten« Humor anzulegen.

Sein Kennzeichen ist ein Lachen, das die eigenen Schwächen jederzeit einschließt. Im aggressiven Gelächter steckt dagegen Überheblichkeit, die sich aus Minderwertigkeitsgefühlen und Unsicherheit speist.

Der Unterschied lässt sich klarmachen, wenn man jüdischen Witz und Judenwitze vergleicht. Judenwitze transportieren Klischees und Vorurteile. Der jüdische Witz tut das auch; er macht sich gnadenlos über die Schwächen der Juden lustig, lässt kein Klischee aus. Das Lachen bleibt im Halse stecken, doch letztlich behalten die Verspotteten die Oberhand wie in diesem Beispiel schwärzesten jüdischen Humors: Das Gerücht vom Ritualmord an einem Christenmädchen geht um, die Juden suchen Schutz in der Synagoge. Plötzlich kommt der Rabbi gerannt: »Eine wunderbare Nachricht: Das Mädchen war Jüdin!«[10]

Humor ist manchmal alles andere als komisch – beißend und bitter. Bei Freud heißt es: »Das Ich verweigert es, sich ... zum Leiden nötigen zu lassen, es beharrt dabei, dass die Traumen der Außenwelt nicht nahegehen können.«[11]

Erheiterung als Alltagsaufgabe

In der in Kapitel 3 vorgestellten Studie, in der Weisheitsforscher bewertet haben, welche Attribute für Weisheit entscheidend sind, rangiert Humor nicht besonders weit oben. Auf der Skala zwischen 1 bis 9 gaben ihm die Experten im Durchschnitt den Wert 6,8; in eine Schulnote von 1 bis 6 umgerechnet wäre das eine 2. Damit gilt Humor nicht als zwingend notwendige Bedingung für Weisheit; eher als nützliche Beigabe. Doch vielleicht unterschätzen die Befragten sein Potential. Denn eines scheint sicher: Eine Prise Narrenweisheit macht es leichter, jene Eigenschaften zu entwickeln, die von den Weisheitsexperten als extrem wichtig bewertet werden: Selbsterkenntnis und das Erkennen der eigenen Grenzen.

Je kühler, undurchschaubarer und hektischer die Welt wird, desto dringlicher braucht sie freche, fröhliche, spielerische Gegengewichte. Der Kabarettist Eckart von Hirschhausen empfiehlt, immer eine Clownsnase bei sich zu tragen und sie aufzusetzen, sobald die Lage nach Ärger riecht. Vorzugsweise im Straßenverkehr. Im Stau. Oder wenn der Rechtsüberholer triumphierend in den Rückspiegel schaut.

Ein paar Schlaglichter zeigen, dass Nachkommen von Don Quijote & Co. ihr Unwesen an den unwahrscheinlichsten Stellen treiben. Im Regierungspräsidium Kassel zum Beispiel. Im Internetauftritt der dortigen Zentralen Bußgeldstelle werden Zuwiderhandlungen gegen das Straßenverkehrsgesetz, die Straßenverkehrsordnung, die Straßenverkehrszulassungsordnung, die Fahrzeugzulassungsverordnung und die Fahrerlaubnisverordnung behandelt. Das wäre nicht der Rede wert, gäbe es nicht den unscheinbaren Link »Humor in der Bußgeldstelle«. Ein Klick, und man trifft auf Temposündermalerei: Ein Betroffener karikiert sich um Gnade bettelnd. Es folgt Temposünderpoesie: Eine Ballade schildert den Übergang vom wohlgeplanten geruhsamen Ausflug zur ungeplanten Raserei: »Ein Mensch der bald Geburtstag hat, muss äußerst dringend in die Stadt / Er stellt den Wecker, legt sich nieder / streckt seufzend lächelnd seine Glieder / Sie werden prompt dann auch sehr schwer / er schläft jetzt tief und hört nichts mehr ...« Dann das böse Erwachen: »Frühstück – leider, das fällt aus! / Schnell ins Auto aus dem Haus. / Nicht so schnell, hier fährt man dreißig / denk daran, die blitzen fleißig ...«

Das Gedicht lässt ahnen, dass die künstlerische Bearbeitung des Vorfalls den Ärger über den Bußgeldbescheid fast in Begeisterung verwandelt hat. Und das erst recht, als der Amtsmensch ebenbürtig kontert: »Es tut mir leid und fällt mir schwer / doch Klagen helfen hier nichts mehr. / Ein Bußgeld hab' ich nun erteilt, / weil Sie sich haben so beeilt. / Ich muss auf den Spuren des Gesetzes wandeln / und soll hier jeden gleich behandeln …«

Eine andere paradoxe Methode, aus Frust Fröhlichkeit zu machen, haben Tellervo Kalleinen und Oliver Kochta-Kalleinen erfunden. Das deutsch-finnische Paar initiiert so genannte »Beschwerdechöre«. Statt sich individuell in stillem Zorn über Missstände zu erregen, wird Ärger gemeinsam konzertant sublimiert. Interessierte treffen sich in lokalen Workshops und einigen sich auf die Dinge, die sie besonders verabscheuen, komponieren daraus eine Litanei und tragen sie im Chor vor – was eine ziemliche Gaudi ist. In Birmingham beschwerten sich die Sänger über teures Bier, unfreundliche Busfahrer und langsame Computer. In Helsinki über Handyklingeltöne, riechende Menschen in öffentlichen Verkehrsmitteln und die miese Bezahlung von Frauen. In Hamburg über die Schere zwischen Arm und Reich und die hohlen Worte der Politiker, denen keine Taten folgen. Die Begründer der »Complaintschoir«-Bewegung haben einen Nerv getroffen. Beschwerdechöre existieren inzwischen in Alaska, Basel, Budapest, Florenz, Hamburg, Helsinki, Jerusalem, Kopenhagen, Ljubljana, Singapur, St. Petersburg, Vancouver, Warschau.

Besucher der Welland Seeway Mall, einem Einkaufszentrum im kanadischen Ontario erlebten im November 2010 eine Gesangs-Überraschung der anderen Art. Vor einem ahnungslosen Publikum stimmte ein im Essbereich verteilter *Flashmob* Händel an. In den Tagen zuvor waren die Beteiligten als Sänger des Chors »Niagara« mit dem »Messias« in der Kirche aufgetreten, nun standen sie zur Mittagszeit einzeln und raffiniert verteilt mitten unter Hamburger kauenden, schwatzenden, flanierenden, telefonierenden und verwunderten Vorweihnachts-Einkäufern und schmetterten ihnen ihr vielstimmiges Halleluja entgegen. Im Youtube-Zeitalter findet so etwas Beifall über Ort und Zeit hinaus. In den ersten sechs Wochen nach der ungewöhnlichen Aufführung wurde das Youtube-Video davon 26 Millionen mal angeklickt.

Mein Lieblingsheld für Alltagshumor ist ein namenloser Bankangestellter, von dem nur in der Lokalzeitung die Rede war. Er hat gezeigt, dass weise Schlagfertigkeit selbst unter ungünstigsten Umständen funktionieren kann, im geschilderten Fall bei der Begegnung mit einem Bankräuber. Der Täter, ein Student, hat Schulden. Er fährt mit dem Rad zu einer Bank im Hamburger Nobelviertel Blankenese, stellt sich, dürftig mit Mütze und Brille verkleidet, in die Schlange und wartet, bis er dran ist. Dem Kassierer zeigt er eine Waffe und lässt sich 9000 Euro in die mitgebrachte Plastiktüte stopfen. Knapp zwei Monate später wiederholt sich das Ganze. Wieder radelt der Täter zur Bank, reiht sich mit Mütze und Brille in die Schlange ein, zückt die Pistole. Er trifft auf denselben Kassierer, der erkennt ihn wieder. Im Prozess wird er aussagen, er habe sich beim zweiten Mal zwar immer noch bedroht gefühlt, aber doch sicherer. Und so entfährt ihm, bevor er das Geld – diesmal 3500 Euro – aushändigt, der unnachahmliche Satz: »Kommen Sie jetzt öfter?«

Die Sache endet glücklich. Der Räuber stellt sich, nachdem ihn auch Freunde auf dem Fahndungsplakat erkannt haben. Die Richter verurteilen ihn zu 34 Monaten Gefängnis, eine vergleichsweise milde Strafe, weil der Täter einen Teil des Geldes bereits zurückgezahlt hat und die Waffe, eine Gaspistole, nicht geladen war.

Es gibt viele mögliche Reaktionen, wenn man sich am Bankschalter zum zweiten Mal von einem Mann mit Pistole bedroht sieht. Man kann schreien, man kann fluchen, man kann ohnmächtig werden, man kann den Helden spielen, das Geld verweigern, eine Eskalation in Kauf nehmen, man kann versuchen, die Polizei zu benachrichtigen, ohne dass der Angreifer das merkt. Aber ich finde: Der Satz »Kommen Sie jetzt öfter?« ist als weises Gesprächsangebot nicht zu toppen.

14 Eigentlich bin ich ganz anders …
Warum es so schwierig ist, sich selbst zu finden und wie Träumerei und ein Glas Hegel dabei helfen können

Die Tücken der Selbstverwirklichung und die Irrwege der Business Punks

»Eigentlich bin ich ganz anders, nur komm' ich so selten dazu.« Ödön von Horvath hat diesen Seufzer erfunden; Udo Lindenberg hat ihn in einem seiner Lieder aufgegriffen. Der Spruch eignet sich ideal als Motto für Selbstfindungsprozesse, denn er skizziert die Frage aller Fragen: Wer bin ich, wer will ich sein, wer kann ich werden?

Eine Antwort ist auch deshalb so schwer, weil die Möglichkeiten im Vergleich mit früheren Generationen ins Unermessliche gewachsen sind. Noch bis vor wenigen Generationen waren biographischen Eskapaden ziemlich enge Grenzen gesetzt. Das persönliche Schicksal war das Geschickte, dessen Absender bekannt war: Gott. Die Empfänger fügten sich in arrangierte Ehen und ungeliebte Laufbahnen. Was man heute Selbstverwirklichung nennt, scheiterte an Zeit- und Geldmangel. Ob und wann ein Kinderwunsch in Erfüllung ging und wie viele Kinder in einer Familie zur Welt kamen, entzog sich dem eigenen Einfluss. Verlust von Vermögen, Gesundheit und Leben waren auf die ewig selbe Ursache zurückzuführen: Der Herr hat's gegeben, der Herr hat's genommen.

Heute sind viele ehemalige Schicksalsfragen Do-it-yourself-Angelegenheiten. Eine Art Casting gehört schon bei der Aufnahme in den Kindergarten oder die Schule dazu, weil die beliebtesten mehr Bewerber als Plätze haben. Die Karriere ist keine festgelegte »Laufbahn« mehr, sondern eine Art Hüpfburg, in der man sich geschickt in höhere Höhen katapultieren kann – oder tief fällt. Familienplanung ist eine strategische Aufgabe, bei der Profis helfen; ungewollte Kinderlosigkeit lässt sich mit Hilfe von Retortensperma und Eizellen-Implantation beheben. Wenn die Beziehung kränkelt und der Partner oder die Partnerin nicht dauerhaft gefällt, ist das Ende mit einem kurzen Gerichtsakt zu besiegeln; die nächste Liebe wartet schon bei parship.de.

Ein Überangebot neuer Chancen also. Und enormer neuer Stress. In der Selbstverwirklichungslogik ist jede Minute kostbar, denn es gilt, unüberschaubar viele Optionen geschickt zu kombinieren. Jedes erreichbare Ziel bleibt fragwürdig, denn niemand weiß, ob sich nicht ein anderes noch mehr gelohnt hätte. Manche Entscheidung wird man vielleicht ewig bereuen, doch selbst wenn sich eine Wahl als optimal herausstellt, ist das ersehnte Ziel nur Startpunkt für das nächste.

Wer nicht aufpasst und gegensteuert, findet sich im Hamsterrad wieder. Und wer auf der Höhe der Zeit sein will, bekennt sich offensiv dazu. Die Zeitschrift *Business Punk*, gegründet im Jahr 2009, richtet sich an die jüngere Manager-Elite und verherrlicht den Lebensstil der Atemlosigkeit als »radikal, kompromisslos, erfolgreich«. Als Helden stehen Milliardäre mit autistischen Zügen Pate: Bill Gates, Steve Jobs, Mark Zuckerberg, die Wallstreetbanker. Das Lifestyle-Magazin ist laut Eigenwerbung für Gesinnungsgenossen gemacht, »für die ein Job mehr ist als ein Job, weil er ihr Leben definiert und sie antreibt. ... Für die Uhrzeiten nur eine Art Richtgeschwindigkeit sind und Schlaf ein notwendiges Übel, weil sie nach Büroschluss lieber mit Kollegen und Freunden feiern. Auch mal bis in den frühen Morgen. Wer dieses Lebensgefühl kennt, ist bei Business Punk richtig.«[1]

Adrenalin. Kaffee. Pillen. Deadlines. Schlafcouch im Büro. Und irgendwann plötzlich, vielleicht auf einem Diensttrip im Autoradio verführerisch die näselnde Stimme von Lindenberg: Eigentlich bin ich ganz anders … Dieses »eigentlich« ernstzunehmen, heißt, sich dem Zeitgeistsog zu entziehen. Das Hamsterrad zu bremsen. Jeder weiß ja insgeheim, dass es im Leben nicht auf Beziehungen zu Sachen ankommt, sondern zu Menschen. Nicht (nur) auf Ziele, sondern auf die Wege dorthin. Dass nicht das Rasen im Audi Q7 die Reize dieser Wege offenbart, sondern das Innehalten und die Umleitungen. Und wohl jeder Mensch, auch der selbst ernannte Businesspunk, schmuggelt Hobbys oder Rituale in den Alltag, in denen das »eigentlich ganz andere« ans Licht kommen darf. Momente des Trödelns, der Träumereien, der zweckfreien Verrücktheiten, des Sich-Treibenlassens.

Der Philosoph Karl Jaspers hat in seiner Autobiographie beschrieben, wie erfüllend solche Auszeiten sind. Er mochte es, in die Landschaft, in den Himmel, in die Wolken zu schauen. Er verbrachte viel Zeit damit, dazusitzen oder dazuliegen, ohne etwas zu tun. Zu träumen. Er hielt diese Stunden des Besinnens und die damit verbundene Entfaltung der Phantasie nicht nur für angenehm, sondern für notwendig und hat das schön formuliert: »Wer nicht täglich eine Weile träumt, dem verdunkelt sich der Stern, von dem alle Arbeit und jeder Alltag geführt sein kann.«[2] Diesen Leitstern zu entdecken und ihm zu folgen, könnte man als lebenslange Weisheitsaufgabe bezeichnen.

Unterwegs offenbart sich – sehr allmählich und mit Glück – die Persönlichkeit, die man »eigentlich« ist, das Authentische. Selbstverwirklichung trifft das, was da passiert, nicht ganz. Der Begriff suggeriert, es komme darauf an, das Ich nach einem vorgefertigten Plan zu formen. Doch der Prozess, um den es geht, ist vorsichtiger, experimentierfreudiger und offener. Er lotet Freiräume aus und sucht die Balance zwischen den Möglichkeiten des Ich, den anderen und der gegebenen Situation. Gut zu wissen, dass er selbst unter widrigsten Umständen gelingen kann.

Durchhalten in der Hölle: die Erfahrungen des Viktor Frankl

Die härtesten Prüfungen für Weisheitsjünger scheinen von Sadisten ersonnen. In Abgründe tauchen! Verzweiflung durchstehen! Existenzkrisen meistern! Angesichts von Hass und Brutalität Seelenruhe bewahren! Den eigenen Überzeugungen treu bleiben, auch bei Gegenwind, notfalls bis zum Tod!

Hätte Sokrates seinen Richtern versichert, er würde fortan die Marktplätze meiden und Privatstudien treiben; hätte Martin Luther King den Traum vom Ende der Rassentrennung in seiner Baptistengemeinde gepredigt statt zum Marsch auf Washington aufzurufen; hätte Mutter Teresa Krankenversicherte im Tessin gepflegt und nicht Unberührbare im Slum von Kalkutta – sie hätten sich weniger angreifbar und verletzlich gemacht. Und sie wären keine Ikonen der Weisheit geworden.

Große Vorbilder verlieren selbst in scheinbar auswegloser Lage nicht ihren Mut, ihre Gelassenheit und ihr Mitgefühl. Was hält sie aufrecht? Eine besonders aufschlussreiche Lektion erteilt der Auschwitz-Häftling 119 104, ein Mann, der Todesangst und Erniedrigung im KZ durchlitten hat. Und der es fertiggebracht hat, sein eigenes Schicksal gleichzeitig als eine Art Experiment zu betrachten, in dem er sich als »Objekt einer interessanten psychologisch-wissenschaftlichen Untersuchung« sieht.

Viktor Frankl wird 1905 in Wien geboren. Schon als 15-Jähriger korrespondiert er mit Freud, 1924 erscheint seine erste Publikation in der *Internationalen Zeitschrift für Psychoanalyse*. Klar, dass der junge Mann aus Wien Psychologie und Medizin studiert. Sein Hauptinteresse dreht sich von Anfang um die Frage nach dem Lebenssinn und das existentielle Vakuum, das Depressive spüren. Mit 23 Jahren gründet der angehende Therapeut Schülerberatungsstellen, um Schülerselbstmorde zu verhindern. Nach dem Medizinstudium betreut er als Oberarzt im »Selbstmörderinnen-Pavillon« des psychiatrischen Krankenhauses selbstmordgefährdete Frauen. Ab 1938 entwickelt er die Grundlagen seiner zukünftigen Lehre, der »Logotherapie und Existenzanalyse«, die um den Sinn des Lebens kreist.

Im selben Jahr wird Österreich ans »Reich« angeschlossen. Als Jude darf Frankl keine Arier mehr behandeln. Er könnte emigrieren, doch er lässt sein Visum für die USA verfallen; seine Eltern wollen nicht ausreisen. Um sie zu unterstützen, bleibt auch er in Wien, leitet die Neurologieabteilung des einzigen jüdischen Krankenhauses, heiratet seine große Liebe Tilly. 1942 wird die Familie deportiert und getrennt.

Frankl kommt zunächst ins KZ Theresienstadt, dann nach Auschwitz.[3] Er durchleidet die Schikanen des Lagerlebens. Er sieht, wie fast alle zum »Herdentier« werden, wie alles Menschliche reduziert ist auf »primitivste Bedürfnisse«. Und doch schafft er es, einen inneren Raum zu bewahren, den die Peiniger nicht antasten können. Seine Erfahrung ist, dass man Menschen im KZ »alles nehmen kann, doch eines nicht: die letzte menschliche Freiheit, sich zu den gegebenen Verhältnissen so oder so einzustellen«.[4] Frankl macht das an Momenten fest, wo jemand sein letztes

Stück Brot einem anderen gibt, der es noch dringender braucht. Wo der Blockälteste ihn, den »Seelenarzt«, nach einem Frost- und Hungertag, an dem viele gestorben sind, auffordert, seinen Mithäftlingen in der Baracke einen Vortrag zu halten, wie das »Sich-selbst-Aufgeben« zu vermeiden ist. Wo er in Phantasien eintaucht und die tiefe Liebe zu seiner Frau spürt – obwohl er nicht weiß, wo sie ist, ob es sie noch gibt.

Viktor Frankls Frau Tilly und seine Eltern kommen um. Er selbst überlebt und kehrt nach Wien zurück – mit einem fast unglaublichen unerschütterlichen Vertrauen in die Kraft der Menschlichkeit. Sein erstaunliches Fazit aus dem Leiden ist »eine Wendung in der ganzen Fragestellung nach dem Sinn des Lebens«. Er schreibt: »Wir müssen lernen …, dass es eigentlich nie und nimmer darauf ankommt, was wir vom Leben noch zu erwarten haben, vielmehr lediglich darauf, was das Leben von uns erwartet!«[5] Der Sinn des Daseins wechsele von Mensch zu Mensch, von Augenblick zu Augenblick. Und er schließe Leid ein. Sich seiner Qual würdig zu erweisen, bleibt nach der Lagererfahrung zeitlebens zentral für Frankl.

»… trotzdem Ja zum Leben sagen. Ein Psychologe erlebt das KZ«, heißt das Plädoyer in Buchform, in dem Viktor Frankl seine Erfahrungen verarbeitet. In den USA erreicht der Band Ende der 1950er Jahre Millionenauflagen, im ehemaligen Nazireich finden sich zunächst kaum Leser. Erst viel später wird das Buch auch in Deutschland und Österreich ein Erfolg. Bedeutung gewinnt dagegen Frankls Therapieform, die »Logotherapie«, die den individuellen Lebenssinn ins Zentrum stellt[6] und als »Dritte Wiener Schule der Psychotherapie« bekannt ist. Doch obwohl die Lehre heute weltweit von Tausenden Nachfolgern praktiziert wird und ihr Begründer bis zu seinem Tod im Jahr 1997 unermüdlich publiziert und Vorträge gehalten hat, ist ihr Begründer nie so berühmt geworden wie die anderen Pioniere der Psychologie Sigmund Freud, Alfred Adler oder C. G. Jung. Dabei hat die Logotherapie gerade Sinn- und Weisheitssuchern viel zu bieten.

Viktor Frankl und seine Nachfolger glauben fest an das Talent des Menschen, sich am eigenen Schopf aus dem Sumpf zu ziehen. Logotherapeuten begleiten Menschen bei der Aufgabe der Selbst- und Sinnfindung. Besonders gut hilft ihre Methode bei Angststörungen und »existentieller Frustration«. Die Heilungsgeschichten könnten allerdings auch Menschen interessieren, die nie auf die Idee kämen, eine Psychologenpraxis zu betreten. Sie handeln davon, wie es gelingen kann, der Falle ständiger Selbstkritik zu entkommen, wie man lernt, Distanz zu eigenen Sorgen gewinnen und innere Quellen der Kreativität wiederzuentdecken.

Im Zentrum der Gespräche stehen dabei nicht Wunden und Narben der Vergangenheit, sondern Spielräume in Gegenwart und Zukunft. Nach Frankls Ansicht trägt jeder Mensch Verantwortung dafür, den Sinn des eigenen Schicksals zu entdecken. Sein Credo: »Was nicht gewesen wäre ohne mich, das zeugt von mir.«

Sinnfindung und Weisheit bis zum Schluss: »Dienstags bei Morrie«

Was Viktor Frankl sagt, hat Bedeutung für die Alltagsweisheit und die Frage, wer man selbst ist. Nicht das eigene Los zu beklagen, sondern zu überlegen, wie man sein Umfeld mitgestalten kann, stiftet einen weisen Abstand zum eigenen Kummer. »Was nicht gewesen wäre ohne mich, das zeugt von mir ...« – ein wenig erinnert das Motto an die alte Pfadfinderregel »jeden Tag eine gute Tat«. Kein dummer Gedanke. Auf das ganze Leben hochgerechnet ergibt sich eine fünfstellige Anzahl kleiner Sinnstiftungs-Momente. Und es muss nicht immer das letzte Stück Brot sein, das man mit einem Hungrigen teilt. Ein Lächeln, eine kluge Frage, eine Umarmung, ein bisschen Geduld, Verständnis, Hilfsbereitschaft – Weltprobleme sind mit solch kleinen Gesten nicht zu lösen, aber das Leben der anderen wird ein bisschen heller, und das eigene auch.

Interessanterweise können sich in solchen Momenten die Rollen beim Geben und Nehmen unversehens vertauschen. Denn nicht nur, wer reich, stark und gesund ist, hat anderen etwas zu bieten. Ein berührendes Beispiel hat Mitch Albom in seinem Buch *Dienstags bei Morrie* geschildert.[7] Die Ausgangslage klingt nach sentimentalem Kino. Ein ehemaliger Student, der Autor, besucht seinen ehemaligen Lieblingsprofessor Morrie Schwartz, der inzwischen todkrank ist. Er leidet unter ALS, amyotrophischer Lateralsklerose, einer bösartigen Nervenkrankheit. Patienten mit diesem Leiden verlieren nach und nach die Kontrolle über ihre Muskeln.

Man merkt dem Besucher an, dass er sich unsicher fühlt in seiner Haut, bei einem siechen Todgeweihten, der im Rollstuhl sitzt. Er geht an die Visite mit einer Mischung aus Pflichtgefühl, Pfadfindermoral und Angst heran. Und dann kommt alles anders. Morrie, der Professor, hat die Gabe, seine körperliche Hinfälligkeit als Teil seines Ich zu akzeptieren, aber nicht als dominierenden Teil. Der Geist ist wach, analytisch und voll Humor. Und Mitch Albom, sein Ex-Student, besitzt die Offenheit und Sensibilität, sich auf die Situation einzulassen. Er nimmt die Lektionen an, die der Kranke ihm zu bieten hat, spricht mit ihm über Themen wie Selbstmitleid, Tod und Vergebung. 14 Dienstage lang, dann stirbt Morrie Schwartz.

Viktor Frankls Worte von jener »letzten menschlichen Freiheit, sich zu den gegebenen Verhältnissen so oder so

261

einzustellen«, werden in solchen Situationen konkret. Jede Reise geht irgendwann zu Ende, aber solange die letzte Stunde nicht geschlagen hat, ist das Leben nicht vorbei. Sinn zu finden bleibt möglich, Weisheit bleibt möglich. Das heißt keineswegs, dass Weise ständig fröhlich sein oder bis zur letzten Minute Helden spielen müssen – zum Loslassen gehören auch Traurigkeit und Niedergeschlagenheit.

Für Mitch Albom sind die Dienstage ein Wendepunkt im Leben. Er hatte sich vorher eher am Business Punk-Modell orientiert. Als Sportjournalist hatte er eine Hochgeschwindigkeitskarriere auf der Überholspur vorangetrieben; auf der Jagd nach Geld, Erfolg und Ruhm. Die Wiederbegegnung mit dem Professor hat seine Werteskala verändert. Offener sein, die Verlockungen der Werbung ignorieren, zuhören, wenn die Menschen, die man liebt, reden, heißt seine Kurzmitteilung an diejenigen mit dem Tempo-über-alles-Lebensstil.

Vom Auswickeln des Ich und der Begegnung mit den Launen des Geistes

Wer bin ich? Wer kann, will, soll ich werden? Die Sprache hat ein grandios philosophisches Wort für die Annäherung an dieses Rätsel: *Ent*wicklung im Deutschen, *de*velopment im Englischen und Französischen. Dem Wortsinn nach geht es also nicht darum, dem Ego bewusst möglichst viele interessante Facetten hinzuzufügen. Stattdessen stellt die Sprache eine faszinierende Theorie auf: Alles ist schon da – bitte auspacken! Das Ich hat die Gabe und die Aufgabe, sich selbst nach und nach von Schichten zu befreien, die aus irgendeinem Grund das »Eigentliche« verdecken. Auch die Begriffe *Ent*faltung, *Ent*hüllung, *Ent*deckung bringen zum Ausdruck, dass das Wesentliche schon in uns steckt und nur Raum und Geduld braucht, um zur Geltung zu kommen. Wie im Kapitel über die Gefühle bedeutet das, der inneren Stimme zu lauschen, um bewusste und unbewusste Seiten der Persönlichkeit in Balance zu bringen. Und dabei den leitenden Stern aufgehen zu sehen, von dem Karl Jaspers spricht.

Es gibt ungezählte Metaphern, in denen diese geheimnisvolle Enthüllung eine Rolle spielt. Zum Beispiel die Geschichte vom Bildhauer, der gefragt wird, wie er es geschafft hat, den wunderbaren Marmorlöwen zu meißeln und antwortet: »Ich habe einfach so viel weggenommen, bis der Löwe hervorgekommen ist.« In einem Buddhazitat heißt es schlicht: »Sucht das Licht und das Heil in euch und nicht außerhalb.«[8]

Der Zeitgeist gebietet etwas anderes: Maximale Außenorientierung mit der permanenten Anstrengung, beliebter, interessanter, erfolgreicher zu werden. Zumindest am Ball zu bleiben bei den neuesten Gimmicks von *FacebookXING-MySpaceTwitterYahooAppsGames*. Der Rat der Weisen führt in die Gegenrichtung. Er verspricht weniger virtuelle Bestätigung, stattdessen inneres Wachstum, Authentizität und Seelenruhe.

Warnhinweis! Das Vorhaben kostet Geduld und ein hohes Maß an Verständnis für eigene und fremde Macken. Auch dieser Weg ist mit Anstrengung verbunden. Muße für Träumereien à la Jaspers muss man sich erkämpfen. Sich mit den eigenen Schwächen und Fehlern zu konfrontieren, erfordert Mut. Toleranz sich selbst und anderen gegenüber zu üben, braucht Vorbereitung.

Denn der menschliche Geist hat eine seltsame Tendenz. Er liebt es, sich ausgiebig mit negativen Begebenheiten zu beschäftigen. Intensiv kann er sich über verpasste Gelegenheiten aufregen, Streitigkeiten und böse Wortwechsel wieder und wieder ins Gedächtnis rufen, sich »maßlos« über eigene Fehler ärgern und – fast noch lieber – über die Unzulänglichkeiten der anderen. Die Anlässe mögen unbedeutend sein: die berühmte falsch ausgedrückte Zahnpastatube, Haare in der Badewanne, ein dummer Witz auf unsere Kosten, falsch geparkte Autos, auf dem Fußweg Slalom fahrende Radfahrer, unaufgeräumte Kinderzimmer, die Trödelei von anderen, wenn wir es eilig haben, die Eile von anderen, wenn wir bummeln wollen – es fällt leicht, eine lange Litanei von Kümmernissen herunterzubeten.

Positives findet oft weniger Beachtung. Dabei gibt es, wenn man genau hinschaut, einiges davon. Richtig geparkte Autos. Badewannen ohne Haare. Blumen im Park. Kinder. Freunde. Farben. Lachen. Kunst. Musik … Aufmerksamkeit und Dankbarkeit für die guten Seiten des Lebens zu entwickeln und sich an Kleinigkeiten freuen zu können, ist ein seltenes, fast subversives Talent. Und ein wesentlicher Beitrag zur Stärkung eines Ich, das tolerant, zuversichtlich, offen, gelassen, humorvoll ist. Und stark, wenn echte Krisen ins Leben einbrechen: Krankheit, Trauer, Chaos. Um sich dagegen zu wappnen, tut es gut, nach Komplizen Ausschau zu halten.

Weisheit mit anderen teilen – ein Rotweinabend mit dem »Ungeheuren«

Eigentlich bin ich ganz anders … Aber wo? Im stillen Kämmerlein? Ja, aber nicht nur. Ein Ich auf dem Weisheits-Pfad braucht Eigenzeit, aber genauso den Austausch mit anderen, in dem es Zustimmung, Widerspruch, Inspiration erfährt. Wie spannend und anregend es sein kann, Fragen von Sinn und Selbst gemeinsam zu erörtern, zeigt ein Beispiel aus Schwaben.

13 Interessierte haben sich an einem sommerlichen Frei-

tagabend eingefunden zum »Philosophischen Café« von Thomas Gutknecht. Der hat in Lichtenstein auf der schwäbischen Alb seine »Logos-Praxis« gegründet und ist Vorsitzender der »Internationalen Gesellschaft für Philosophische Praxis« IGPP. In ihr sind, wie in Kapitel 5 beschrieben, jene Philosophen organisiert, die sich der sokratischen Tradition verpflichtet fühlen, öffentlich über Lebens- und Weisheitsfragen zu diskutieren.

Heute also »Philosophisches Café«. Gut vier Stunden wird die geistige Belastungsprobe dauern. In den Gläsern leuchtet »Stettener Lindhälder Hegel« (»rubinrot, feinfruchtig, mit würzigem Bouquet«); die Rebsorte existiert seit 1955, und der Züchter wollte tatsächlich den großen Philosophen ehren.

Das Thema des Tages lautet »Nachdenken über Leben und Tod, das Sein und das Nichts« bei Martin Heidegger. Nicht über die Verstrickungen des Philosophen im Dritten Reich, sondern über sein Gedankengebäude. Beteiligte: Sieben Männer und sechs Frauen zwischen Mitte 30 und Mitte 70, ein bunt gemischter Kreis. Mit dem braunen Haarkranz auf dem runden Kopf, seiner listig-gemütlichen Art zu reden, könnte der Gastgeber gut als schwäbischer Tatort-Kommissar durchgehen. Aber sein Scharfsinn ist nicht-kriminalistischer Art. Gutknecht lehrt Philosophie als Wahlfach in einem Stuttgarter Gymnasium, dazu kommt »als Spielbein« das freie Philosophieren in Seminaren und Kursen und der IGPP-Vorsitz.

»Mut zur Angst« heißt das Radioporträt über Heidegger, das Gutknecht seinen Gästen zum Warmwerden vorspielt. Dann referiert er selbst, führt ein in die komplizierte Heideggersche Sprache. Redet über die »Vorübung des Sterbens«, die bewirke, »dass ich lerne für mich selbst als Handelnder Verantwortung zu tragen«. Wirft Themen abseits der Freitagabend-Behaglichkeit auf: »Erst auf Basis meiner

Nichtigkeit und in der ›wesenhaften Vereinzelung‹ … kann ich offen sein für gegebene Möglichkeiten.« Er endet mit Heideggers »Hoffnung, dass mit dem Sein ein Größeres waltet, als der Mensch es erfassen kann«.

Das ist schwere Kost. Nach Ansicht des Gastgebers soll Philosophie »den Menschen helfen, Schrecken auszuhalten«. Das anschließende Gespräch lenkt er in Richtung auf Gefühle in der Nähe des Heideggerschen »Ungeheuren«. Eine Psychologin in der Runde greift den Faden auf. Sie erzählt von ihrer Erfahrung, dass »Kinder im Vorschulalter oft plötzlich eine große Todesangst« haben und sieht das als Hinweis darauf, dass »Heidegger nicht ganz verkehrt liegt«.

Bis zur Rauchpause um elf ist die Diskussion mal ernst, mal ausgelassen, streift Schiller und Freud, Sloterdijk und Epikur und Aristoteles, Alexis Sorbas und Gott, die Bioethik, das Leben nach dem Tod. Zitate, Anekdoten, persönliche Erfahrungen – alles ist Saat der Weisheit, die vielleicht später einmal aufgeht. Wenn das »Ungeheure« im eigenen Sein tatsächlich aktuell wird.

Kurz vor Mitternacht legen die Gäste ihren finanziellen Beitrag in den Korb. Dann verabschieden sie sich, zwei Seiten Heidegger-Interpretation in der Tasche. Was treibt einen 41-jährigen Telekom-Mitarbeiter dazu, 45 Kilometer anzureisen, um sich mit Philosophie zu beschäftigen? Er liebt die »anderen Gedanken außerhalb des Alltags«, fühlt sich »lebenstüchtiger« durch sie, denn »wenn man das Denken besser beherrscht, dann kann man auch über die eigene Situation besser reflektieren«.

Eine andere Besucherin, 55 Jahre alt und Physiotherapeutin in Reutlingen, interessiert sich vor allem für Ethik, für die Werte, die zu kurz kommen »in der Hire-and-fire-Wirtschaft und der Ellenbogengesellschaft«: Was ist Glück? Was ist Freude? Was ist Tugend? Sie sagt: »Weisheit hat für mich etwas damit zu tun, diese Werte zu leben. Klüger zu werden. Und ich glaube, dass ich klüger bin als früher. Stabiler. Selbstsicherer. Weil ich Dinge erkannt und mich selber an die Hand genommen habe.«

Lebenstüchtig werden. Sich selbst an die Hand nehmen – das sind stimmige Umschreibungen für die »kleine Weisheit« im Privaten. Für den Mut zu Selbstverantwortung und Selbstfürsorge. Für die Kraft, sich nicht vom Leben überrollen, vereinnahmen, auffressen lassen. Für Innehalten. Für Bewusstheit.

Die fast spielerischen und doch sorgsam angeleiteten Zugänge führen auch zu den Uranfängen der abendländischen Philosophie zurück: zum Staunen. Staunen heißt innezuhalten. Das, was ist, zu würdigen, ohne es gleich verändern zu wollen. Nicht nur Antworten zu fordern, sondern auch die Fragen liebzugewinnen und es auszuhalten, wenn es keine Antwort gibt. Zu phantasieren und zu träumen, wie es Karl Jaspers empfohlen hat.

Sokrates hätte sich wohl zunächst gewundert über so einen Abend 2500 Jahre nach seinem Tod. Hätte erstaunt festgestellt, wie selbstverständlich Frauen ihre Meinungen in die Diskussion einbringen. Hätte – vielleicht seufzend, vielleicht befriedigt – festgestellt, dass die alten Fragen des Wissens und Nicht-Wissens noch aktuell sind. Und er hätte sich gefreut, dass Menschen mit silbernen Haaren und grauen Bärten genauso leidenschaftlich bei der Sache sind wie die Jungen.

15 Erfahrung zählt. Wie der Trainingskurs eines Rabbi Alten hilft, die »Meisterschaft in Lebenskunst« zu erringen und wie sich weise Greise einmischen

Die Einsicht des Reb Zalman – die Weisheit der Alten ist für die Gesellschaft ein Schatz

Die Krise kam kurz vor dem 60. Geburtstag. Dabei war es nicht etwa so, dass auf Zalman Schachter-Shalomi eine unausgefüllte Zukunft wartete. Der 1924 in Polen geborene Rabbi hatte in den USA eine Pionierbewegung für jüdische Spiritualität ins Leben gerufen, stand in engem Kontakt mit Vertretern anderer Religionen, lehrte Theologie an der Universität von Philadelphia, trat als Kongressredner auf, leitete ökumenische Seminare. Trotzdem überkam ihn in stillen Stunden ein unbekanntes und unbehagliches Gefühl der Vergeblichkeit. Er flüchtete sich in hektische Geschäftigkeit, bevor er sich die Wahrheit eingestand: Er hatte Angst vor dem Alter.

40 Tage lang zieht sich der charismatische Jude, den seine Anhänger »Reb Zalman« nennen, daraufhin in die Einsamkeit Neumexikos zurück, betet, meditiert, studiert, schreibt, geht spazieren – und erlebt eine innere Veränderung.

Am Ende hat die Vorstellung, alt zu werden, ihren Schrecken verloren. Der Rabbi beginnt den bevorstehenden Wendepunkt als Eintritt in eine neue Phase zu begreifen, in die »Zeit der Ernte«, in der es darum gehen wird, »Meisterschaft in Lebenskunst« zu erwerben. Er hat die Vision, dass

Hochbetagte die Rolle der Stammesältesten früherer Kulturen wieder übernehmen, den Archetypus des »Weisen, der seine Erfahrung, sein ausgewogenes Urteil zum Wohl der Gesellschaft anbietet«.

From Age-ing to Sage-ing, heißt das Buch, das Schachter-Shalomi 1995 veröffentlicht hat, »Vom Altern zum Weisewerden«.[1] Auf Deutsch ist es nie erschienen, vielleicht, weil das englische Wortspiel im Titel sich nicht ähnlich treffend übersetzen lässt. Die Botschaft ist dennoch global interessant: Nie zuvor in der Geschichte haben Menschen so lange gelebt. Und noch nie war das Bild der Alten so negativ. Was für eine Vergeudung! Welch wichtige Aufgaben könnten »Elders«, die rüstigen Betagten, als »Weisheits-Beschützer« für die moderne Gesellschaft übernehmen!

Für »Weise im Training« schlägt Reb Zalman elf Lektionen vor. Deren Kern besteht darin, die eigene Biographie bewusst Revue passieren zu lassen. Sich klarzumachen, wie und warum man an dem Punkt gelandet ist, an dem man steht. Der Vergangenheit Deutung und Bedeutung zu geben. Die bewusste Erinnerung erlaubt es, mit dem, was das im Gedächtnis auftaucht, Frieden zu schließen, auch wenn es dunkle Abschnitte gab, verpasste Gelegenheiten, Verletzungen, die man anderen zugefügt und selbst erlitten hat. Nach dieser Bestandsaufnahme folgen Trockenübungen zur Gestaltung der Zukunft: Was kann und will ich mit dem Rest meines Lebens anfangen?

Die Aufgaben gehen ins Detail. In einer Übung vergegenwärtigen sich die »Weisen im Training« zum Beispiel Wendepunkte ihres Lebenslaufs: den ersten Schultag, die erste Liebe, den ersten Kuss, den ersten Job, die erste Leistung, auf die sie stolz waren, das erste Versagen. Außerdem Ereignisse wie Hochzeit, die Geburt von Kindern, Krankheitserfahrungen, Begegnungen mit dem Tod. Im Anschluss zeichnen sie die Daten auf eine Zeitleiste von der

Geburt bis zur Gegenwart ein. Dann verlängern sie die Leiste um fünf Jahre in die Zukunft und malen sich aus, was in diesen fünf Jahren auf sie zukommen wird, wie sie die Zeit weise ausfüllen wollen. Wie sie es anstellen können, als Mentoren für Jüngere zu wirken.

Eine andere Übung widmet sich der Erinnerung an Personen, die eine wichtige Rolle im eigenen Leben gespielt haben: Bitte »Briefe der Wertschätzung« verfassen! Sie müssen nicht unbedingt abgeschickt werden; sie können sich auch an inzwischen Verstorbene richten. Entscheidend ist es, sich zunächst geistig noch einmal mit all denen auseinanderzusetzen, die den eigenen Weg gefördert haben. Ihnen mitzuteilen, wie schön es war und ist, sie als Lehrer oder Freunde gehabt zu haben. Für ihre Unterstützung zu danken. Die Gefühle auszudrücken, die man ihnen gegenüber empfindet. Wichtig ist aber auch der zweite und schwierigere Part, sich selbst die »Gabe der Vergebung« zu gönnen und mit denjenigen Frieden zu schließen, die für die Schwierigkeiten im eigenen Leben verantwortlich waren.

Zunächst hat der Rabbi Workshops zum »spirituellen Älterwerden« selbst geleitet und Interessierte geschult, den Ansatz als Multiplikatoren zu verbreiten. Inzwischen hat sich die Bewegung in den USA und Kanada professionalisiert. Die »Sage-ing®-Guild« ist heute eine Organisation mit eingetragenem Markenzeichen, landesweiten Trainings-Programmen und mehreren Fortbildungs-Stufen, in denen man es bis zum »Zertifizierten Sage-ing®-Führer« bringen kann.[2]

Im deutschsprachigen Raum hat das Zentrum für Gerontologie an der Universität Zürich die Idee aufgegriffen, allerdings nur ein Semester lang, im Sommer 2005. Die Seminarausschreibung richtete sich an Menschen über 50, die Interesse hatten »nicht nur älter, sondern wenn möglich etwas weiser« zu werden. Die Teilnehmer haben sich im 14-

Tages-Rhythmus in der Universität getroffen, Vorlesungen gehört, in Gruppen gearbeitet und zwischendurch Hausaufgaben erledigt, haben geschrieben, reflektiert, gemalt. Albert Wettstein, der Initiator des Seminars war damals 58 Jahre alt und als Chefarzt der Stadtärztlichen Dienste in Zürich verantwortlich für die Pflegeheime der Stadt und ihre 1600 Bewohner. Auch und gerade weil er hauptberuflich eher mit den Schattenseiten des Alters konfrontiert war, faszinierte ihn das Weisheits-Projekt, das die positiven Aspekte des Alters herausstellte.

Am Ende des Semesters lud er Beteiligte und Gäste zur Auswertungsveranstaltung in den Vorlesungssaal der Züricher Uni. Im Foyer ausgestellt waren die »Lebensweg-Bilder« der Teilnehmer, eine künstlerische Auseinandersetzung mit der eigenen Biographie. Auf einem Aquarell ist eine Blume zu sehen, in der gelbe, rote, blaue und grüne Blütenblätter aus einer pechschwarzen Mitte wachsen. Auf einem anderen führt eine Wellenlinie aus verschieden gemusterten und unterschiedlich dicken Stoffstreifen im heftigen Wechsel auf und ab. Dann gibt es ein Bild mit einem grellbunten Flammenspektakel. Und eines, auf dem ein Strichmännchen in Richtung auf einen besonnten Gipfel unterwegs ist, allein, dann mit Partner, zu dritt, dann wieder allein.

Wettstein referiert erste Ergebnisse einer Teilnehmerbefragung: Der Satz »Ich habe Erkenntnisse über mich selbst gewonnen« hat auf der 5-Punkte-Skala die Wertung 3,7 erhalten. Die Aussage »Ich glaube, ich bin durch das Seminar weiser geworden«, allerdings nur 3,3 Punkte. In der Diskussion wird klar, warum viele das große Wort Weisheit scheuen. »Ich habe einen Weg gefunden, der für mein Leben gewinnbringend ist«, sagt eine Frau. Das Wort »Frieden« gefalle ihr dafür besser. Sie redet leise, als sie vom Schmerz erzählt, den manche Übungen ausgelöst haben.

Doch gerade die aufwühlenden Momente bergen den Keim für neue Offenheit und überraschende Perspektiven. Eine Teilnehmerin berichtet vom Glücksgefühl, zu bemerken, »dass ich sogar mit Toten Frieden schließen kann«. Viele haben durch die »rückblickende Umbewertung« staunend begriffen, wie sehr überstandene Krisen sie weitergebracht haben.

Für Peter Kessler, 71 Jahre alt, war der Kurs des Rabbi eine Wiederholung. Der »katholische Buddhist« und ehemalige Personalberater ist ein Profi in Sachen Selbsterfahrung. Er sieht in und vor sich »noch viele Goldminen, an denen zu arbeiten lohnt«. Andere Rentner machen Kreuzfahrten; er besucht regelmäßig spirituelle Zentren in Europa und den USA und hat dort auch die amerikanische Urversion des Weisheitsseminars kennengelernt. Die Wiederholung in Zürich empfindet er als »guten weiteren Anstoß auf meinem Weg«.

Aus Erfahrung klug – Studien belegen, dass Altersweisheit kein Mythos ist

Senioren, die sich im 21. Jahrhundert an die Aufgabe wagen, als weise »Stammesälteste« zu agieren, sind (noch) eine Rarität. Es bleibt die Frage, wie es um ihre Altersgenossen generell steht. Nimmt Weisheit mit steigendem Lebensalter zu? Oder sind die letzten Jahre und Jahrzehnte eher von einer vergeblichen Jagd nach ewiger Jugend geprägt, die irgendwann direkt in Altersstarrsinn übergeht? Das Team um die Sozialpsychologie-Professorin Laura Carstensen an der Stanford University hat einen aufwendigen Versuch ins Leben gerufen, um sich diesen Fragen zu nähern. Es ist die erste Langzeitstudie weltweit, die den Einfluss des Lebensalters auf Emotionen unter Alltagsbedingungen erkundet. Das Ergebnis wurde im Oktober 2010 veröffentlicht und enthielt überraschende Nachrichten: Mit zunehmendem Alter verbessert sich in der Regel die emotionale Stabilität. Auch das Glücksempfinden steigt.

Kann das stimmen? Verbindet man nicht Jugend mit Glück und guter Laune? Häufen sich im Alter nicht Schicksalsschläge und Krankheiten? Beides ist richtig, und trotzdem zeigen die Ergebnisse, dass Zuversicht in späteren Jahren überwiegt.[3] Demokrit scheint ein Stück weit recht zu behalten mit seiner Einsicht: »Physische Kraft und schöne Gestalt sind Gaben der Jugend, des Alters Blüte aber ist die Weisheit.«

In die Studie einbezogen waren 180 Personen zwischen 18 und 94 Jahren. Die Wissenschaftler statteten alle mit einem elektronischen Beeper aus, um sie anfunken zu können. Wann immer das geschah, sollten die Probanden auf vorbereiteten Bögen ihre aktuellen Empfindungen notieren. Abgefragt wurden acht positive und elf negative Emotionen; Glück, Fröhlichkeit, Stolz und Zufriedenheit gehören genauso dazu wie Frustration, Scham, Schuld und Langeweile. Die Antwortbögen gaben jeweils eine Skala von 1 (gar nicht) bis 7 (extrem stark) vor.

Der Versuch fand in drei »Wellen« zwischen 1993 und 2005 statt. Im Abstand von rund fünf Jahren erhielten die Teilnehmer ihren Beeper eine Woche lang und wurden in diesen sieben Tagen einmal am Tag zwischen 9 Uhr morgens und 9 Uhr abends angefunkt; die genaue Zeit bestimmte ein Zufallsgenerator. Die Auswertung ergab: Die Zahl der Momente mit positiven Gefühlen stieg bis zum Alter von Ende 60 kontinuierlich an und sank erst bei über 70-Jährigen wieder leicht. Außerdem schwankten die Gefühle bei den Senioren nicht so stark wie in jungen Jahren. »Im Gegensatz zur populären Auffassung, dass Jugend ›die beste Zeit im Leben‹ ist, belegen unsere Ergebnisse, dass der

Gipfel des Gefühlslebens erst im siebten Lebensjahrzehnt erreicht wird«, schreiben die Autoren.

Studien wie diese sagen nichts über den Einzelfall aus. Sie versprechen nicht, dass aus einem egozentrischen abweisenden jungen Menschen ein paar Jahrzehnte später ein Vorbild an Einfühlung und Freundlichkeit wird. Sie leugnen auch nicht, dass Einsamkeit im Alter Menschen unglücklich macht. Sie weisen nur darauf hin, dass es über das gesamte Leben hinweg anscheinend Faktoren gibt, die das Bewusstsein für positive Emotionen stärken.

Die Studienleiterin Laura Carstensen, 56 Jahre alt und nach eigener Aussage auch selbst »glücklicher als ein paar Jahrzehnte zuvor«, vermutet den Grund darin, dass im höheren Alter die Zeiten vorbei sind, wo Examensnoten, Karriereziele und Partnersuche große emotionale Turbulenzen erzeugen. Ältere hätten sich in den Bedingungen eingerichtet, in denen sie leben und würden versuchen, das Beste daraus zu machen: »Wenn Menschen älter werden, sind sie sich ihrer Sterblichkeit stärker bewusst. Wenn sie sehr schöne Momente erleben, geht das mit der Einsicht einher, dass das Leben fragil ist.«[4]

All das hätte mit Weisheit noch nicht viel zu tun, wenn die Tendenz zu Zuversicht und Lebensfreude nur auf das eigene Wohlbefinden ausgerichtet bliebe. Doch das ist nicht so. Tatsächlich gäbe es gute Gründe, Ältere überall dort einzubeziehen, wo es etwas zu schlichten gibt. Das zumindest legen die Forschungsergebnisse von Igor Grossman an der Universität von Michigan nah. Der Sozialpsychologe wollte untersuchen, in welchem Alter Menschen sich am besten als Ratgeber eignen. Er stellte verschiedenen Altersgruppen fiktive Zeitungsausschnitte über geopolitische Konflikte in fernen Ländern vor. Seine 250 Probanden sollten Ursachen und Lösungsansätze herausarbeiten. Grossman testete dabei »weisheitsbezogene Qualitäten«, zum Beispiel die Suche nach Kompromissen, das Einfühlungsvermögen in die Situation der verfeindeten Gruppen, die Bereitschaft, Grenzen des eigenen Wissens zuzugeben. Was er herausfand, war ein eindeutiges Altersgefälle. Die 20 Prozent der Probanden, die bei der Übung als weiseste abschnitten, hatten ein Durchschnittsalter von knapp 65 Jahren. Das Durchschnittsalter bei den restlichen 80 Prozent betrug 45 Jahre.[5]

Weise Greise als Ratgeber im Internet: der Elder Wisdom Circle

Schon bevor Forscher wie Grossman anfingen, die Ratgeber-Qualitäten experimentell auf die Probe zu stellen, gab es eine Organisation, die Senioren gezielt für solche Zwecke rekrutierte. Doug Meckelson, damals 42-jährig, hatte 2001 in Kalifornien den »Elder Wisdom Circle« (EWC) gegründet und über Seniorenzentren ein paar Rentner gewonnen, online Lebensfragen zu beantworten. Auf die Idee gebracht hatte ihn das Vorbild seiner Großmutter, die er als weise Ratgeberin verehrte. Inzwischen wirbt das Netzwerk mit »kollektiver Erfahrung von 45 000 Jahren«. Es ist auf 600 Senioren zwischen 60 und 105 Jahren angewachsen und steht allen englischsprachigen Internetnutzern als ehrenamtliches Ratgeberteam zur Verfügung. Das Logo: eine Eule.[6]

Das Verfahren ist einfach. Ratsuchende von außen mailen ihre Fragen an das Netzwerk. Dessen Mitglieder können alle eingehenden E-Mails einsehen. Wer sich von einem Thema angesprochen fühlt, streicht den entsprechenden Brief von der Liste und formuliert eine Antwort. Ein Redaktionskomitee prüft vor dem Abschicken Rechtschreibung und Grammatik. Dann erhält der oder die Ratsuchende die Antwort per Mail. Außerdem werden die jeweils aktuellsten Briefwechsel nach Stichworten sortiert auf der Webseite veröffentlicht.

Beispiel Brief #95 313: »Ich verliere die Kontrolle über mein Leben. Ich war ein erfolgreicher Künstler mit Familie und Freunden. Ich habe Herzprobleme. Ich bin pleite und habe Schulden. Ich habe meine Fähigkeit verloren zu kommunizieren. Ich weiß nicht, wie es weitergehen soll.«

Wie kann man so einen Hilferuf eines Unbekannten adäquat beantworten? Ein Wisdom-Circle-Mitglied aus Phoenix, Arizona, findet einen Weg. »Cirrus« stellt sich auf der Teilnehmerliste als Vietnam-Veteran und begeisterter Wetterbeobachter vor. In seinem Antwortbrief erzählt er von seinem alten Freund Tony, der Künstler ist wie der Ratsuchende. In seiner Jugend hat Cirrus mit ihm in einer Band gespielt. 40 Jahre später trifft er Tony wieder. Der hat ein paar Monate zuvor einen Schlaganfall erlitten, sitzt seitdem im Rollstuhl und kämpft darum, trotz allem wieder ins Leben zurückzufinden. Er malt. Jetzt mit der linken Hand, mit der er, der Rechtshänder, sich langsam anfreundet. Cirrus erzählt ausführlich von dem Prozess. Es ist ein langes Schreiben, persönlich, sensibel, nicht von oben herab.

Bis zu 3500 Anfragen bewältigen die »Cyber-Großeltern« pro Monat. Sie geben sich Pseudonyme wie Aunt-Molly, Candy, Grammy-Lin, Qixote oder Texas-Grandpa. Nicht alle Mailwechsel sind existentiell. Viele betreffen Kinder und Erziehung, andere Haustiere und Gartenpflege. Aber auch und vor allem geht es immer, immer wieder um die Liebe. Zwei Drittel aller Anfragen betreffen Partnerschaftsprobleme. Kurztitel: »Ich glaube, ich bin ein emotionaler Vampir«/»Ich glaube, mein Verlobter lügt.« Die Antwortmails zeugen von Sachkenntnis, Erfahrung und Humor.

Alte neu umschwärmt – bei Greenpeace und als Nothelfer in Zeiten leerer Kassen

In Deutschland gehört Greenpeace zu den Organisationen, die mit gezielter »Alten-Arbeit« neue politisch-gesellschaftliche Wege gehen. Die bundesweit in zwanzig »50plus«-Teams engagierten Senior-Regenbogenkämpfer bringen eine Aura von Erfahrung und Glaubwürdigkeit mit. »Wir versuchen die Welt ein Stückchen heil zu halten für die Enkel«, sagt Mitgründerin Ruth Piotrowski aus Dortmund. Die 75-Jährige will sich nicht bieten lassen, dass »einem Kopf mit grauen Haaren unterstellt wird, dass sich darin nicht mehr viel abspielt«.

Die Aktivistin aus der Rentnertruppe sorgt für Furore, wenn sie bei der Aktion »Baden für das Klima« mitten in der Einkaufszone adrett mit Regenjacke und Hütchen in einer Badewanne voller Wasser liegt (der Neoprenanzug unter dem Alte-Damen-Outfit bleibt den Zuschauern verborgen). Oder wenn sie zu Protesten gegen Atomtransporte ins Wendland fährt. Besonders diese Aktionen haben den »Oldies« klargemacht, welchen Wert ihre Beteiligung hat: »Wenn es zu eskalieren drohte mit der Polizei, dann gingen automatisch wir Grauköpfe nach vorn«, sagt Ruth Piotrowski. Und fügt drastisch rheinländisch hinzu: »Man haut einer Omma eben nicht so einfach in die Fresse.«

Weisheit sieht die Dortmunderin – im Sinn von Gandhis zivilem Ungehorsam – als Summe aus »innerer Kraft, innerer Freiheit, Mut, Gelassenheit, Bewusstheit und Eigen-Sinn«. Als Kriegskind ohne Volksschulabschluss ist sie groß geworden, hat sich hochgearbeitet und mit Stipendium Diplompädagogik studiert, als die Töchter erwachsen waren. Hat sich gegen Paragraph 218 und in der Gewerkschaft engagiert. Nun ist Umwelt und die Sorge für die nächsten Generationen ihr Thema. Bei einem internationalen Greenpeace-Camp in Indien hat sie sich vor ein paar Jahren für Schildkrötenschutz engagiert. Hunderttausende Meeresschildkröten im Schutzgebiet Gahirmatha sind dort von der Großfischerei und der Planung eines Industriehafens bedroht. Mit einem deutschen »50-plus«-Team war sie bei der Protestaktion.

Ein paar Wochen im Zelt. Ohne Strom. Ohne fließend Wasser. Bei Temperaturen bis 40 Grad Celsius im Schatten. »Es kommt nicht darauf an, wie alt man wird, sondern wie man alt wird«, ist Ruth Piotrowskis Wahlspruch. Dass ihr Enkel »cool« findet, was sie macht, freut sie auch.

Organisationen wie das Elder-Wisdom-Circle oder die Teams »50plus« waren Vorreiter. Nun ist die Zeit reif für den Massenauftritt weiser Alter. Für die Aufwertung der Alten in der Gesellschaft sprechen unterschiedliche Gründe. Die 1968er Generation hat das Rentenalter erreicht; es ist nicht zu erwarten, dass die Aktivisten sich zur Ruhe setzen, nur weil sie graue Haare oder Arthritis haben. Gleichzeitig zwingt das Zusammentreffen von demographischem Wandel und leeren Kassen Politiker, zunehmend auf bürgerschaftliches Engagement von Senioren zu bauen. Rund 1000 sogenannte »Seniortrainer und -trainerinnen« haben deutsche Kommunen in den letzten Jahren ausgebildet. Es sind Rentner, die ihren Erfahrungsschatz weitergeben wollen und mit organisatorischer Hilfe der Gemeinden selbst Projekte initiieren, in denen sie das tun können.

Sie engagieren sich als Paten für Förderschüler und Vorleser für Migrantenkinder. Als Besuchsdienst in Pflegeheimen, als Bewerbungshelfer für Hauptschüler. Sie veranstalten Gesprächsrunden zwischen Deutschen und Ausländerinnen, Nostalgiecafés oder Mundartabende. Sie treten als »Oma in der Kita« und als Zeitzeugen im Geschichtsunterricht auf. Sie gründen Selbsthilfegruppen für Osteoporose und Computerkurse für andere Alte.

Dabei muss es nicht immer der Weisheit letzter Schluss vor dem Schluss sein, ehrenamtlich das fortzusetzen, was man jahrzehntelang zuvor hauptamtlich gemacht hat. Andreas Kruse, Leiter des Instituts für Gerontologie an der Universität Heidelberg, sieht die Chance eher darin, noch ganz andere Facetten in sich selbst zu entdecken. »Je älter wir werden, desto mehr haben wir die Möglichkeit, uns der Idee anzunähern, die wir von uns selbst haben«, sagt er. Er rät, auch Bereiche wie Schauspielerei, Musik, Kunst auszuprobieren: »Gehe in dich und suche dir Lebensformen, die dir helfen, die Persönlichkeitsanteile, die du bisher nicht gelebt hast, zu entwickeln.«

An Happening-Ideen herrscht kein Mangel. In Berlin erproben ältere Semester »Seniorstreetart« und sprayen Graffitis. In München und Hamburg hat die Gruppe »Stadtraumintervention« die Straßen der Innenstadt mit Null-PS-Fahrzeugen der langsamsten Art unsicher gemacht. Die Sänger und Sängerinnen gehobenen Alters eroberten den Asphalt auf Gehwägelchen im Rahmen eines »Rollatorenkonzerts«.

Auch in den letzten Lebensjahrzehnten geistig und körperlich beweglich zu bleiben, Sinn zu finden, und Jüngere als Mentoren zu begleiten – Alter ist kein Hindernis dafür, das Leben im eigenen Umfeld weise(r) zu gestalten. Weisheit auf die gesamte Gesellschaft auszudehnen, ist dagegen ein Ziel, das heute so fern scheint wie vor 2500 Jahren.

16 Grenzen der Weisheit. Warum Platon seine
Idee der »Philosophenkönige« aufgab und wie
Geduld, Gelassenheit und Trotz Friedensfreunde
handlungsfähig bleiben lassen

Ansätze zur globalen Weisheit:
das Parlament der Weltreligionen anno 1893

»Am heutigen Tag erhebt sich die Sonne einer neuen Epoche des religiösen Friedens und Fortschritts über der Welt
und vertreibt die dunklen Wolken des sektiererischen Strei-
tes. Am heutigen Tag blüht eine neue Blume in den Gärten
des religiösen Denkens und füllt die Luft mit ihrem kost-
baren Duft. Am heutigen Tag ist eine neue Brüderschaft
geboren in der Welt des menschlichen Fortschritts und hilft
dabei, das Reich Gottes in den Herzen der Menschen auf-
zubauen …« So pathetisch klang es vor langer Zeit in Chicago – ausgerechnet an einem 11. September.[1]

Man schrieb das Jahr 1893, und ein Rechtsanwalt namens Charles Carrol Bonney eröffnete das »Erste Parla
ment der Weltreligionen«. Es tagte als Begleitveranstaltung
der damaligen Weltausstellung – mit dem Ziel, den Wundern der Technik etwas »Höheres und Nobleres« an die
Seite zu stellen.[2] Tausende Zuschauer bejubelten charismatische religiöse Führer, deren Glaubensgemeinschaften
sie zuvor kaum vom Hörensagen gekannt hatten: einen
ceylonesischen Theravada-Buddhisten, einen japanischen
Shintoisten. Den Islam repräsentierte der Amerikaner Mu-
hammad Alexander Russell Webb, der in seiner Zeit als
Generalkonsul auf den Philippinen Moslem geworden war.

280

Die größte Begeisterung entfachte der Hindu Swami Vivekananda mit seinem eindrucksvollen Turban. Er prangerte in seiner mitreißenden Rede die Idee an, religiöse Einheit durch Bekämpfung anderer Glaubensrichtungen erreichen zu wollen: »Wünsche ich, dass die Christen Hindus werden? Gott verhüte das. Wünsche ich, dass die Hindus oder Buddhisten Christen werden? Gott verhüte das.«[3]

Nicht jeder teilte seine Auffassung, doch zu zehn Zielen fühlten sich alle Teilnehmer verpflichtet. Das ehrgeizigste: »Die Nationen der Erde zu einer freundlicheren Gemeinschaft zu bringen – in der Hoffnung, dauerhaften internationalen Frieden zu sichern.«

Mehr als ein Jahrhundert später nimmt sich die damalige Euphorie seltsam naiv aus. Nein, immer noch ist kein Ende von Hass und Gewalt in Sicht, obwohl seither viele Millionen Weltkriegs-, Bürgerkriegs-, Religionskriegs-, KZ- und Gulag-Tote zu beklagen waren. Ja, die Idee, Frieden auf Erden sei möglich, spukt weiter in den Köpfen, doch in düsteren Momenten erscheint sie als Träumerei von Phantasten.

Es erfordert Kraft, Demut, Beharrlichkeit und einen Schuss Verrücktheit, das Prinzip Weisheit als Grundlage für Politik, Wirtschaft und Gesellschaft durchsetzen zu wollen. Erkenntnis und Selbst-Erkenntnis im eigenen Leben zu erringen und zu einem friedlichen Miteinander in der Familie und im Freundeskreis beizutragen, ist mühsam genug. Darüber hinaus Harmonie mit dem unfreundlichen Postboten und der zickigen Kellnerin, mit völlig Fremden oder womöglich mit Feinden zu schaffen? Das scheint eher Engeln als Erdbewohnern zuzutrauen zu sein.

Wer dennoch an dem Vorhaben festhält, muss mit Schneckentempo, Blockaden und Rückschlägen rechnen. Es gibt Strategien, die weiterhelfen. Da ist der buddhistische Rat, unangenehme Zeitgenossen als Erscheinungen des erleuchteten Avalokitesvara anzusehen, der uns die Begegnung mit ihnen als Prüfung und Weisheitslektion auferlegt. Als Wegweiser bieten sich außerdem tote, lebende und fiktive Helden an: Albert Einstein zum Beispiel, der immer für Aufmunterungen gut ist. Sein Motto gegen Resignation: »Eine wirklich gute Idee erkennt man daran, dass ihre Verwirklichung von vornherein ausgeschlossen erscheint.«

Die gute Idee eines Briefmarkensammlers

Einer, der sich rühmen kann, eine sehr gute Idee gehabt zu haben, ist Jakob von Uexküll. Um sein Studium zu finanzieren, hatte er begonnen, Briefmarken zu sammeln. Er betrieb die Philatelie mit Ernsthaftigkeit. Arabische Feldpost, schwedische Raritäten – er hortete, er handelte, und schließlich verkaufte er die Sammlung Stück für Stück. Erlös: rund eine Million Dollar. Da war er Anfang 30, hatte nach dem Oxford-Studium als Dolmetscher und Journalist gearbeitet und plante, eine Stiftung zu gründen und den »Right Livelihood Award« zu verleihen, die Auszeichnung zur »Rechten Lebensführung«, inzwischen besser bekannt als »Alternativer Nobelpreis«.

Ausgezeichnet werden Unbekannte aus aller Welt, die in scheinbar aussichtslosen Situationen ein wenig Zuversicht säen. Der weißbärtige indische Naturschützer. Die dänische Ärztin, die Hilfe und Behandlung von Folteropfern organisiert und die deutsche Gynäkologin, die vergewaltigten Frauen in Kriegsgebieten hilft. Der thailändische Buddhist, der im eigenen Land spirituelle Alternativen zum zunehmenden Einfluss westlichen Konsumdenkens entwickelt. Der chilenische »Barfuß-Ökonom«, der statt an der Universität in den Slums arbeitet. Inzwischen insgesamt 141 Menschen, deren Maß an Kraft, Demut und Beharrlichkeit das Übliche übersteigt.[4]

»Der Preis will dem Norden helfen, eine Weisheit zu finden, die seiner Wissenschaft ebenbürtig ist, und er will dem Süden helfen, eine Wissenschaft zu finden, die zu seiner alten Weisheit passt«, so hatte Jakob von Uexküll sein Ziel formuliert. Die Utopie hat sich, im Kleinen, erfüllt. Anfangs standen 50 000 Dollar pro Jahr zur Verfügung, inzwischen ist die Stiftung so reich, dass mehr als 200 000 Dollar auf drei bis vier Preisträger verteilt werden.

Angewandte Weisheit heißt, Brücken zu schlagen zwischen »Erster« und »Dritter« Welt. So wie es Melaku Worede vorgemacht hat, der Äthiophier, der nach dem Studium in den USA in seinem Land die Nutzpflanzen-Samenbank »Seeds of Survival« aufgebaut hat, die heute als »eines der weltweit besten Systeme zum Erhalt genetischer Ressourcen« gilt. Die Idee, Kleinbauern anzuregen, Saatgut seltener traditioneller Sorten zu bewahren, hat Nachahmer in anderen Ländern Afrikas und in Asien gefunden. Worede ist geschätzter Berater der Welternährungsorganisation.

Weisheit heißt, Tradition und Moderne zu versöhnen – wie es der Mann mit den wilden Locken tut, Raul Montenegro, Professor für Evolutionsbiologie in Cordoba, Argentinien. Er unterstützt südamerikanische Regenwaldvölker darin, die Artenvielfalt ihrer Umwelt zu dokumentieren und hilft ihnen, vor Gericht ihre Rechte gegen Bergbau- und Holzindustrie zu erstreiten. Mit seiner Umweltgruppe FUNAM hat er die Abholzung von Hunderttausenden Hektar Regenwald verhindert.

Weisheit heißt, Unrecht anzuprangern. So wie es, gegen viele Widerstände, das »Komitee der Soldatenmütter Russlands« um Ida Kuklina versucht. Die Frauen sammeln Belege für Menschenrechtsverletzungen in der russischen Armee, rufen auf zum Marsch gegen den Krieg in Tschetschenien, helfen Deserteuren bei der Flucht.

Weisheit heißt, Wirtschaft anders zu gestalten; wie Ibrahim Abouleish. Er war in Österreich in der pharmazeutischen Forschung tätig, bevor er 1977 in seine Heimat Ägypten zurückging und Wüstenland kultivierte. In seinem inzwischen 2000 Mitarbeiter starken Betrieb »Sekem« werden Pflanzenheilmittel, biologische Baumwolle und Kleidung produziert – außerdem Zuversicht: Zur Fabrik des Anthroposophen gehören ein Kindergarten, eine Schule, ein medizinisches Zentrum, eine Akademie für angewandte Kunst und Wissenschaften. Die Forschung trägt Früchte; auch 400 000 Hektar staatlicher Baumwollfelder werden in Ägypten inzwischen nach Sekem-Art bewirtschaftet – was jährlich 30 000 Tonnen Pestizide spart.

Weisheit heißt, das Leben der Versöhnung zu widmen, wie Uri und Rachel Avnery. Das Paar aus Israel hat die Organisation »Gush Shalom« gegründet, »Friedensblock«. Uri Avnery ist bald 90 Jahre alt, Rachel nicht viel jünger. Ihre kleine Gruppe pflanzt neue Olivenbäume in Gaza, wenn die israelische Armee die alten ausreißt. Stellt sich schützend vor Palästinenser, die gegen die Mauer demonstrieren. Viele Landsleute hassen Gush Shalom.

»Das ist das Los von Propheten«, sagt Uri Avnery. »Wer etwas vorschlägt, das der Realität von morgen entspricht, zerstört das Vorhandene. Es schafft Angst, den Menschen zu sagen: ›Eure Koordinaten stimmen nicht mehr.‹« Der Reflex von Verängstigten sei: »Kreuzigen, Verbrennen, Zerhacken!«

Die Avnerys, seit 1957 verheiratet, haben langen Atem gelernt. »Wer hätte eine Woche vorher gedacht, dass die deutsche Mauer fällt?«, fragt Uri Avnery. Seine Frau ergänzt: »Veränderungen dauern länger, als man glaubt. Aber dann ist es wie bei einem Damm, hinter dem sich unhörbar das Wasser staut; irgendwann ist der Punkt erreicht, der den Damm zum Einsturz bringt.«

Platons Scheitern in Syrakus

Der Alternative Nobelpreis vertraut auf Initiativen von unten. Vielleicht hätte sich die Weltweisheitsgeschichte anders entwickelt, wenn vor 2 500 Jahren ein Plan geglückt wäre, der ganz oben auf Regierungsebene angesiedelt war. Wenn Platon erfolgreich die Tradition der »Philosophenkönige« hätte begründen können. Auch diese Idee hat mit seiner Lehre vom idealen Staat zu tun (siehe Kapitel 9), betrifft aber kein fragwürdiges heldenhaftes Männlichkeitsideal, sondern eine Vision für gutes, friedliches Zusammenleben.

Das Experimentierfeld ist Syrakus auf Sizilien. Es ist zur damaligen Zeit die größte, reichste und mächtigste Stadt der europäischen Welt. Die Metropole hat 100 000 Einwohner, der Handel blüht. Der 40-jährige Platon lernt sie 388 vor Christus zunächst von der schlechtesten Seite kennen. Ihr Herrscher Dionysos, ein Tyrann mit kulturellen Ambitionen, umgibt sich zwar gern mit Intelligenz und lädt den prominenten Philosophen an seinen Hof. Doch die beiden zerstreiten sich. Platons Vorhaben scheitert, ehe es überhaupt begonnen hat. Der mächtige Gastgeber lässt seinen Gast auf die Insel Ägina ausweisen, wo er als Kriegsgefangener behandelt wird. Es droht ein Dasein als Sklave – dem Platon nur entgeht, weil ihn ein Gönner erkennt und freikauft.

20 Jahre später reist er erneut nach Sizilien, auf Einladung eines Schwagers von Dionysos namens Dion. Der einflussreiche und ehrgeizige junge Mann ist seit Platons erstem Aufenthalt sein begeisterter Schüler und Freund. Dionysos ist inzwischen gestorben. Dion will nun mit Platons Hilfe den Sohn und Nachfolger Dionysos II. von der Tyrannei abbringen und eine »Herrschaft des Rechts« etablieren.

Der Philosoph ist nach den alten Erfahrungen skeptisch. Aber er will sich nicht vorwerfen lassen, den Praxistest für seine Lehren zu scheuen. Die Hoffnung, den Syrakusanern ein »Leben von unsagbarer Glückseligkeit« zu ermöglichen, zerschlägt sich allerdings erneut schnell. Nicht Wissbegier, sondern Intrigen und »Parteigezänk« empfangen den Philosophen. Dion wird aus Sizilien vertrieben und geht ins Exil nach Athen. Platon bleibt. Er drängt seinen Rat nicht auf; er wartet, ob der Herrscher »nicht doch noch nach philosophischer Lebensführung Sehnsucht bekäme«. Vergeblich. Die Absicht, »Freundschaft anstelle von Zwietracht zu stiften«, misslingt. Desillusioniert kehrt Platon nach Athen zurück. Das Fazit aus der Syrakus-Erfahrung beschreibt er als 70-Jähriger: Wo der Philosoph nichts ausrichten könne, solle er »sich ruhig verhalten und sich und die Stadt den Göttern anbefehlen«.[5]

Es ist das Los der Weisheitslehren. Sosehr sie inspirieren – ihre Leuchtkraft scheint immer dann zu verblassen, wenn auf der Weltbühne der Kampf um Macht und Einfluss auf dem Spielplan steht. Selten setzen sich dabei die durch, die »ehrlich, nett und rätselhaft« sind, wie einer der Schüler aus Wien die Weisen charakterisierte. Nicht die Wahrhaftigen und Toleranten. Nicht diejenigen, die predigen, bei Unrecht auf Rache zu verzichten. Sondern die anderen, die darauf beharren, dass es nur einen Weg zur Wahrheit gibt: den eigenen.

Wenn es nicht möglich ist, eine weisere, friedlichere Welt gewaltlos zu begründen, ist Gewalt dann vielleicht doch ein erlaubtes Mittel für den guten Zweck? Die Geschichtsbücher verweigern die Antwort. Wie konfliktgeladen das Verhältnis zwischen Weisheit und Politik ist, zeigt das Beispiel des »Friedenskaisers«. Mit diesem Titel ist Augustus im alten Rom in die Annalen eingegangen. Doch bevor er ihn erhielt, hat er einen brutalen Bürgerkrieg geführt. Ein zeitlich näherliegendes Beispiel ist die Abschaffung der Sklaverei. Abraham Lincoln wird dafür gerühmt – in diesem Fall waren der Preis 600 000 Tote im Sezessionskrieg zwischen den Nord- und Südstaaten Amerikas.

Wie gut, dass es auch Symbolfiguren für friedlicheren Wandel gibt. Von Nelson Mandela war schon die Rede. Vaclav Havel, Held des Prager Frühlings, ist tschechischer Präsident geworden. Der Chilene Salvador Allende ist ermordet worden, aber die chilenische Militärdiktatur hat nicht auf Dauer triumphiert. Die Buddhistin Aung San Suu Kyi, 1990 Wahlsiegerin in Burma, wird von den Diktatoren in ihrem Land seit Jahrzehnten drangsaliert, aber sie ist Friedensnobelpreisträgerin und Heldin ihres Volkes.

Großes Vorbild für Trotz gegenüber Tyrannei war Mahatma Gandhi. Sein Konzept des zivilen Ungehorsams hat Indiens friedlichen Übergang zur größten Demokratie der Welt begründet. Atommacht ist Indien allerdings auch. Und die »sieben sozialen Sünden der Gesellschaft«, die Gandhi geißelte, leben fort:

* Politik ohne Prinzipien
* Geschäft ohne Moral
* Reichtum ohne Arbeit
* Erziehung ohne Charakter
* Wissenschaft ohne Menschlichkeit
* Religion ohne Opfer
* Genuss ohne Gewissen

Johan Galtungs Analyse: Warum Rücksichtslosigkeit Maxime der Moderne ist

»Auf dieser Welt gibt es genug für jedermanns Bedürfnisse, aber nicht für jedermanns Gier« – auch das hat Gandhi gepredigt. Er würde die Ungleichheit heute immer noch anprangern müssen. Von den sieben Milliarden Bewohnern der Erde besitzen die reichsten 500 genausoviel wie die ärmsten drei Milliarden. Fruchtbares Land wird knapper, die Vorräte an sauberem Trinkwasser schwinden, die Rüstungsausgaben wachsen.

Soziobiologen verweisen, wenn es um das »Böse« geht, gern auf Aggression als Erbe aus dem Tierreich. Doch das einzige Tier, das zu Exzessen der Kampfbereitschaft, zu Kriegen, fähig ist, ist *Homo sapiens sapiens*, der nach Eigenbeschreibung doppelt »weise« Mensch. Deshalb führt der Befund des renommierten amerikanischen Anthropologen Jared Diamond weiter als der Verweis auf Gorillas. Diamond empfindet ausgerechnet jenen epochalen Umbruch als Kern der Krise, den wir normalerweise als Beginn der Zivilisation feiern: den Abschied von der Jäger-Sammler-Kultur. Er nennt den Übergang zur Landwirtschaft den »schwersten Fehler der Menschheit«.[6]

»Gezwungen zur Wahl, entweder die Bevölkerung auf niedrigem Stand zu halten oder die Nahrungsmittelproduktion zu erhöhen, haben wir das Letztere gewählt. Ergebnis: Hunger, Krieg und Tyrannei«, schreibt der Professor aus Los Angeles. Dabei geht es Diamond nicht darum, die Moderne zu verdammen. Er erinnert nur daran, dass erst organisierter Ackerbau und Viehzucht Sesshaftigkeit ermöglicht haben. Und damit auf der einen Seite Pyramiden, blühende Städte und Universitäten. Auf der anderen Seite ständige Armeen.

Erst die Fähigkeit, Überschüsse und Vorräte zu produzieren, hat eine hohe Bevölkerungsdichte, mehr Arbeitsteilung, stärkere Hierarchien hervorgebracht. Und damit Herrscher, die große Heere befehligen, um das Land ihrer Nachbarn zu erobern. Priester, die »Eroberungskriege religiös legitimieren«. Handwerker wie Schmiede, »die Schwerter und Kanonen oder andere militärische Technologien erfinden«.

288

Der norwegische Friedensforscher und Politologe Johan Galtung treibt Jared Diamonds provozierende Krisendiagnose noch weiter. Er bezeichnet »Rücksichtslosigkeit« als maßgeblichen Charakterzug der Moderne. Und er benennt, wer sie tendentiell am stärksten verkörpert: »Protestanten, Männer und Ökonomen – besonders in dieser Verbindung.«[7]

* Männer, denn von ihnen gingen »95 bis 98 Prozent« der direkten Gewalt aus
* Protestanten, weil die lutheranische Variante des Christentums den Erfolg im Diesseits als Eintrittskarte ins Paradies begreife und außerdem die in der biblischen Gestalt der Maria verkörperten Facetten Mitleid und Barmherzigkeit zurückgedrängt habe. Folge sei übersteigerter Individualismus
* Schließlich die Ökonomen, weil sie die Welt auf das wirtschaftlich Verwertbare reduzierten: Die Natur sähen sie »als Ressource und mögliche Abfallhalde für Schadstoffe«; die Menschen »als Produktionsfaktoren« und »Verbraucherpotential«, die Gesellschaft als »Marktplatz«

Diamond und Galtung belassen es nicht bei der Diagnose. Johan Galtung gehört zu der norwegischen Gruppe, die jahrelang im Bürgerkrieg in Sri Lanka vermittelt hat. Jared Diamond hat in seinem Buch »Kollaps. Warum Gesellschaften überleben oder untergehen« die ökologischen Ursachen für den Zusammenbruch von historischen Kulturen wie jener der Maya, der Wikinger oder der indianischen Anasazi untersucht – um daraus Lehren für die Gegenwart abzuleiten: »Wir haben die Möglichkeit, aus den Fehlern der Menschen an weit entfernten Orten und in weit entfernter Vergangenheit zu lernen. Diese Möglichkeit hatte keine frühere Gesellschaft auch nur annähernd in dem gleichen Ausmaß.«

Die Hoffnung: Einsicht ist nicht ausgeschlossen in der Ära der sieben Milliarden, in der diplomatische Missionen das Palaver am Lagerfeuer ersetzen und sich Weisheit in Paragraphenwerken ausdrückt. In der UN-Menschenrechts-Charta. Oder im Antarktis-Vertrag, der den sechsten Kontinent zum gemeinsamen Erbe der Menschheit erklärt und vor Rohstoffausbeutung schützt. Im Abkommen von Montreal, mit dessen Hilfe das Ozonloch bekämpft wird. Im quälend langwierigen Prozess um ein Klimaschutzabkommen, in dem sich die Nationen verpflichten, etwas gegen den Treibhauseffekt zu tun.

Die wichtigsten Staaten sabotieren eine weitgehende Einigung, monieren Skeptiker. Papier ist geduldig, spotten die Zyniker. Zu spät, zu vage, nicht weitreichend genug, seufzen die Pessimisten. Ein Anfang, murmeln die Optimisten.

**Versöhnen mit Tee, Kaffee, Schnaps –
die Erfahrungen eines modernen Schwejk**

Große Lösungen sind nötig. Aber sie sind nicht möglich ohne Überzeugungsarbeit im Alltag, dort, wo sich Gruppen gegenüberstehen, die zerstritten, verletzt, verbittert sind. Von den Mühen der Ebene weiß einer zu berichten, dem ein Ruf als »Kompromissvirtuose« vorausgeht. Hans Koschnick, Jahrgang 1929, ehemaliger Bürgermeister von Bremen. Er hat sich früh für den Dialog zwischen Christen und Juden, Polen und Deutschen stark gemacht. Er war jahrelang Vorsitzender im Vermittlungsausschuss des Bundestags. Er hat ungezählte Nächte damit verbracht, Tarifkonflikte zu schlichten. Und er hat 1994 für zwei Jahre eine der heikelsten Missionen übernommen, die damals zu haben waren: Als Balkan-Beauftragter der EU war er zuständig für den Wiederaufbau von Mostar, der zerstörten Heimat verfeindeter kroatischer Katholiken und bosnischer Moslems.

Koschnicks Lieblingsfigur ist der brave Soldat Schwejk: »Der sagt nicht, ›jetzt organisieren wir eine Revolution‹, sondern ›jetzt machen wir die da oben lächerlich!‹ Und plötzlich ändern immer mehr Menschen ihren Blickwinkel. So möchte ich gern Veränderungen herbeiführen, mit Sarkasmus und Ironie.«

Direkt nach dem Jugoslawienkrieg, als die Wunden noch frisch waren, war Koschnick das selten vergönnt. Zwei Anschläge hat er in Mostar überlebt – und nie aufgehört, um Verständnis für diejenigen zu werben, die sich aufhetzen lassen in schwierigen Zeiten: »Es sind Menschen, die vieles mitgemacht haben. Die ihren Mann verloren haben, die Frauen und Kinder verloren haben. Wenn man denen erzählt, die ganzen Opfer waren umsonst ...« Er macht eine Pause. »Am Ende klappt es nur, wenn alle sagen: ›Verdammt, wir haben zu viel verloren. Jetzt versuchen wir wieder nebeneinander zu leben.‹ Und irgendwann kann aus dem Nebeneinander ein Miteinander werden.«

Geduld ist das wichtigste Vermittler-Talent. Nie auf die Uhr schauen. Mit den einen Tee trinken, mit den anderen Kaffee, mit den nächsten Schnaps. Nicht erwarten, beim ersten, zweiten, dritten, fünften Schnaps oder Gespräch schon zu Antworten vorzudringen. Deklarationen in Washington und Brüssel gut und schön – wichtiger sei es, »den Menschen ganz konkret vor Ort zu beweisen, dass man ihr Problem versteht, ihre Sorgen kennt und eine Antwort sucht«. Immer wieder neue Gespräche zu führen, Schulen zu bauen, Krankenhäuser zu bauen. Zu zeigen, es geht vorwärts, wenn wir zusammenarbeiten.

Friedenstalent empfindet der Schlichter am ehesten in

der Weisheit Asiens angelegt: »Da gibt es die Tradition, nicht immer gleich zu handeln, sondern sich noch einmal zurückzuziehen, zu meditieren, noch einmal prüfen.« Doch global sieht er das Motto »Hauptsache Ich« weiter auf dem Vormarsch.

Dagegen müsse »das gemeinsame Wir gesetzt werden«, fordert Koschnick. Doch wie?

Um in Johan Galtungs Bild von Gesundheit und Krankheit zu bleiben: In allen Epochen und Kulturen scheint es ein Immunsystem zu geben, das sich wehrt, wenn die besten menschlichen Werte unterdrückt werden. Jene Instanz, Gewissen genannt, weiß mit seltsamer Klarheit zwischen gut und böse zu unterscheiden. Weiß, dass Rücksichtslosigkeit und Eigennutz zwar Gewinn versprechen mögen. Dass aber so etwas wie Glück doch eher in jenen Augenblicken aufscheint, die sich dem Kalkül der Ökonomie verweigern. Werte wie Nächstenliebe. Mitgefühl. Solidarität. Gerechtigkeit.

Wann allerdings in Epochen gesellschaftlicher Ungerechtigkeit der Moment erreicht ist, in dem diese Werte Oberhand gewinnen, ist auch von Weisen mit Engelszungen nur minimal zu beeinflussen. »Weinen hat seine Zeit, lachen hat seine Zeit; klagen hat seine Zeit, tanzen hat seine Zeit«, ließ es beim biblischen Salomo.

Handwerkszeug: die Goldene Regel und das Gelassenheitsgebet

»Planetarische Verantwortung« – diese Parole hat sich das »Zweite Weltparlament der Religionen« zu eigen gemacht, das mit 6500 Teilnehmern und 700 Veranstaltungen genau 100 Jahre nach dem ersten stattfand, 1993, wiederum in Chicago.

292

Der Tonfall auf der Konferenz ist diesmal gedämpft und selbstkritisch: »Die Welt liegt in Agonie«, heißt es beim neuen Treffen. »Der Friede entzieht sich uns – der Planet wird zerstört – Nachbarn leben in Angst – Frauen und Männer sind entfremdet voneinander ...«

Unter Federführung des Schweizers Hans Küng ist ein Text entstanden, der die verbindenden und verbindlichen Werte aller Religionen ins Zentrum rückt. Die größte Gemeinsamkeit ist schnell gefunden: Alle Religionen kennen eine Form der Goldenen Regel, die im Kern besagt, dass man einem anderen nicht zufügen soll, was man selbst nicht schätzt.

* Im Hinduismus lautet der Spruch: »Man sollte sich gegenüber anderen nicht in einer Weise benehmen, die für einen selbst unangenehm ist; das ist das Wesen der Moral.«
* Im Buddhismus heißt es: »Füge deinem Nächsten nicht den Schmerz zu, der dich schmerzt.«
* Die Jains sagen: »Gleichgültig gegenüber weltlichen Dingen sollte der Mensch wandeln und alle Geschöpfe in der Welt behandeln, wie er selbst behandelt sein möchte.«
* Kunfuzius hat gelehrt: »Was du selbst nicht wünschst, das tue auch nicht anderen Menschen an.«
* Fast wortgleich heißt es im Judentum: »Tue nicht anderen, was du nicht willst, dass sie dir tun.«
* Im Christentum ist der Wunsch positiv formuliert: »Alles, was ihr wollt, dass euch die Menschen tun, das tut auch ihnen ebenso.«
* Und im Islam heißt es: »Keiner von euch ist ein Gläubiger, solange er nicht seinem Bruder wünscht, was er sich selbst wünscht.«

Hans Küng, der katholische Rebell, dem Papst Paul II. wegen seiner Kritik am Vatikan die Lehrerlaubnis entzogen hat und der bis zu seiner Emeritierung als Professor für ökumenische Theologie in Tübingen gelehrt hat, ist ein glaubwürdiger Inspirator des Ethos-Projekts. Er versteht es, die »moralische Krise des Westens« in Worte zu fassen, die Zerstörung der Traditionen, den Verlust eines umgreifenden Lebenssinnes. Er schreibt, dass die »attraktiven Quasi-Religionen« der Moderne abgewirtschaftet haben, sowohl die »revolutionäre Fortschrittsideologie« à la Marx wie die »technologische Fortschrittsideologie«.

Die grundlegende Botschaft des Religionsparlaments ist klar: »Kein Weltfrieden ohne Religionsfrieden; kein Überleben ohne Weltethos«. Im Detail hat die Idee, einen religionsübergreifenden Grundsatztext zu verfassen und abzustimmen, ihre Tücken. Die »Erklärung zum Weltethos« will keine Moralpredigt sein, keine Verdopplung der UN-Menschenrechtserklärung, keine philosophische Abhandlung, kein politischer Appell. Die Worte sollen aufrütteln, aber in einem eher persönlichen als pathetischen Ton. Der Begriff Gott darf nicht auftauchen; das hätten die Vertreter des Buddhismus nicht akzeptiert.

Zum Schluss heißt es in der Erklärung, die auf der Konferenz 1993 verlesen wird, schlicht: »Wir sind Frauen und Männer, welche sich zu den Geboten und Praktiken der Religionen der Welt bekennen ... Wir bekräftigen, dass sich in den Lehren der Weltreligionen ein gemeinsamer Bestand von Kernwerten findet und dass diese die Grundlage für ein Weltethos bilden. Wir bekräftigen, dass diese Wahrheit bereits bekannt ist, aber noch mit Herz und Tat gelebt werden muss.«

Es folgt eine Selbstverpflichtung zu einer Kultur der Gewaltlosigkeit, des Respekts, der Gerechtigkeit, des Friedens: »Die Erde kann nicht zum Besseren verändert werden, wenn sich nicht das Bewusstsein der Einzelnen zuerst ändert.« Die Beteiligten versprechen, »unsere Wahrnehmungsfähigkeit zu erweitern, indem wir unseren Geist disziplinieren durch Meditation, Gebet oder positives Denken«. Sie fügen hinzu: »Wir laden alle Menschen, ob religiös oder nicht, dazu ein, dasselbe zu tun.« Zu den Unterzeichnern gehören der Dalai Lama, liberale Christen, Juden, Shiiten, Sunniten, Bahai, Taoisten und Zoroastrier. Der Papst allerdings genauso wenig wie Fundamentalisten anderer Religionen.

Hans Küng, der Initiator, ist seither unermüdlich unterwegs, um für das Projekt zu werben. Er hat vor der UN-Vollversammlung gesprochen. Er referiert beim DFB über Weltethos und Fußball, vor Managern über Weltethos und Ökonomie. Und freut sich über die Wanderausstellung über die Goldene Regel und darüber, dass die Weltethos-Erklärung inzwischen auch in Sprachen wie Farsi und Malaysisch übersetzt ist.

Es gibt inzwischen eine ganze Reihe von »Weisenräten«, in denen sich Prominente zur Aufgabe machen, Brücken zu schlagen zwischen Zivilgesellschaft und Politik. Sie tragen Namen wie »World Spirit Forum«, »World Wisdom Council«, »Weltzukunftsrat«. Die berühmte Schimpansenforscherin Jane Goodall engagiert sich für Naturschutz und gegen den Hunger. Der Ökonom Franz Josef Radermacher will einen »globalen Marshallplan« verwirklichen, um den Wohlstand der Welt gerechter zu verteilen. Der Philosoph und Zukunftsforscher Ervin Laszlo, einst Mitgründer des Club of Rome, hofft auf eine Bewusstseinswende, die den Übergang »vom *Logos* zu *Holos*« ermöglicht, zur ganzheitlichen Weltsicht.

Es ist ein Übergang, der nur gelingen kann, wenn viele der sieben Milliarden ihre Kraft, Demut und Beharrlichkeit beisteuern – und Stillstand, Blockaden und Rückschritte einkalkulieren. Als Schutz vor voreiliger Entmutigung kann das »Gelassenheits-Gebet« dienen, das viele Menschen als perfekte Lebensregel ansehen. Verfasst hat es der deutsch-amerikanische Pfarrer Reinhold Niebuhr Anfang der 1940er Jahre für eine Predigt: als Sinnspruch der Anonymen Alkoholiker wurde es weltbekannt:

>> »Gott gebe mir die Gelassenheit zu ertragen, was
> ich nicht ändern kann,
> den Mut, Dinge zu ändern, die ich ändern kann
> und die Weisheit, das eine vom andern zu unter-
> scheiden.«

**Epilog. Der Weisheit vorläufiger Schluss:
Bitte recht freundlich!**

Die verrückte Geschichte der »paradoxen Gebote«

Wie würden die Weisen von früher heute leben?

Hätte Sokrates einen Twitter-Account mit Hunderttausenden von »Followern«?

Würde ein Jesus mit einem Buddha gemeinsame Sache machen?

Wäre Konfuzius Wikipedia-Autor?

Wäre Laozi nach der Emigration in ein spirituelles Öko-dorf wie das englische Findhorn gezogen?

Solche Fragen kommen auf beim Schreiben so eines Buches. Die Antworten bleiben offen. Über Weisheit zu recherchieren, macht nicht weise; allerdings entwickelt sich ein Gespür für Weisheitspotentiale und ein gewisser Ehrgeiz, Situationen daraufhin abzuklopfen. Manchmal sind mir beim Schreiben Geschichten begegnet, die wie für den Zusammenhang erfunden scheinen. Eine ist die von Kent Keith.

Kent Keith ist ein Mann in den besten Jahren und Vizepräsident des YMCA in Honolulu, als sein Leben eine ungeahnte Wendung nimmt. Er ist Mitglied des lokalen Rotary-Club und hört bei einem Treffen dort Zitate, die angeblich von Mutter Teresa stammen und ihm sehr bekannt vorkommen: »Wenn du Erfolg hast, wirst du falsche Freunde und echte Feinde gewinnen – mach trotzdem weiter!« Und:

»Wenn du Gutes tust, wird das morgen vergessen sein – tu es trotzdem!«

Kent Keith kennt die beiden »paradoxen Gebote« aus einem einfachen Grund – er selbst hat sie und acht andere als 19-jähriger Student verfasst und in einer Broschüre veröffentlicht. Drei Jahrzehnte sind seither vergangen. Er recherchiert und erfährt, dass die Sprüche inzwischen weltweit verbreitet sind und ein Eigenleben entfaltet haben. Unterschiedlichste Autoren werden als Urheber genannt: ein Bischof aus Zimbabwe, ein Psychiater, ein Sporttrainer – und als bekannteste Quelle Mutter Teresa. Sie ist ins Spiel gekommen, weil ihre kanadische Biographin eine Version der paradoxen Sprüche an einer Wand des berühmten Waisenhauses in Kalkutta entdeckt und in ihrem Mutter-Teresa-Buch abgedruckt hat.

»Tu Gutes und wirf es ins Wasser«, heißt ein indisches Sprichwort, das zu dieser Anekdote passt. Eine frühe Vorwegnahme des Prinzips »Wikipedia« oder »Open Source«, bei dem Menschen ihre Kenntnisse begeistert und uneigennützig Unbekannten zur Verfügung stellen. Oft wird man das Ergebnis der eigenen guten Taten nie erfahren. Es hängt vom Zufall ab, was damit geschieht, ob etwas geschieht, wann etwas geschieht. Nach einer Bemühung sofort eine Belohnung zu erwarten, ist menschlich, aber unweise. Doch manchmal werden die Folgen alle Erwartungen übertreffen.

Kent Keith schrieb nach der denkwürdigen Sitzung im Rotary Club auf, welch verschlungene Wege seine Gebote seit ihrer Erstveröffentlichung genommen hatten und wie sie über Indien nach Hawaii zurückgekehrt waren. Aus der Geschichte zur Geschichte der »Paradoxical Commandments« ist ein 144-Seiten-Buch geworden, für das ein Verlag einen sechsstelligen Vorschuss zahlte. Der Autor lebt weiterhin in Honolulu, inzwischen als Berater für »persönliche Sinnfindung in einer verrückten Welt«. Seine Einsichten sind auf Postern, T-Shirts, Kaffeebechern und Lesezeichen erhältlich.[1]

»Was du in Jahren aufgebaut hast, kann über Nacht zerstört werden – bau trotzdem« – auch dieser Satz findet sich in der Sammlung der paradoxen Gebote. Er könnte von Mutter Teresa stammen oder von einem ägyptischen Pharao, von einem griechischen Philosophen oder von Albus Dumbledore. Er war für die Vorfahren gültig und wird es für die Nachkommen sein. Wissen hat ein Verfallsdatum; Weisheit ist zeitlos. Sie tritt leise auf und bescheiden. Sie verlangt keine Opfer, nur eine Geisteshaltung, die ihr Raum gibt und sie einlädt, sich zu entfalten. Sie gleicht jener Qualität, die Zen-Buddhisten »Anfängergeist« nennen. Anfängergeist misstraut der Routine und ist bereit, in bekannten Situationen das Unbekannte zu entdecken, im Einfachen das Schwierige, im Schwierigen das Einfache und Wichtige. Er liebt Überraschungen, bis zum Schluss.

In den bunten Seiten der Zeitung sind Beispiele für solche Überraschungen zu finden. Die Geschichte von Kent Keith genauso wie die Anekdote von der Französin, die ihrem Testamentsvollstrecker ungewöhnliche Arbeit hinterließ. Jeannine Vromant, ehemalige Immobilienverwalterin aus dem französischen Dieppe, starb mit 86 Jahren. Sie hatte keine Familie. Als Erben für ihr Vermögen von rund 600 000 Euro setzte sie zu gleichen Teilen 303 Personen ein, die eine Gemeinsamkeit hatten: Sie waren im Lauf der Jahre nett zu ihr gewesen. So zum Beispiel die 40 Fahrer des Busunternehmens, die oft auch zwischen den Haltestellen gestoppt hatten, um sie mitzunehmen oder hinauszulassen. Ihre Krankenpflegerinnen. Die Supermarktkassiererin. Die Apothekerin. Den Briefträger. Manche Namen hatte Madame rechtzeitig recherchiert, zum Beispiel hatte sie von der Busgesellschaft eine Liste der Fahrer erbeten. In anderen

Fällen waren in dem sorgsam handschriftlich verfassten Testament entfernte Bekannte aufgeführt, von denen die Gönnerin nicht einmal die Nachnamen kannte und die der Notar anhand von Beschreibungen ausfindig machen musste. Er versuchte sein Bestes. Nach drei Jahren erhielt jeder der Erben knapp 2000 Euro.

Als Reicher Geld an Ärmere zu verteilen, ist ein Akt der Güte und Gerechtigkeit und kann Weisheit befördern. Wer bei Google den Suchbegriff »moderner Robin Hood« eingibt, stößt allerdings auf Fälle, die komplizierter sind als das französische Testament. Da ist zum Beispiel ein Datendieb der besonderen Art. Mr. (oder vielleicht Mrs.) X. gehört zum Kreis jener Unbekannten, die mit Hilfe gestohlener Informationen eine Art altruistische Selbstjustiz praktizieren und Finanzbehörden CDs mit Daten mutmaßlicher Steuerhinterzieher anbieten. In diesem speziellen Fall waren es 200 Dateien von deutschen Anlegern, die ihr Schwarzgeld bei der Schweizer Privatbank Julius Bär geparkt hatten. Wie bei ähnlichen Vorbildern war die Honorar-Forderung nicht gerade bescheiden. 1,4 Millionen Euro sind viel Geld für eine kleine Scheibe, doch der Fall hat einen Clou. Der Unbekannte hatte keine üppige staatlich finanzierte Sofortrente für sich selbst im Sinn. Er blieb incognito und wies die Behörden an, das Geld an eine Hilfsorganisation für Erdbebenopfer in Haiti zu überweisen. Sie taten es und erhielten die CD, die dem Staat ein Vielfaches der Kosten einbringt.

Ist das ein Beispiel angewandter Weisheit? Mit dem Gelassenheitsgebet und den Prinzipien der Delphi-Experten von Kapitel 3 ist das unorthodoxe Vorgehen zumindest zu vereinbaren: Es lässt sich durchaus als eine »Form von fortgeschrittener geistiger und emotionaler Entwicklung« ansehen, das »von Erfahrung getragen« ist. Aber ist es weise, selbst am Rande der Legalität zu agieren, um höhere Gerechtigkeit zu erwirken? Die am Anfang dieses Buchs gestellten Fragen bleiben in solchen Zweifelsfällen offen: Unter welchen Umständen mischen sich Weise ein? Sollten sie sich am besten völlig heraushalten?

Die meisten Gelegenheiten für Weisheit sind glücklicherweise weniger bedenklich, allerdings auch weniger spektakulär. Der englische Schriftsteller Aldous Huxley, der den bitter-utopischen Roman *Schöne Neue Welt* verfasst hat, hat das gut auf den Punkt gebracht. Zeitlebens war Huxley ein spirituell Suchender; er hatte mit bewusstseinsverändernden Drogen experimentiert, mit Meditation, mit Hypnose und Trance. Gegen Ende seines Lebens fasste er zusammen, was er als Quintessenz seiner Erfahrungen ansah: »Die Leute fragen mich oft, was die wirksamste Methode sei, mit der sie ihr Leben verändern können. Es ist ein wenig peinlich, dass ich nach alle den Jahren des Forschens und Experimentierens sagen muss, dass die beste Lösung die folgende ist: Seien Sie einfach ein bisschen freundlicher.«[2]

Das erscheint mir als schöne Botschaft für die kleine Weisheit im Alltag: freundlich sein – auch zu sich selbst. Dazu ein letztes Zitat. Es stammt von dem 2006 verstorbenen koreanisch-japanisch-deutsch-amerikanischen Videokünstler Nam June Paik, der am etwas verlotterten Äußeren zu erkennen war und seine Uhr gern mit einer Sicherheitsnadel am Hosenträger festmachte. Sein Rat bremst den Drang zur Perfektion und zum Selbsttadel. Er heißt: »When too perfect, lieber Gott böse.«

Anmerkungen

1. Wer weiß, redet nicht. Wer redet, weiß nicht.

1 Kapitel 15 Die Übersetzung ist im Projekt Gutenberg des Spiegel
im Internet zu finden: http://gutenberg.spiegel.de/?id=5&xid=
1544&kapitel=1#gb_found
2 Bruno-Paul de Roeck: Gras unter meinen Füßen. Eine ungewöhnliche Einführung in die Gestalttherapie. Reinbek, 1987, S. 15

2. Von der altägyptischen Göttin Ma'at über Sokrates, Buddha und Jesus zum »Krieg der Sterne«.

1 Jan Assmann: Ma'at: Gerechtigkeit und Unsterblichkeit im Alten
Ägypten. München, 2001
2 Die Mythen der alten Griechen finden sich kongenial nacherzählt
und interpretiert in: Luc Ferry: Leben lernen: Die Weisheit der
Mythen, Antje Kunstmann, München, 2009
3 Die Gedankenwelt Indiens ist wunderbar beschrieben in: Hein-
rich Zimmer: Philosophie und Religion Indiens, Suhrkamp,
Frankfurt / Main, 1961
4 Eine Möglichkeit bietet das Buch von Karl Jaspers: Die großen
Philosophen, Piper, München, 2007. Der Philosoph beschreibt die
Bedeutendsten seiner Zunft. Eine Einführung in die chinesische
Philosophie von den Anfängen bis heute bietet Wolfgang Bauer:
Geschichte der chinesischen Philosophie, beck'sche Reihe,
München, 2006
5 Die besten Quellen aus der Fantasy- und Science-fiction-Welt
finden sich im Internet: Über Matrix gibt Auskunft: http://www.
matrix-architekt.de / reloaded/ Star Wars-Fragen beantwortet die

Seite http://www.jedipedia.de/ Informationen über Harry Potter
liefert http://www.harrypotterwiki.de/

3. Sind Ameisen weiser als Menschen?

1 Eine ausführliche Darstellung über das Projekt und seine Ziele ist
in www.wisdomresearch.org nachzulesen
2 Alle Stipendienempfänger und ihre Projekte sind beschrieben in:
http://wisdomresearch.org / Arete / projects.aspx
3 www.wisdomresearch.org / forums / p/422 / 550.aspx#
4 Susan C. Edwards, Stephen C. Pratt: »Rationality in collective
decision-making by ant colonies«. Proceedings of the Royal
Society, online publication 22. 7. 2009
5 In den Konsumforschungs-Experimenten tun das allerdings auch
nicht alle Menschen. Zwar ist der Kontrasteffekt stabil und mess-
bar. Aber längst nicht alle Versuchspersonen lassen sich beeinflussen.
6 http://wisdomresearch.org / forums / t/846.aspx#
7 Dilip V. Jeste u. a.: Expert Consensus on Characteristics of
Wisdom: A Delphi Method Study. The Gerontologist, 15. 3. 2010

4. Eine Tugend für jeden Tag.

1 Susan Bluck, Judith Glück: Making Things Better and Learning a
Lesson: Experiencing Wisdom Across the Lifespan. Journal of
Personality, June 2004
2 Nachzulesen in: Paul Baltes, u. a.: Die zwei Gesichter der Intelligenz im Alter. Spektrum der Wissenschaft, 10 / 95
3 Zit. Nach Monika Ardelt: Wisdom as Expert Knowledge System:
A Critical Review of a Contemporary Operationalization of an
Ancient Concept. Human Development, 2004; 47
4 Rabbi Schmuley Boteach: Is there really such a thing as wisdom?
»In Character«, A Journal of Everyday Virtues, Fall 2009
5 Daten und Zitate stammen aus Mandelas Autobiographie: Nelson
Mandela: Der lange Weg zur Freiheit. Fischer, Frankfurt / Main,
1997; 294

5. Der Verstand. Erkenntnislust und
Erkenntnisgrenzen im Zeichen der Eule ...

1 Den Ansatz der philosophischen Cafés beschreibt der Initiator in Marc Sautet: Ein Café für Sokrates. Philosophie für jedermann, Artemis & Winkler, Düsseldorf, 1997

2 Gerd B. Achenbach: Zur Weisheit der Philosophischen Praxis. Vortrag zur Eröffnung der »Third International Conference on Philosophical Practice« 1997, New York

3 Die Grundüberlegungen finden sich in http://www.igpp.org/cont/philosophische_praxis.asp

4 Vgl. Bryan Magee: Bekenntnisse eines Philosophen, Econ, München, 200, S. 540

5 http://www.uis.unesco.org/template/pdf/S&T/Factsheet_No2_ST_2009_EN.pdf Stand November 2009

6 Die ursprünglich schon 1956 veröffentlichte Schrift ist noch hochaktuell. Günther Anders: Die Antiquiertheit des Menschen. Erster Band, C. H. Beck, München, 1985

6. Poesie, Eros, Kunst. Warum Ratio nicht
ausreicht, Weisheit auszudrücken.

1 http://www.windweaver.com/sheba/Sheba7.htm

2 Übersetzung nach der SPIEGEL-Ausgabe vom 12. 4. 2010 http://www.spiegel.de/spiegel/print/d 69 946 936.html

3 Max Beckmann, Vortrag in London 1938, zitiert nach http://kunst.oymorbad.de/Lab2006/to 2/beckmann/beckmann melne_malerei.htm

4 http://www.swr.de/swr2/musik/musikstueck/-/id=2937886/nid=2937886/did=5107408/cfcbja/index.html

5 http://www.dradio.de/dlr/sendungen/zeitreisen/343823/

6 Ebd. Tatsächlich bestehen erstaunliche Parallelen zwischen dem Aufbau des Weltalls und dem der Töne. In seinem Werk »De Harmonice Mundi«, das der Astronom Johannes Kepler selbst als sein wichtigstes bezeichnet hat, stellt er fest, dass zwischen den Geschwindigkeiten der Planeten untereinander Proportionen herrschen, die musikalischen Harmonien entsprechen.

7 Udo Lindenberg hat eine eigenwillige Neuauflage eines Musikministeriums prophezeit: In seinem Lied »Gerhard Gösebrecht«

laden ihn Außerirdische zu sich ein, deren Musik nur noch aus Robotersounds und Computerklängen besteht: »Wir brauchen in unserem Imperium / dich fürs Musikministerium / wir haben die Nase vom Kosmosrock voll / wir wollen jetzt den irdischen Rock 'n' Roll«

8 Ein großartiges Buch über Ursprünge der Musik und ihre neuronalen Auswirkungen ist: Manfred Spitzer: Musik im Kopf, Schattauer, Stuttgart 2002, S. 367

9 Diese Anekdote und ungeheuer viel Anregendes zum Thema ist in diesem Band zu finden: Joachim Ernst Berendt: Der Klang der Seele, Herder, Freiburg, 2000, S. 111

10 Szymon Laks: Musik in Auschwitz, S. 77 zitiert nach Spitzer, S. 382

11 Anne J. Blood, Robert J. Zatorre: Intensly pleasurable responses to music in correlate with acctivity in brain regions implicated in reward & emotion. Proceedings of the National Academy of Sciences of the United States of America 98 (20)

12 Die Auseinandersetzung führt Joachim Ernst Berendt in seinem Aufsatz: »Ich höre, also bin ich« in Thomas Vogel: Über das Hören, Attempto, Tübingen 1996

7. Die Empfehlung von Daoisten, Mystikern und Faultieren an den Rest der Welt.

1 Die Anekdote ist zitiert nach Franz Martin Wimmer: Geschichte des Philosophierens. Online unter http://sammelpunkt.philo. at:8080 / 67/1/skriptphg1china1.html

2 Deng Ming-Dao ist das Pseudonym eines Autors aus USA, dessen Bücher einen außergewöhnlichen Zugang zum Daoismus bieten. Das Zitat stammt aus einem Band, der das Jahr daoistisch-philosophisch begleitet. Deng Ming-Dao: 365 Tao, Ansata, Interlaken, 1995. Außerdem hat er im selben Verlag eine Roman-Trilogie über die Ausbildung und das Leben eines chinesischen Dao-Meisters zwischen Tradition und Moderne veröffentlicht. Besonders interessant ist der erste Band, der die klassische Ausbildung im vorkommunistischen China schildert: Deng Ming-Dao: Der Taoist von Huashan. In der Schulung beim Großmeister des Heiligen Berges, Ansata, Interlaken, 1994

3 Welt online, 15. 4. 2007

4 Kloster Arenberg: Der Wohlfühlgarten Gottes. Mit allen Sinnen zu neuer Vitalität, rororo Reinbek, 2007

5 Interview faz.net vom 11. 5. 2010

6 http://www.spielzeugfreierkindergarten.de / fr_konzept.html

7 http://www.rpi-loccum.de / kiga.html

8 http://www.kommundsieh.de / avalokit.html

9 Gert Ueding:»Niemand kann größerer Redner sein als Hörer.« Über eine Rhetorik des Hörens. In: Thomas Vogel (Hg.): Über das Hören. Attempto, Tübingen, 1996, S. 45

8. Adieu, Traumzeit. Warum die Weisheitslehren von Aborigines und Völkern aus Afrika fast in Vergessenheit geraten sind.

1 Robert Lawlor: Am Anfang war der Traum. Die Kulturgeschichte der Aborigines, Droemer, München, 1999

2 nach Urs Bitterli:»Die ›Wilden‹ und die Zivilisierten, Beck, München, 1991, S. 233

3 Urs Bitterli merkt in seinem Buch an, dass oft auch eine Mischung aus Neid und Herablassung spürbar war: Er zitiert dazu Sylvain de Golbéry, Senegal 1785:»Alle Bedürfnisse und jedes Glücks-verlangen der Neger wird erfüllt, ohne dass dies sie die geringste Anstrengung kostet, weder körperlicher noch geistiger Natur; ihr Seelenzustand verharrt fast immer in friedlicher Gleichgültigkeit, die Unruhen, Aufregungen und stürmischen Leidenschaften sind ihnen fast völlig unbekannt, ihr Fatalismus hilft ihnen, allem mit Gleichmut entgegenzuwehen, sich allem ohne Widerspruch zu unterwerfen. Ihr Leben fließe ruhig, in einer Art von lustvollem Behagen, das ihr höchstes Glück ausmacht, denn in der Tat wird man die Neger zu jenen Geschöpfen zählen müssen, die von der Natur am meisten verwöhnt sind ... Den Kindern gleich verbringen selbst die bejahrtesten Neger ihre Tage mit sehr bedeutungslosen Verrichtungen und bei Gesprächen, die wir als bloßes Gegacker bezeichnen würden, deren unversiegbarer Fluss sich indessen aus gegenseitigem Vertrauen und gemeinsamem Frohmut nährt – solches lässt sich in unsern europäischen Gesellschaften kaum mehr beobachten.«

4 in Ad Borsboom: Mythen und Spiritualität der Aborigines, Diederichs, München, 1998, S. 41

5 zitiert nach Robert Craans Buch »Geheimnisvolle Kultur der Traumzeit«, Knaur, München, 2004, S. 53

6 zitiert nach Ulrich Schnabel: Die Demokratie der Neuronen aus der ZEIT vom 14. 5. 2009

7 Lawlor, S. 42

8 Ebd. S. 254

9 Borsboom, S. 88

10 Franz Martin Wimmer: Plädoyer für den Polylog: Impuls, Wien, 1994

11 Sophie B. Oluwole: Culture, Nationalism and Philosophy. online http://www.galerie-inter.de / kimmerle / culture.htm

12 Sophie B. Oluwole: Science should research witchcraft, Daily Sun, 22. 11. 2005

13 Broschüre Yoruba Art and Culture, Hearst Museum Berkeley, online

14 Samuel Oluwole Ogundele: Aspects of Indigenous Medicine in South Western Nigeria. In Ethno-Med. 1(2) 2007, zit. nach http:// www.krepublishers.com/02-Journals / S-EM/EM-01–1-000–000- 2007-Web/EM-01–2-000–000-2007-Abst-PDF/EM-01–2-127–07- 023-Ogundele-S-O/EM-01–2-127–07-023-Ogundele-S-O-Tt.pdf

9. Falsches Spiel mit Athene. Wie die Denker der Antike Weisheit frech zur Männerdomäne ernannten.

1 Ihr sehr lesenswertes Buch über die Göttinnenkultur ist: Vera Zingsem: Der Himmel ist mein, die Erde ist mein. Göttinnen großer Kulturen, Pomaska-Brand, Schalksmühle, 2008

2 http://www.uni-protokolle.de / Lexikon / Theano.html

3 Die Philosophinnen der Antike und die Rolle Platos sind ausführlich gewürdigt in: Ingrid Straube: »Die Quellen der Philosophie sind weiblich«, Ein-Fach-Verlag, Aachen, 2001

4 http://www.opera-platonis.de / Politeia3.html

5 Annegret Stopczyk: Sophias Leib. Entfesselung der Weisheit. Carl-Auer-Systeme Verlag, Heidelberg, 1998

6 Andere kritische Analysen des Frauenbilds in der Philosophie finden sich in den Büchern über Philosophinnen aus dem »Ein-Fach-Verlag«, besonders in Ingrid Straubes oben erwähntem Band.

7 Jan Assmann: Die mosaische Unterscheidung. Oder der Preis des Monotheismus, Carl Hanser, München 2003, S. 14 und 65

8 Othmar Keel: Wie männlich ist der Gott der Bibel? NZZ vom 5. 7. 2002

9 Marie-Theres Wacker: Der biblische Monotheismus – seine Entstehung und seine Folgen. Online http://miami.uni-muenster.de / servlets / DerivateServlet / Derivate-1839 / 11-Salzburg.pdf S. 115

10 Wulfing von Rohr (Hg.): Das große Buch der Mystiker, Goldmann, München, 2005

10. Mit Leib und Seele und Sinnen. Wie Neurologen und Psychologen das »Bauchhirn« erforschen …

1 Antonio Damasio: »Descartes' Irrtum. Fühlen, Denken und das menschliche Gehirn.«, dtv, München, 1997, S. 11. Die Geschichte Elliots ist aus dem Buch nacherzählt.

2 Ebd., S. 78

3 Dalai Lama: Das Buch der Menschlichkeit. Eine neue Ethik für unsere Zeit, Bastei Lübbe, Bergisch Gladbach, 2002, S. 59

4 Antonio Damasio: »Ich fühle also bin ich. Die Entschlüsselung des Bewusstseins«, List, 2000, S. 341 f

5 Ap Dijksterhuis, Loran F. Nordgren: A Theory of Unconscious Thought. In: Perspectives on Psychological Science, 2006

6 http://bidok.uibk.ac.at / library / luepke-myhtos.html

7 Antonio Damasio: Der Spinoza-Effekt, List, München, 2005, S. 84 und 93

8 John M. Darley, C. Daniel Batson »From Jerusalem To Jericho«, Journal of Personality and Social Psychology 1973, Vol 27, No 1, 100 – 108

9 Hania Luczak: Signale aus dem Reich der Mitte, GEO, Hamburg, 11 / 2000

10 Nalini Ambady, Robert Rosenthal: Half a Minute: Predicting Teacher Evaluations From Thin Slices of Nonverbal Behavior and Physical Attractiveness. Journal of Personality and Social Psychology, 1993, Vol. 64, No 3

11. Ein Test mit 39 Fragen.

1 Zu finden unter www.geo.de / Weisheitstest
2 Die Darstellung von Monika Ardelts Ansatz und Tests beruht auf ihrer Studie: Monika Ardelt: Empirical Assessment of a Three-Dimensional Wisdom Scale. Research on Aging, Vol. 25 No 3, 2003
3 Dargestellt in: Monika Ardelt: How Wise People Cope with Crises and Obstacles in Life, ReVision Vol 28 No 1, 2005
4 Robert Sternberg: It's Not What You Know, but How You Use It: Teaching for Wisdom, Chronicle of Higher Education, June 28, 2002

12. Achtsamkeit statt Reflex-Handeln.

1 Einen knappen Überblick über Jon Kabat-Zinns Ansatz liefert sein Internet-Artikel http://www.mbsr-deutschland.de / was-ist-achtsamkeit
2 Dalai Lama: Das Buch der Menschlichkeit, Bastei Lübbe, 2002, S. 28
3 Wolf Singer und Matthieu Ricard: Hirnforschung und Meditation. Ein Dialog, Suhrkamp, Frankfurt / Main, 2008, S. 11
4 Ebd., S. 93
5 Ebd., S. 29 f
6 Ebd., S. 50
7 Clark Strand: Einfach Meditieren, Fischer, Frankfurt / Main, 1998
8 Auf einem Vortrag beim »World Spirit Forum« 2006 in Arosa
9 Eine großartige Desillusionierung von übertriebenen Erwartungen bietet das Buch von Jack Kornfield: Das Tor des Erwachens, Heyne, 2003, S. 146. In der Originalfassung heißt der Titel treffender »After the ecstasy the laundry« – nach der Erleuchtung wartet der Abwasch.
10 Ebd., S. 18
11 Ebd., S. 115

13. Die Lage? Letztlich hoffnungslos, aber nicht ernst.

1 Sigmund Freud: Der Witz und seine Beziehung zum Unbewussten / Der Humor. Suhrkamp, Frankfurt / Main 1992, S. 253

2 Ernst J. Kiphard, Hans J. Pade: Der Clown in dir. Fackelträger, Köln, 1986

3 http://www.alces-alces.com / amusantes / sprichwort / sprichworter.htm

4 Zit. nach Werner Wunderlich: Till Eulenspiegel – zur Karriere eines Schalksnarren in Geschichte und Gegenwart. Aus: Monatshefte, Vol. 76, Nr. 1, 1986

5 Zur Wirkungsgeschichte siehe: Anton Dietrich: Miguel de Cervantes, rororo, Reinbek, 1984

6 Idries Shah: Die Sufis, Diederichs, München, 1976, S. 59

7 Ebd., S. 62

8 Wer den Duft des Essens verkauft ... Schwänke und Anekdoten vom Hodscha Nasreddin, Rütten & Loening, Berlin (Ost), 1966, S. 224

9 Shah, S. 57

10 Die Anregung zu dieser Unterscheidung stammt aus dem von Gil Bacharach und Olga Mannheimer gestalteten ZEIT-Magazin vom 31. 3. 2010: Typisch jüdisch? Gibt es das überhaupt?

11 Freud, S. 254

14. Eigentlich bin ich ganz andere ...

1 Aus »Business Punk Factsheet 2010«

2 Karl Jaspers: Philosophische Autobiographie, Piper, München, 1995, S. 44

3 Die ausführliche Schilderung des Aufenthalts ist nachzulesen in Viktor Frankls Buch »... trotzdem Ja zum Leben sagen. Ein Psychologe erlebt das Konzentrationslager«, dtv, München, 1982

4 Ebd., S. 108

5 Ebd. S. 124

6 Nicht zu verwechseln mit der Logopädie, die Hilfe bei Sprachstörungen gewährt

7 Mitch Albom: Dienstags bei Morrie. Die Lehre eines Lebens, Goldmann, München 2002

8 Eine Handvoll Blätter. Buddhistische Meditations-Texte. Übersetzt von Vimalo Kulbarz. Roseburg. 1995, S. 29

15. Erfahrung zählt.

1 Zalman Schachter-Shalomi: From Age-ing to Sage-ing. A Profound New Vision of Growing Older. Warner Books, New York, 1997
2 http://www.sage-ingguild.org/
3 Laura L. Carstensen und andere: Emotional Experience Improves With Age: Evidence Based on Over 10 Years of Experience Sampling. Psychology and Aging. Online First Publication, 25. 10. 2010
4 Zitiert nach Stanford Report, 27. 10. 2010
5 Igor Grossman u. a.: Reasoning about social conflicts improves into old age. In Proceedings of the National Academy of Sciences of the United States of America, 23. 2. 2010. Online unter http://www.pnas.org / content / early/2010 / 03/23 / 1001715107
6 www.elderwisdomcircle.org

16. Grenzen der Weisheit.

1 Zitiert nach http://www.crossroad.to / articles2 / 04/teichribeden.htm
2 Einen Überblick gibt http://www.global-ethic-now.de / gen-deu/ 0a_was-ist-weltethos/0a-03-capitel-3 / 0a-0301-02-vivekananda. php
3 Nachzulesen in Swami Vivekananda's speeches: http://hinduism. about.com / od / vivekananda / a / vivekananda_speeches_2.htm
4 Porträts der Preisträger der ersten 20 Jahre finden sich in: Jürgen Streich: Vorbilder. Menschen und Projekte, die hoffen lassen. Der alternative Nobelpreis. Kamphausen, 2005
5 Zitiert nach: Platon: Der siebente Brief. Übersetzung, Anmerkungen und Nachwort von Ernst Howald, 1998, S. 3 – 21 und: Platon, Der Staat (Politeia). Eingeleitet, übersetzt und erklärt von Karl Vretska, Stuttgart 1958, S. 321 f. http://agiw.fak1.tu-berlin.de / Auditorium / BeGriRoe/SO9/PlatPolE.htm

6 Jared Diamond: The Worst Mistake in the History of the Human Race, Discover Magazine, Mai 1987.
7 Galtungs Werk beschäftigt sich mit den tieferen Ursachen von Gewalt. Er hat den Begriff »strukturelle Gewalt« geprägt, der über körperliche Gewalt hinausgeht. Johan Galtung, Strukturelle Gewalt, Beiträge zur Friedens- und Konfliktforschung. rororo, Reinbek, 1975

17. Epilog. Der Weisheit vorläufiger Schluss:
   Bitte recht freundlich!

1 Die Geschichten sind nachzulesen auf seiner Webseite http://www.kentmkeith.com/ und http://www.paradoxicalcommandments.com / origin.html
2 Zit. nach Piero Ferrucci: Nur die Freundlichen überleben. Ullstein, Berlin, 2005, S. 19

Auf der Web-Seite des S. Fischer Verlags www.fischerverlage.de sind unter dem Namen der Autorin alle verwendeten Internetlinks aufgelistet.

Verwendete und weiterführende Literatur

Das Ideal

1. Wer weiß, redet nicht. Wer redet, weiß nicht.

Richard Wilhelm: Laotse: Tao Te King. Vom Sinn und Leben, Diederichs, Neuausgabe 2004. Richard Wilhelm (1873 – 1930), der wohl bedeutendste Chinakenner seiner Zeit, hat den Westen mit den Werken des chinesischen Altertums vertraut gemacht; neben Laozi hat er auch das Orakelbuch I Ging übersetzt. Bruno Kirchners Nachdichtung von Laozis Werk steht online im Projekt Gutenberg zur Verfügung.
http://gutenberg.spiegel.de/?id=5&xid=1544&kapitel=1#gb_found

2. Von der altägyptischen Göttin Ma'at über Sokrates, Buddha und Jesus zum »Krieg der Sterne«

Jan Assmann: Ma'at: Gerechtigkeit und Unsterblichkeit im Alten Ägypten. beck'sche Reihe, München, 2001.
Assmanns Buch erinnert daran, dass es in Ägypten schon weit vor der sogenannten Achsenzeit, der philosophischen Blütezeit zwischen 800 und 200 v. Chr., Weisheitsliteratur gab
Alain de Botton: Trost der Philosophie. Eine Gebrauchsanweisung, Fischer, Frankfurt / Main, 2002.
Vergnüglich zu lesende Essays zu ausgewählten Philosophen und den Grundfragen, die sie beschäftigt haben
Wolfgang Bauer: Geschichte der chinesischen Philosophie, beck'sche Reihe, München, 2006. Einführung in die chinesische Philosophie von den Anfängen bis heute
Luc Ferry: Leben lernen: Die Weisheit der Mythen, Antje Kunst-

mann, München, 2009. Die Geschichten der alten Griechen,
kongenial nacherzählt und interpretiert

Karl Jaspers: Die großen Philosophen, Piper, München, 2007. Ein
Philosoph beschreibt die Bedeutendsten seiner Welt

Heinrich Zimmer: Philosophie und Religion Indiens, Suhrkamp,
Frankfurt / Main. Das Standardwerk über die Gedankenwelt
Indiens

Die Quellen aus der Fantasy- und Science-fiction-Welt stammen
allesamt aus dem Netz

Über Matrix gibt Auskunft: http://www.matrix-architekt.de / reloaded/

Star Wars-Fans pflegen die Seite http://www.jedipedia.de/

Harry Potter-Begeisterte http://www.harrypotterwiki.de/

3. Sind Ameisen weiser als Menschen?

Zu diesem Kapitel sind die in den Endnoten angegebenen Online-
Veröffentlichungen zu empfehlen

4. Eine Tugend für jeden Tag.

Paul B. Baltes hat neben seinen eigenen Forschungen ein umfassendes
Werk zur Weisheit in englischer Sprache veröffentlicht, das nur im
Internet publiziert worden ist: http://library.mpib-berlin.mpg.de /
ft / pb / PB_Wisdom_2004.pdf

Nelson Mandela: Der lange Weg zur Freiheit. Fischer, Frankfurt /
Main, 1997. Es ist interessant, Nelson Mandelas Autobiographie
aus der Weisheitsperspektive zu lesen

Die Annäherungen

5. Der Verstand. Erkenntnislust und Erkenntnisgrenzen im Zeichen der Eule …

Gerd B. Achenbach: Lebenskönnerschaft, Herder, Freiburg, 2001.
Der deutsche Pionier der praktischen Philosophie schildert seinen
Ansatz und erklärt, warum er den Begriff Lebenskönnerschaft für
gelingendes Leben wichtiger findet als Lebenskunst

Günther Anders: Die Antiquiertheit des Menschen. C. H. Beck, München, 1985. Anders, Zivilisationskritiker und Humanist, hat die

Grundproblematik der technikgläubigen Moderne so pointiert
herausgearbeitet wie kein anderer
Bryan Magee: Bekenntnisse eines Philosophen, Econ, München,
2000. Der englische Philosophieprofessor und TV-Moderator hat
ein wunderbares Talent, die Erkenntnisse der großen Philosophen
lebensnah zu behandeln
Marc Sautet: Ein Café für Sokrates. Philosophie für jedermann,
Artemis & Winkler, Düsseldorf, 1997. Bis heute inspiriert die
Lektüre zur Entstehung des ersten »Café philo« in Paris. Aktuelle
Informationen über die praktische Philosophie finden sich in
www.igpp.org

**6. Poesie, Eros, Kunst. Warum Ratio nicht ausreicht,
Weisheit auszudrücken.**

Kunst spricht für sich selbst. Für den theoretischen Hintergrund zum
Thema Musik und Weisheit sind zwei Bücher besonders zu emp-
fehlen:
Manfred Spitzer: Musik im Kopf, Schattauer, Stuttgart 2002
Joachim Ernst Berendt: Der Klang der Seele, Herder, Freiburg, 2000

**7. Die Empfehlung von Daoisten, Mystikern und
Faultieren an den Rest der Welt.**

Zum Werk von Laozi: siehe Literatur, Kapitel 1
Deng Ming-Dao: 365 Tao, Ansata, Interlaken, 1995. Der in den USA
lebende, unter Pseudonym schreibende Autor Deng Ming-Dao
schildert in diesem Begleitbuch zum Jahresablauf lebensnah, wie
sich daoistische Denk- und Lebensweise im Alltag von heute
fruchtbar machen lässt. Er hat außerdem eine spannende Roman-
Trilogie über die Ausbildung und das Leben eines chinesischen
Dao-Meisters zwischen Tradition und Moderne veröffentlicht.
Besonders interessant ist der erste Band, der die klassische Ausbildung im vorkommunistischen China zum Thema hat: Deng
Ming-Dao: Der Taoist von Huashan. In der Schulung beim Großmeister des Heiligen Berges, Ansata, Interlaken, 1994
Zhuangzi: Das Buch der Spontaneität. Über den Nutzen der Nutz-
losigkeit und die Kultur der Langsamkeit. Windpferd, Aitrang,
2008. Zhuangzi ist neben Laozi der zweite große Philosoph des
Daoismus

8. Adieu, Traumzeit. Warum die Weisheitslehren von Aborigines und Völkern aus Afrika fast in Vergessenheit geraten sind.

Ad Borsboom: Mythen und Spiritualität der Aborigines, Diederichs, München, 1998.

Der holländische Anthropologe erzählt spannend und ehrlich, wie er als neugieriger und unwissender Wissenschaftler nach Australien kam, mit Aborigines vom »Clan des wilden Honigs« Freundschaft schloss und sich die Augen für ihre Kultur öffnen ließ

Bruce Chatwin: Traumpfade, Fischer, Frankfurt / Main, 1987. Chatwins Abenteuerroman über seine Reise in die Welt der Aborigines ist heute ein Klassiker und hat vielen Menschen erstmals die faszinierende Mythologie der australischen Ureinwohner nahegebracht

Robert Lawlor: Am Anfang war der Traum. Die Kulturgeschichte der Aborigines, Droemer, München 1999. Wer sich tief auf die Weltsicht, die Kunst, die Traditionen, die Mythen der Aborigines einlassen will, wird Lawlors Buch lieben

Zum Konzept der Interkulturellen Philosophie sind zwei Bücher empfehlenswert:

Heinz Kimmerle: Interkulturelle Philosophie, Junius, Hamburg, 2002

Franz Martin Wimmer: Interkulturelle Philosophie, UTB, Wien, 2004

9. Falsches Spiel mit Athene. Wie die Denker der Antike Weisheit frech zur Männerdomäne ernannten.

Annegret Stopczyk: Sophias Leib, Entfesselung der Weisheit, Carl-Auer-Systeme Verlag, Heidelberg, 1998. Eine spannende Auseinandersetzung mit der männlich geprägten Philosophie, deren Vertreter den Bereich des Leiblich-Weiblichen aus dem geistigen Leben ausgeklammert haben. Ein zweites Buch der Autorin schildert plastisch, mit welchen Mitteln der akademische Betrieb Frauen abschreckt, die den Mut haben, Philosophie kritisch zu hinterfragen: Annegret Stopczyk: Nein, danke, ich denke selber. Philosophieren aus weiblicher Sicht, Aufbau Verlag, Berlin, 1999

Ingrid Straube: Die Quellen der Philosophie sind weiblich, Ein-Fach-Verlag, Aachen, 2001. Neben der wichtigen Wiederentdeckung der Philosophinnen der Antike stellt das Buch zentrale Pfeiler in Platons Denken in Frage.

Vera Zingsem: Der Himmel ist mein, die Erde ist mein. Göttinnen
großer Kulturen, Pomaska-Brand, Schalksmühle, 2008. Die Autorin beschreibt fesselnd die fernen und vergessenen Epochen der
Göttinnen-Kulturen

10. Mit Leib und Seele und Sinnen. Wie Neurologen und Psychologen das »Bauchgefühl« erforschen.

Grundlage für die neue Balance zwischen Gehirn und Gefühl sind die
  Bücher von Antonio Damasio, der es schafft, schwierige Einzel-
  erkenntnisse aus der Hirn- und Sinnesforschung mit tief philo-
  sophischen Einsichten zu verknüpfen:
Antonio Damasio: »Descartes' Irrtum. Fühlen, Denken und das
  menschliche Gehirn.«, dtv, 1997
Antonio Damasio: »Ich fühle also bin ich. Die Entschlüsselung des
  Bewusstseins«, List, 2000
Antonio Damasio: Der Spinoza-Effekt, List, München, 2005

Der Weg

11. Ein Test mit 39 Fragen.

Zu diesem Kapitel sind die in den Endnoten angegebenen Online-
  Veröffentlichungen zu empfehlen

12. Achtsamkeit statt Reflex-Handeln

Aus dem unendlichen Fundus der Bücher zur Meditation einige
  subjektive Empfehlungen:
Ayya Khema: Das Geheimnis von Leben und Tod, Scherz, Bern, 1991.
  Eine klarsichtige Einführung in das buddhistische Denken und die
  Grundlagen der Meditationspraxis
Jack Kornfield: Das Tor des Erwachens, Heyne, München, 2003.
  Kornfield hat als buddhistischer Mönch in Asien gelebt, bevor
  er in den Westen zurückkehrte. Für dieses Buch hat er Meister
  verschiedenster spiritueller Richtungen zu ihren Erfahrungen
  befragt
Willigis Jäger: Die Welle ist das Meer. Herder, Freiburg, 2000. Der
  Benediktinermönch und Zen-Meister ist selbst Vorbild für spiri-

tuelle Praxis jenseits dogmatischer Bindungen. Er versteht es
außerdem, wissenschaftliches Denken in seinen Weg zu integrieren

Inken Prohl: Zen für Dummies, Wiley VCH, Weinheim, 2010. Die
Autorin, Professorin für Religionswissenschaft an der Uni Heidelberg und ausgewiesene Japankennerin, hat ein facettenreiches
Buch über den Zen-Buddhismus verfasst und räumt darin zugleich
mit vielen Mythen auf

Wolf Singer und Matthieu Ricard: Hirnforschung und Meditation.
Ein Dialog, Suhrkamp, Frankfurt/Main, 2008. Der deutsche Hirnforscher und der französische Mönch aus dem Umfeld des Daila
Lama unterhalten sich über Gemeinsamkeiten und Unterschiede
ihrer Erkenntniswelten

Sylvia Wetzel: Hoch wie der Himmel, tief wie die Erde. Ratgeber für
schöne und schwere Zeiten, Theseus, Berlin, 1999. Wege zur inneren und äußeren Befreiung sind das große Thema der angesehenen
Meditationslehrerin und buddhistischen Feministin. Sie schreibt
mit viel Humor und hat das große Talent, spirituelle und gesellschaftliche Fragen zu verbinden

13. Die Lage? Letztlich hoffnungslos, aber nicht ernst.

Sigmund Freud: Der Witz und seine Beziehung zum Unbewussten/
Der Humor. Frankfurt/Main 1992. Die psychoanalytischen
Grundlagen zum Humor beleuchtet Freud in einem kleinen Essay,
der seinem Buch über den Witz angehängt ist

Ernst J. Kiphard, Hans J. Pade: Der Clown in dir. Fackelträger,
Köln, 1906. Das Buch des »Prof. Dr. Clown« Kiphard enthält mehr
Bilder als Worte, aber die kleinen Betrachtungen über das Wesen
des Clowns sind bemerkenswert

Idries Shah: Die Sufis, Diederichs Gelbe Reihe, München, 1976. Das
Standardwerk über die Sufis, die ihre Weisheit der Narren zur
Lebensphilosophie erhoben haben

Anton Dietrich: Miguel de Cervantes, Rowohlt rororo, Reinbek,1984.
Der Autor verknüpft kenntnisreich Leben und Werk des Don
Quijote-Schöpfers

14. Eigentlich bin ich ganz anders …

Mitch Albom: Dienstags bei Morrie. Die Lehre eines Lebens, München 2002. Alboms Buch zeigt schonungslos Leid und Hinfälligkeit – und ist zugleich eine Quelle der Zuversicht
Viktor Frankl: »… trotzdem Ja zum Leben sagen. Ein Psychologe erlebt das Konzentrationslager«, dtv, München, 1982. Wer an der Welt verzweifelt, sollte dieses Buch lesen

15. Erfahrung zählt.

Zalman Schachter-Shalomi: From Age-ing to Sage-ing. A Profound New Vision of Growing Older. Warner Books, New York, 1997. Das Buch des jüdischen Gelehrten »Reb Zalman« ist eine Fundgrube für Selbsterkenntnis-Übungen – für Leser aller Altersstufen

16. Grenzen der Weisheit.

Jared Diamond: Arm und Reich. Die Schicksale menschlicher Gesellschaften, Fischer, Frankfurt / Main, 1998. In seiner augenöffnenden Analyse stellt und beantwortet der amerikanische Professor aus Los Angeles Fragen, wann, wie und warum sich die Welt aufgeteilt hat in mächtige und ohnmächtige, arme und reiche Kulturen. Eines seiner späteren Bücher ist eine Art Fortsetzung, das die Gründe für das Aussterben von Kulturen zeigt und Schlüsse für die Gegenwart zieht: Jared Diamond: Kollaps. Warum Gesellschaften überleben oder untergehen, Fischer, Frankfurt / Main, 2005
Hans Küng: Projekt Weltethos, Piper, München, 1990. Der Tübinger Theologe umreißt in seiner nach wie vor aktuellen Schrift die Aufgabe der Weltreligionen, zu einem Grundkonsens gemeinsamer Werte, Haltungen und Maßstäbe zu gelangen
Jürgen Streich: Vorbilder. Menschen und Projekte, die hoffen lassen. Der alternative Nobelpreis. Kamphausen, Bielefeld, 2005. Das Buch porträtiert Helden von heute – engagierte Frauen und Männer aus aller Welt, die sich von Gegenwind nicht einschüchtern lassen

Dank

Eine Weisheitsjüngerin hat es leicht. Ihr Dank gilt allen Menschen, mit denen sie je in Berührung gekommen ist – um eine Maxime des alten Ägypters Ptahhotep abzuwandeln: Man lernt nicht nur von Wissenden, sondern auch von Unwissenden, nicht nur von den Netten, sondern auch von den Schwierigen. Für dieses Buchprojekt gibt es dennoch einige, die besonderen Dank verdient haben. Die Geburtshelferinnen Michaela Röll und Nina Bschorr, die dafür gesorgt haben, aus Ideen ein Manuskript und aus einem Manuskript ein Buch werden zu lassen. Mein Chefredakteur von GEO und die Kollegen und Kolleginnen von GEO, GEO Wissen und GEO Epoche – es ist großartig, von so viel Sympathie und Kenntnisreichtum umgeben zu sein. Detlef, mein ewiger großer Inspirator. Meine Mutter, die meine Neugier auf alles und jedes geschürt hat und mein Vater, der vielleicht ein verkappter Daoist war. Die Freundinnen und Freunde, die den Entstehungsprozess begleitet und verziehen haben, dass ich viel Zeit am Schreibtisch verbracht habe. Frank darüber hinaus für viele Gespräche bei gebackenen Bananen und einem Berg Weisheitsliteratur. Gunter Glücklich, Petra Sulger und Delia Trumpetter für einen ganz besonderen Freitag. Die öffentliche Bücherhalle am Hühnerposten in Hamburg, besonders die Regale Kbk2 und La bis Lc. Die bei Wikipedia & Co Engagierten, die auf fast alle Fragen per Klick etwas zu sagen wissen. Meine persönlichen Vorbilder und Weisheitslehrer Vimalo Kulbarz, Godwin Samararatne, Sylvia Wetzel, Evelyn Uhrig und Helmuth Warnke.

Register

321

Bas Kast
Wie der Bauch dem Kopf beim Denken hilft
Die Kraft der Intuition

224 Seiten. Gebunden

Was weiß der Bauch, was der Kopf nicht weiß?

Basierend auf den neuesten wissenschaftlichen Erkenntnissen zeigt der Bestsellerautor Bas Kast, wie sehr die Gefühle integraler Bestandteil unseres Denkens sind und wie sehr wir uns darauf verlassen können. Wenn wir unsere irrationalen Seiten kennen und zu nutzen wissen, können wir die kreativen Kräfte in uns wecken – und kommen selbst bei komplexen Entscheidungen zu Ergebnissen, die uns glücklich machen.

S. Fischer

fi 1-038302 / 1

Stefan Klein
Der Sinn des Gebens
Warum Selbstlosigkeit in der Evolution siegt und
wir mit Egoismus nicht weiterkommen
336 Seiten. Gebunden

Den Egoisten gehört die Welt? Von wegen! Neueste wissenschaftliche Befunde beweisen das Gegenteil. Der Bestsellerautor Stefan Klein zeigt so anschaulich wie fundiert, warum
selbstlose Menschen zufriedener, erfolgreicher und gesünder
sind – und länger leben! Ein Buch, das unser Denken und
Handeln grundsätzlich verändern wird.

»Stefan Klein schreibt wie kaum ein deutscher
Wissenschaftsjournalist: einladend locker,
aber nie seicht.«
Denis Scheck, ARD

»Einer der besten Sachbuchautoren,
die wir zur Zeit haben.«
Hamburger Abendblatt

S. Fischer

fi 1-039614 / 1

Rainer Erlinger
Moral
Wie man richtig gut lebt
368 Seiten. Gebunden

Wir alle wollen gute Menschen sein. Wir alle wissen eigentlich, was dafür zu tun wäre. Doch dann wird es konkret: Darf
ich lügen, wenn es die Situation erfordert? Wie viel Rück-
sicht muss ich auf meine Nachbarn nehmen? Muss ich mein
Geld ethisch anlegen? Rainer Erlinger, Moralinstanz und
Autor der inzwischen als Klassiker geltenden Kolumne ›Die
Gewissensfrage‹ in der »Süddeutschen Zeitung«, kennt wie
kein anderer die konkreten mora-lischen Probleme, die uns
alle bewegen. Nun hat er endlich seinen großen Entwurf einer Moral für unsere Zeit vorgelegt – alltagstauglich, bei-
spielgesättigt, philosophisch begründet, leicht verständlich
und unterhaltsam.

»Ein wunderbares Buch«
Markus Lanz

»Sehr gut zu lesen und nicht moralinsauer,
sondern heiter.«
hr2-Kultur

S. Fischer

Gerald Hüther
**Was wir sind und
was wir sein könnten**
Ein neurobiologischer Mutmacher

192 Seiten. Gebunden

Begeisterung ist Dünger fürs Gehirn. Doch immer mehr
scheint uns als Individuen wie als Gesellschaft die Begeisterung abhanden zu kommen, weil sie in unserer Kultur gar
nicht gefragt ist. Kein Wunder, dass ›Burn-Out‹, Depressio-
nen und Demenz die Krankheiten unserer Zeit sind, dass wir
uns vor Krisen nicht retten können.

Der bekannte Neurobiologe und erfolgreiche Autor Gerald
Hüther plädiert für ein radikales Umdenken: Er fordert den
Wechsel von einer Gesellschaft der Ressourcennutzung zu
einer Gesellschaft der Potentialentfaltung und Weiterentwicklung, mit mehr Raum und Zeit für das Wesentliche. In
seiner großartigen, ganz konkreten Darstellung zeigt er aus
neurobiologischer Sicht, wie es uns gelingen kann, aus dem,
was wir sind, zu dem zu werden, was wir sein können.

S. Fischer